中國學術思想 研究輯刊

三一編

林慶彰 主編

第14冊

嵇康與魏晉莊學風潮的興起

吳惠齡 著

花木蘭文化事業有限公司

國家圖書館出版品預行編目資料

嵇康與魏晉莊學風潮的興起／吳惠齡 著 — 初版 — 新北市：
花木蘭文化事業有限公司，2020〔民 109〕
序 2+ 目 4+222 面；19×26 公分
（中國學術思想研究輯刊 三一編；第 14 冊）
ISBN 978-986-518-004-1（精裝）
1.（三國）嵇康 2.（晉）郭象 3. 魏晉南北朝哲學
030.8   109000271

ISBN-978-986-518-004-1

中國學術思想研究輯刊
三一編　第十四冊　　　　　　　ISBN：978-986-518-004-1

嵇康與魏晉莊學風潮的興起

作　　者　吳惠齡
主　　編　林慶彰
總 編 輯　杜潔祥
副總編輯　楊嘉樂
編　　輯　許郁翎、張雅淋　美術編輯　陳逸婷
出　　版　花木蘭文化事業有限公司
發 行 人　高小娟
聯絡地址　235 新北市中和區中安街七二號十三樓
　　　　　電話：02-2923-1455／傳真：02-2923-1452
網　　址　http://www.huamulan.tw 信箱 hml810518@gmail.com
印　　刷　普羅文化出版廣告事業
封面設計　劉開工作室
初　　版　2020 年 3 月
全書字數　208993 字
定　　價　三一編 25 冊（精裝）新台幣 50,000 元　　　版權所有・請勿翻印

嵇康與魏晉莊學風潮的興起

吳惠齡 著

作者簡介

輔仁大學哲學系學士、東吳大學大學哲學研究所碩士、國立中央大學哲學研究所博士、國立臺灣大學哲學系博士後研究員。現任輔仁大學哲學系專案助理教授。

作者的碩士、博士論文主要關注道家思想的研究，分別以先秦道家思想、魏晉玄學爲研究主題；在博士後研究階段，以先秦的思維方法爲研究的爲主軸，先後發表多篇關於老子、莊子、縱橫家等學術論文。目前的研究方向，主要以探討先秦道家之名辯思維與玄理的研究。

提　要

由於，有些魏晉玄學史以王弼注《老》到郭象注《莊》作爲發展脈絡；進而，以竹林七賢或向秀、郭象註解的《莊子》作爲魏晉莊學興起的主要原因。因而引發本論文的研究動機，本論文企圖重探嵇康思想與魏晉莊學興起的關係。關於嵇康繼承《莊子》思想在學界中已形成共識，許多學者皆以不同的研究進路探討二者的聯繫關係。接續著各種學術思想的並陳發展，本論文由對個體生命實存的關懷，提供關於嵇康承繼《莊子》思想新的研究進路，用以連結嵇康思想與《莊子》文本的繼承關係，並且可以更好的詮釋嵇康思想與魏晉莊學興起的關聯性。本論文以四個章節進行論述：首章探討「越名教而任自然」的時代意義，突出自然與名教之爭的顯題化；第二章，由嵇康承繼《莊子》思考個體生命如何安頓的問題，說明嵇康如何發展出具有魏晉玄學特色的「釋私任心」的人生觀；第三章，由嵇康繼承《莊子》養生觀並同時加入魏晉時期的養生風氣，說明嵇康養生論的特色，以及其思想與魏晉莊學興起的關係；第四章，說明嵇康如何繼承《莊子》音樂觀，並且由對傳統音樂觀的反思，提出「聲無哀樂」、「感天地之和」的論點。綜合以上的論述，說明嵇康思想與魏晉莊學興起的關係。

序　言

　　本書是由筆者的博士學位論文修改而成。在本書的研究過程，先後受到陳鼓應老師、蕭振邦老師的影響，致力於思考魏晉時期《莊子》思想興起的原因；筆者發現傳統對於魏晉玄學的研究，經常忽略了嵇康對於魏晉時期推動莊學的思潮，所具有的貢獻。筆者的博士論文約進行約五年多的研究，不僅以哲學研究的方法進行嵇康思想的分析，爲了更清楚的釐清嵇康思想的特色，筆者也進行嵇康年表的整理（詳見附錄）。

　　取得博士學位後，筆者加入台灣大學哲學系李賢中教授的科技部「先秦邏輯史研究」計畫。擔任博士後研究員期間，重新思索中國哲學之「名學」（名辯）的特殊性、重要性。由於博士後階段的研究，對於筆者進行學位論文的修改，具有很大的助益，因此，筆者在博士學位論文之後，附錄了兩篇關於莊子之思維方法的研究，〈論《莊子》如何從「棄知去己」建構「至人無己」的論述〉、〈論莊子、惠施的「知」與「用」──以「齊物」、「歷物」爲例〉，一方面將有助於讀者對於《莊子》思想的理解；另一方面，有助於說明嵇康對於《莊子》思想的理解。

　　最後，要特別要感謝李賢中教授的推薦，讓本書得以順利出版；也要感謝我的先生，邱智泓先生，他的照顧和包容，也是本書得以順利進行的原因之一。

目次

導　論

第一節　研究背景與目的

一、研究背景與動機

　　依思想背景來說，魏晉玄學、清談之風主要接續漢末以來，對於經學僵化的反省而開啓的太學游談的風氣。〔註1〕魏晉玄學史的發展脈絡約可分爲：正始時期、元康時期、永嘉時期和東晉時期等四期。〔註2〕有些思想史將正始到元康時期的思想概念，以王弼注《老》到郭象注《莊》爲主軸。由此，許多學者多以向、郭注《莊》，作爲魏晉莊學興起的主要原因。〔註3〕這種看法

〔註1〕勞榦先生以爲：「曹魏時代是清談的盛行時代，但清談的風習，也是從漢末傳來。當東漢晚期太學游談，寢成積習，王衡著論衡，蔡邕到會稽，便私藏枕中，從此談論亦廣。而曹丕典論，也算清談的先導。正始時的何晏、王弼，雖常以清談著稱，但其導源，也不是一朝一夕所成了。」參見：勞榦，《魏晉南北朝史》（台北：華岡書局，1971年10月），頁32～33。曾春海先生也認爲是從東漢的王充開始對於當時逐漸僵化的經學進行反省，從哲學史而言，漢末劉表推動的荊州學風，對漢至魏的學術思想之承轉，提供了重要的資源和動力。參見：曾春海，《兩漢魏晉哲學史》（台北：五南出版，第二版，2005），頁146～149。

〔註2〕湯用彤對於魏晉思想的分期，分爲正始時期、元康時期、永嘉時期和東晉時期等四期。其後的研究者雖不一定使用相同的分期名稱，但四期的分期多爲目前學界所接受。參見：湯用彤，《魏晉玄學論稿》（上海：上海古籍出版社，2001年6月），頁120。

〔註3〕交互參照：(1)何啓民，《魏晉思想與談風》（臺北：臺灣學生書局，1990），頁107。(2)唐翼明，《魏晉清談》（北京：人民出版社出版，2002），頁74～75。

可以追朔自《世說新語》，如《世說新語·文學》說到：「初，注莊子者數十家，莫能究其旨要。向秀於舊注外爲解義，妙析奇致，大暢玄風。唯秋水、至樂二篇未竟而秀卒。秀子幼，義遂零落，然猶有別本。郭象者，爲人薄行，有儁才。見秀義不傳於世，遂竊以爲己注。乃自注秋水、至樂二篇，又易馬蹄一篇，其餘眾篇，或定點文句而已。後秀義別本出，故今有向、郭二莊，其義一也。」〔註4〕依此脈絡論述魏晉思想的發展，有些思想史便會略過整個竹林玄學，在何晏、王弼的正始玄學之後，即爲元康的郭象思想，如勞思光在《新編中國哲學史·第二卷》〔註5〕的編排。不過，若同樣以《世說新語》作爲參考，那麼另一條紀載吸引了筆者的關注，《世說新語·文學》云：「舊云：王丞相過江左，止道聲無哀樂、養生、言盡意，三理而已。」〔註6〕根據《世說新語》的記錄，當時盛行的清談議題有：「聲無哀樂」、「養生」與「言盡意」等三項。在嵇康的傳世文獻中，明確涉及了「聲無哀樂」與「養生」兩項議題，而且內容皆以對答論辯的方式呈現，非常符合當時清議的風氣。由此條文獻來說，嵇康思想對於當時的文人清談具有相當程度的影響力，因此，無論竹林玄學或嵇康的思想，不僅應該納入魏晉的思想史，更值得重新評估其重要性。

　　若依時代背景來說，隨著秦漢大一統專制政治的逐漸崩解，東漢以後，曹魏家族與司馬家族的政治鬥爭，不僅造成政局、社會的紛擾不安，甚至擴及知識份子的性命安危。依玄談風氣的不同可分爲正始玄學與竹林玄學，概括地說明兩者學說的差異：正始玄學以何晏、王弼〔註7〕爲代表，理論上多以《周易》、《老子》〔註8〕爲根據；竹林玄學強調「自然」，崇尚山林的隱逸

〔註4〕楊勇，劉義慶（南朝宋）撰，《世說新語校箋》（台北：正文書局，1999），頁251。

〔註5〕勞思光，《新編中國哲學史·第二卷》（廣西：廣西師範大學出版社，2005），頁121～149。

〔註6〕楊勇，劉義慶（南朝宋）撰，《世說新語校箋》（1999），頁251。

〔註7〕王弼《道德眞經注》收錄於《道藏》中，在此參考：樓宇烈（校釋），王弼（魏）撰，《王弼集校釋（上、下）》（臺北：華正書局，1992年）。

〔註8〕歷史上有許多對於老子著作的注本傳世，歷朝的註解者將老子的著作有稱爲《道德經》，也有稱爲《老子》；當代學者在討論《道德經》一書時，也會出現有些用《道德經》，有些學者用《老子》。爲了忠於原著，筆者會根據引用文獻的使用習慣來進行論述，因此有時候會使用《道德經》，有時候使用《老子》。這並不是筆者不願意統一一個書名，而是基於尊重原作者的立場，因此本文出現《道德經》、《老子》皆是指同一本原著。在此特作說明。

之風。正始十年，高平陵政變爆發牽連多位正始名士，司馬懿誅殺曹爽、何晏、丁謐、鄧颺、畢軌、李勝、桓範、張當等人，成功地奪得政治的主導權，隨著正始名士紛紛辭世〔註9〕，正始玄學也宣告終結。司馬氏掌權之後，爲了謀圖篡位，對於文人多是採取先籠絡、後鎮壓的作法，此時清談風氣轉而崇尚優遊山林的竹林玄學。〔註10〕竹林七賢以阮籍、嵇康爲首，正始玄學凋零之後，阮籍多以醉酒避世，嵇康則避居山林、鍛鐵度日。嵇康雖過著隱居的生活，但他的著作十分具有思辨性與批判性，如〈與山巨源絕交書〉中，嵇康藉由自己與山濤的不同性情，以「七不堪」、「二不可」，表面上說明自己不適合擔任官職，其實暗諷司馬政權下世道的「漫之羶腥」，表達不願同流合污的志向。嵇康「剛腸疾惡」、「每非湯、武而薄周、孔」的批判言論，成爲司馬政權計畫篡位的最大阻礙，最終因牽連呂安案而被殺。據《晉書・嵇康傳》紀載：「康將刑東市，太學生三千人請以爲師，弗許。」〔註11〕由此條文獻，說明嵇康對於當時文人的影響力，引發筆者對於嵇康思想的研究興趣。

　　根據思想與時代背景的考察，本文重探嵇康思想的主要研究動機，可以整理爲三大方向：第一，從魏晉思想的發展，正始興盛的老學到西晉的莊學風潮，這個轉折之中，需考量竹林玄學與這股莊學的興起是否有什麼關連？第二，嵇康的批判精神與放達的態度，豎立了文人追求順性獨立、不畏強權的風範，而嵇康思想對於竹林玄學、時代文人與這波莊學思潮的影響爲何？第三，嵇康藉由玄學論辨抒發對現世的批判，同時以詩句寄欲突破現實困境的精神，是否更近於《莊子》？如果是，那麼，嵇康承繼哪些莊學思想？他是否轉化、重新詮解莊學？且就其發展來看，嵇康將莊學融入養生觀、藝術思想的貢獻爲何？

〔註9〕同年王弼病死。
〔註10〕陳寅恪先生曾針對「竹林七賢」之稱號來源做過考察，認爲「七賢」爲取《論語》的標榜之意，其後加「竹林」而成「竹林七賢」則約在東晉中葉，江左名士孫盛、袁宏、戴逵等所著之書《魏氏春秋》、《竹林名士傳》、《竹林七賢論》流傳。「竹林」非地名，有可能在他們經常聚會之處有一片「竹林」，也可能是以「竹林」形容他們的思想。參見萬繩楠整理，《陳寅恪魏晉南北朝史講演錄》（合肥：黃山書社，2000.12），頁48～49。
〔註11〕許嘉璐主編，《晉書》（第二冊），（上海：漢語大辭典出版社，共四冊，2004），頁1116～1121。

二、學術目的

　　根據研究背景的考察與研究動機的提出，本書以嵇康爲主要研究對象，其學術目的爲：

(1) **強調竹林玄學與嵇康思想的重要性**：透過思想背景的考察，可以發現有部分思想史的研究，忽略了竹林玄學對於魏晉思想的影響力，多以王弼注《易》、《老》，及向、郭注《莊》作爲玄學史發展，進而，以郭象的《莊子注》作爲魏晉莊學興起的主因。〔註12〕不過，根據史書記載竹林七賢的活動時間可以追溯至正始時期〔註13〕，同爲竹林七賢的向秀已有注《莊子》被《世說新語・文學》讚爲「妙析奇致，大暢玄風」，甚至認爲永嘉時期的郭象的《莊子注》是竊取向秀的注解。雖然，據楊勇的考證，他認爲向秀、郭象的《莊子注》義理是不同的，極有可能是郭象參考了向秀之注而發展出不一樣的思想。〔註14〕由此，仍可以說明竹林玄學具有的影響力。

(2) **突顯嵇康思想與魏晉莊學的關係**：嵇康雖然沒有直接注解《莊子》，不過，通過文獻紀載嵇康與向秀關於養生觀的論辨。嵇康認爲精神是主導養生的重要關鍵，要避免精神過多的躁動，才不會危害形體。這種由人之現實處境的關注，發展出來的養生觀似乎更近於《莊子》思想。特別的是，嵇康的著作多如同〈養生論〉與〈答難養生論〉的論述方式，常是經由現實情況的反省以闡釋己見，以《莊子》逍遙的精神對峙現世的禁錮。由此，本文嘗試以嵇康對於實存現況的論述，用以說明他對於魏晉時期《莊子》學

〔註12〕交互參照：(1)何啓民，《魏晉思想與談風》（臺北：臺灣學生書局，1990），頁107。(2)唐翼明，《魏晉清談》（北京：人民出版社出版，2002），頁74～75。(3)楊勇，劉義慶（南朝宋）撰，《世說新語校箋》（1999），頁251。

〔註13〕如王弼生於西元226年、嵇康生於西元223年。陳寅恪先生並且與楊勇的《世說新語校箋》，同引劉孝標注《世說新語・文學》第九十四條提到東晉袁宏（彥伯）作《名士傳》：「以夏侯太初、何叔平、王輔嗣爲正始名士。阮嗣宗、嵇叔夜、山巨源、向子期、劉伯倫、阮仲容、王濬沖爲竹林名士。裴叔則、樂彥輔、王夷甫、庾子嵩、王安期、阮千里、魏叔寶、謝幼輿爲中朝名士。」參見：(1)萬繩楠整理，《陳寅恪魏晉南北朝史講演錄》（2000），頁48～49。(2)楊勇，《世說新語校箋》（1999），頁251。

〔註14〕《世說新語・文學》：「初，注莊子者數十家，莫能究其旨要。向秀爲舊注外爲解新義，妙析奇致，大暢玄風；唯秋水、至樂二篇未竟而秀卒。秀幼，義遂零落，然猶有別本。郭象者，爲人薄行有儁才，見秀義不傳於世，遂竊以爲己注；乃自注秋水、至樂二篇，又易馬蹄一篇，其餘眾篇，或定點文句而已。後秀義別本出，故今有向、郭二莊，其義一也。」參看：楊勇，劉義慶（南朝宋）撰，《世說新語校箋》（1999），頁183～184。

風興盛的貢獻。

(3) **名教與自然之爭的顯題化**：司馬氏集團掌權之後，假借名教之名箝制思想，並以此排除異己。嵇康提出「越名教而任自然」抨擊名教，突顯了名教與自然的矛盾，十分具有時代意義，同時也顯露出嵇康引用《莊子》學思想的內在聯繫。

(4) **個體自性的覺醒**：嵇康具剛直嫉惡的瀟灑氣度，他拒絕爲官、批評時政，以至於不容於權貴而被誣陷處死。在那個集權掌控的政治環境下，居然在嵇康臨刑前，還有三千名太學生爲他求情，可以見得嵇康精神的影響力。嵇康的思想立基於對於生命實存現況的關懷與反省，他以高揚莊學中個體精神的自由、自覺對峙高壓的政治，嵇康以「目送歸鴻、手揮五弦」提供個體生命超脫困境的精神境界。

(5) **將音樂視爲純藝術的觀點**：嵇康〈聲無哀樂論〉全面反省音樂作爲教化的功能，從心與聲二軌的論點，解構音樂與人心的必然關係，進而解放音樂的工具價值，對於其後的藝術發展具有重大的貢獻。

第二節　學術研究回顧

　　當代關於嵇康思想的研究，以民初周樹人整理的《嵇康集》爲開端；其後，戴明揚的《嵇康集校注》不僅詳盡註解嵇康原著，同時整理了研究嵇康思想所需的相關資料，此書爲筆者引用嵇康原文的主要參考文本。

　　近十年（自 2004 至 2014）據國家圖書館台灣博碩士論文系統查詢，以「魏晉思想」爲題之學位論文約有近 503 篇，博士論文 78 篇，由於有些作品尚未公開，因此以已經公開的學位論文來說，其中本文的研究較爲相關的有 11 篇：2010，沈雅惠所著《莊子與阮籍、嵇康人生哲學比較研究》；2009，沈素因著《重探山水詩畫之思想來源——以嵇康思想爲核心考察》；2008 有三篇，分別爲黃潔莉的《魏晉樂律、樂理、樂境抉微》、洪景潭的《魏晉玄學「以無爲本」的再詮釋》——以王弼、嵇康、郭象爲中心》，以及何美論著《魏晉樂論與樂賦音樂審美研究》；施穗鈺於 2007 著《公與私——魏晉士群的角色定位與自我追尋》；2006 有兩篇，方碧玉之《東晉南北朝世族家庭教育研究》、李建興著《嵇康與郭象「名教與自然」思想之比較研究》；2005 有三篇，李建興著《嵇康與郭象「名教與自然」思想之比較研究》、蕭裕民著《遊心於「道」和「世」

之間——以「樂」爲起點之《莊子》思想研究》，以及王岫林所著《魏晉士人之身體觀》。這些資料中直接以「嵇康」爲題之博士學位論文有三篇。

　　近十年（自2004至2014）據國家圖書館線上查詢平台，關於嵇康思想的研究成果以單篇的期刊論文數量最爲豐厚，約有148篇，其中探討嵇康之音樂理論就有20篇。多以嵇康的人生觀、音樂理論爲主軸，或結合魏晉時期的政治、社會背景進行論述。爲了周全地掌握嵇康思想及其背景，相關研究成果，簡明分析如下：（同時便於之後的檢索，以下將依據簡表中的標號標示分類）

A.歷史、文化脈絡	A-1 中國思想史
	A-2 魏晉南北朝史
	A-3 中國美學相關研究
B.思想概念分析類	B-1 魏晉玄學的思想議題發展
	B-2 魏晉名士之思想主張與社會環境
	B-3 嵇康思想相關研究
	B-3-1 書籍類
	B-3-2 期刊論文
	B-3-2-1 以莊子與嵇康爲主題
	B-3-2-2 美學相關主題
	B-3-2-3 自然相關主題
	B-3-2-4 社會背景相關主題

　　由於研究成果豐富，難以逐一列舉，在此正反並陳列舉研究過程使用的參考文獻。

一、研究現況的考察：歷史、文化脈絡之研究

　　關於魏晉時期的研究可以細分爲：中國思想史、魏晉南北朝史、中國美學。

A-1 中國思想史

(1) 勞思光在《新編中國哲學史‧第二卷》〔註15〕中魏晉玄學的部分，主要論析整個魏晉時期的思想議題，認爲「放誕生活」爲魏晉玄學的特色，並將魏晉名士分爲「才性派」與「玄理派」：「才性派」以「人」爲探究對象；而「玄理派」主要發展形上學的探究。書中針對《人物志》、何晏、王弼

〔註15〕勞思光，《新編中國哲學史‧第二卷》（廣西：廣西師範大學出版社，2005）。

進行概要說明，便直接調至向秀、郭象，忽略了多數的竹林玄學。〔註16〕
此書也是促使本文想要重新探究嵇康思想的動機之一。

(2) 2001 年河南人民出版社將馮友蘭的著作整理爲《三松堂全集》〔註17〕，第
九卷中收錄了《中國哲學史新編》的第三、第四冊，內容從漢代黃老之學、
魏晉玄學到隋唐佛學。〔註18〕馮先生認爲玄學有兩個主要的派別爲貴無論
與崇有論，由此將玄學分爲三個階段，分別爲：王弼、何晏的貴無論爲第
一階段；裴頠的崇有論、歐陽建的言盡意論爲第二階段；郭象的無無論爲
第三階段。〔註19〕馮友蘭認爲「正始」與「竹林」應該爲一個階段，阮籍、
嵇康提出「越名教而任自然」的思想是對正始玄風的一種補充。〔註20〕由
此，筆者注意到「正始」與「竹林」的關係，並製作嵇康年表整理嵇康與
正始名士的時代發展。〔註21〕

(3) 胡適所著《中國古代哲學史》〔註22〕最大的特色是以老子、孔子開始。胡
先生的方式雖然引起批評，認爲這是一部「斷頭」的中國哲學史，不過，
就如蔡元培爲此書作序中說到，他認爲這是胡適「扼要的手段」，所講的
是「中國古代哲學家的思想發達史，不是中國民族的哲學思想發達史，所
以截斷眾流，從老子孔子講起。」〔註23〕胡適認爲哲學史的目的有三點：
「明變」、「求因」與「評判」。〔註24〕因此，胡先生在書中也有對於「墨
子」、「楊朱」與「別墨」分章進行考察。不過，由於此書以「中國古代哲
學史」爲題，所以寫作的範圍僅到古代哲學「法家」爲止。筆者由此書參
考胡先生對於莊子的考察。胡先生認爲莊子的批判曾經影響一時，他認爲
莊子是出世主義，說到：「雖在人世，卻和不在人世一樣，眼光見地處處
都要超出世俗之上，都要超出『形骸之外』。」〔註25〕胡先生認爲莊子所
說「辯也者，有不見也」，這種超越雙方是非、彌平紛爭的學說，卻可能

〔註16〕勞思光，《新編中國哲學史・第二卷》（2005），頁 121～149。
〔註17〕馮友蘭，《三松堂全集（共十五冊）》（鄭州：河南人民出版社，2001）。
〔註18〕馮友蘭，《三松堂全集（第九卷）》（2001）。
〔註19〕馮友蘭，《三松堂全集》（2001），頁 339～483。
〔註20〕馮友蘭，《三松堂全集》（2001），頁 350。
〔註21〕嵇康年表請見本論文之附錄。
〔註22〕胡適，《中國古代哲學史》（台北：台灣商務印書館，二版，1966）。
〔註23〕胡適，《中國古代哲學史》（1966），「蔡元培序」，頁 2～3。
〔註24〕胡適，《中國古代哲學史》（1966），頁 2～3。
〔註25〕胡適，《中國古代哲學史》（1966），頁 132。

使社會國家世界的制度、習慣、思想永遠沒有進步，沒有革新改良的希望。〔註26〕此一觀點曾經影響學人甚久，以致於將莊子思想歸於出世、消極的學說。

(4) 侯外盧關於魏晉思想的整理在於《中國思想通史（第三卷）》〔註27〕，此書整理了魏晉時期的社會經濟背景，由此說明名士們各自思想的特色。此書最特別的是，書中直接以「嵇康的心聲二元論及其社會思想、邏輯思想」為標題，作為嵇康思想的註腳。不過，此書仍有以唯心主義理解莊學的思想，很可能是侯先生受到時代背景的影響才有的看法。

(5) 任繼愈主編的《中國哲學發展史（魏晉南北朝）》〔註28〕書中認為魏晉時期是哲學從兩漢神學的目的論中解放，並分析當時政治鬥爭的狀況，從而說明魏晉名士的思想學說。此書特將嵇康思想以一個章節論述，認為嵇康提出「越名教任自然」的批判觀點是進步的思想。

A-2 魏晉南北朝史

(1) 勞榦所著的《魏晉南北朝史》〔註29〕分為九章：對於三國、兩晉、北魏到南朝的歷史發展，扼要且簡潔地介紹，並且書中附有地圖與年表，便於讀者對於整個時代發展的理解。其中對於魏國篡漢與司馬氏得勢的分析，對於理解嵇康思想的背景知識具有重要的貢獻。

(2) 許抗生之著《魏晉思想史》〔註30〕，書中肯定嵇康在竹林七賢中的影響力與號召力，分述了嵇康的世界觀、認識論、道德觀、養生論、「言不盡意」論與「聲無哀樂」論。許書認為嵇康以「太素」作為萬物的根源，而人與萬物都是由「元氣」形塑而成的。許先生指出嵇康受到當時本體論的影響，因而嵇康的自然觀也具有本體論的傾向，企圖追求超越現象的不變存在，如「至和」、「至樂」、「至人」，並進而指出嵇康認為這些超越的東西要比尋常的事物更真、更善、更美。不過，許書認為嵇康因為堅持形神平行的養生觀，會造成他的養生觀與世界觀無法等同的困境。〔註31〕

〔註26〕胡適，《中國古代哲學史》（1966），頁133。

〔註27〕侯外盧，《中國思想通史（第三卷）》，（北京：人民出版社，1980），頁123～196。

〔註28〕任繼愈主編的《中國哲學發展史（魏晉南北朝）》（北京：人民出版社，第 2 刷，1998）。

〔註29〕勞榦，《魏晉南北朝史》（台北：華岡書局，1971）。

〔註30〕許抗生，《魏晉思想史》（台北：桂冠圖書出版，1992）。

〔註31〕許抗生，《魏晉思想史》（台北：桂冠圖書出版，1992），頁144～233。

(3) 王葆玹於《玄學通論》〔註32〕針對竹林七賢的名稱問題、寓居山陽的意義以及他們的性格與出身進行詳盡的考定。這些背景知識對於掌握竹林玄學的思想主張具有重要的貢獻，尤其王書透過分析正始玄學與竹林玄學的差異，推論出正始玄學是重視群體的哲學，以促進社會政治的總體改進為宗旨；竹林玄學則是偏重個體的哲學，以實現個人精神境界與生活情趣的提升為宗旨。此書特別獨立一個章節考證嵇康幾個重要著作的時間與相關人物，引用魯迅與戴氏校本中未引的袁宏《後漢書》關於嵇康的文獻，有助於嵇康思想的研究。〔註33〕

(4) 曾春海的《兩漢魏晉哲學史》〔註34〕是在《嵇康》專著之後完成出版的。此書有三大特色，可以借由曾先生的自序詳之梗概：第一，補足中國哲學史中缺漏的魏晉經學的部分；第二，指出中國美學發端於先秦，成熟於魏晉，因此介紹兩漢魏晉的音樂、繪畫、書法及人物品藻等美學思想；第三，以專章論述《太平經》、《老子想爾注》、《老子河上公注》，以期釐清道家與道教的不同處與相互關係處。〔註35〕書中專章論述兩漢魏晉美學，分別介紹了較常見的音樂、繪畫、書法與人物品藻等美學，最特出的是加入「漢魏的飲酒美學」論析漢魏的飲酒文化，並分別考察阮籍、嵇康及劉伶的飲酒思想，可以說是繼魯迅所著〈魏晉風度及文章與藥及酒之關係〉之後，針對飲酒文化與嵇康思想之關連進行深入分析之作，對於讀者掌握嵇康之養生觀具有重要的貢獻。〔註36〕

(5) 余敦康所著《魏晉玄學史》〔註37〕雖是以思想史為名，全書結構卻是以哲學概念的發展作為鋪陳，依書中所分四大部分的標題：「正始玄學：何晏、王弼的貴無玄學」、「竹林玄學：阮籍、嵇康的自然論玄學」、「西晉玄學：裴頠的崇有論玄學與郭象的獨化論玄學」及「東晉佛玄合流思潮」，已呈現余先生對於魏晉玄學分期以及各個時期思想特色的基本主張。余先生分析名教與自然之論爭的時代意義，提出結合名教與自然乃是魏晉時代精神的所在，其所嚮往的名教，不是單一的儒家思想或政治制度，而是中華文

〔註32〕王葆玹，《玄學通論》（台北：五南圖書公司，1996）。
〔註33〕王葆玹，《玄學通論》（1996），頁329～378。
〔註34〕曾春海，《兩漢魏晉哲學史》（台北：五南圖書書版，2008）。
〔註35〕曾春海，《兩漢魏晉哲學史》（2008），頁3～10。
〔註36〕曾春海，《兩漢魏晉哲學史》（2008），頁405～422。
〔註37〕余敦康，《魏晉玄學史》（北京：北京大學出版社，2004）。

化長時期發展形成的宗法制度。余先生以阮籍、嵇康作爲竹林玄學的代表人物，最大的貢獻就是自我意識的覺醒。〔註38〕此書關於嵇康如何引發自我意識的覺醒有深入的分析，筆者受到很大的啓發。

A-3 中國美學相關研究

(1) 徐復觀的《中國藝術精神》〔註39〕爲近代中國藝術研究的先驅之一。徐先生在自序中提到中國的藝術精神在明清之後，受到相當程度的忽視，因此此書是嘗試性地用有組織的現代語言，將中國的藝術精神闡發，使其融入整個文化的脈絡之中。〔註40〕徐先生相當推崇《莊子》在中國藝術精神發展的地位，說到：「《莊子》之所謂道，落實於人生之上，乃是崇高地藝術精神；而他由心齋的工夫所把握到的心，實察乃是藝術精神的主體。由老學、莊學演變出來的魏晉玄學，他眞實內容與結果乃是藝術性的生活和藝術上的成就。歷史中的大畫家、大畫論家，他們所達到、所把握到的精神境界，常不期然的都是莊學、玄學的境界。」〔註41〕中國歷史上著名的畫家、畫論家，他們的藝術生命與現實生命通常是緊密相連的，他們在藝術中所展現的意境，就是他們所把握到的精神體驗。莊學、玄學追求的境界，乃是要去除萬物的牽累而達道境，是一種跳脫現實限制侷限的心靈層次，正與藝術上尊重個人創作的無限可能切合。筆者受到此書的啓發，因而在研究嵇康思想時，特別注意到嵇康對於莊子思想的承繼與轉化，從而開啓了嵇康對於魏晉時期莊學興起的研究。

(2) 2007 年重印了宗白華的巨著《美學散步》〔註42〕，此書結構性地整理宗先生橫跨中西藝術思想的多篇論著，「中國美學史中重要問題的初步探索」、

〔註38〕 余敦康，《魏晉玄學史》（2004），頁 299～324。

〔註39〕 徐復觀，《中國藝術精神》（臺北：臺灣學生書局，八版，1998）。

〔註40〕 徐復觀在自序中說到：「道德、藝術、科學，是人類文化中的三大之柱。」之後又提及：「在人具體生命的心、性中，發掘出藝術的根源，把握道精神自由解放的關鍵。…但自明清以來，因爲知識分子在八股下長期墮落，使這一方面的成就，也見見末梢化、庸俗化了，以致整個地文化脫節；只能在古玩家手中，保持一個不能謂一般人所接觸、所了解的陰暗角落。我寫這部書的動機，是要通過有組織地現代語言，把這一方面的本來面目，顯發了出來，使其堂堂正正地匯合於整個文化大流之中，以世人相見。」徐復觀，《中國藝術精神》（1998）第一版自序，頁 1～4。

〔註41〕 徐復觀，《中國藝術精神》（1998）第一版自序，頁 3。

〔註42〕 宗白華，《美學散步》（上海：上海人民出版社，重印版，2007）。

「中國藝術意境的誕生」、中西繪畫表現的比較、書法裡的美學、中國古代音樂思想與「論《世說新語》和晉人的美」，以及西方藝術理論的介紹。就如同宗先生以「散步」為題的書名一般，宗先生以流暢的文字、隨手援引的原典文獻，排出分析論述的沈重，以獨具個人特色的論點，提供讀者美學研究的不同視野。書中形容莊子的音樂思想為「古代浪漫主義的代表作」，並指出音樂的影響不僅在音樂家中，同時豐富了詩人、畫家的想像。〔註43〕

(3) 李澤厚的《美的歷程》〔註44〕（台北：三民書局，1996）和《美學‧哲思‧人》〔註45〕，二書在「魏晉風度」主題的內容幾乎一致，提出魏晉時期最為重要的發展為「人的自覺」與「文的自覺」。李先生透過轉化當時內地學者貶抑魏晉清談的觀點，提出魏晉思想的重要性為：「一種真正思辨、理性的『純』哲學產生了；一種真正抒情的、感性的『純』文藝產生了。」〔註46〕李先生認為這是一股透過「人的自覺」引發「文的自覺」的時代，從而產生一股「為藝術而藝術」的思潮。

(4) 李澤厚、劉綱紀一同主編的《中國美學史（第二卷）》〔註47〕，以專章討論嵇康的〈聲無哀樂論〉。書中首先考察了嵇康的生平與思想特色，以嵇康思想特點層層剖析，由「性烈」與「抗爭的無畏精神」，總體地評斷嵇康「對於莊學那種衝破儒學束縛的批判精神和自由思想有著更為深刻的認識。」〔註48〕筆者受到此書的啟發，因而在嵇康思想的研究中，蒐集許多關於嵇康承接莊學思想的元素。此書之後有學者蕭馳以「超越境界」連結嵇康與莊學思想。然而，筆者認為在面對現實困境的反省與批判中，更能顯現嵇康與莊學思想的關係。此觀點將在正文中進行論述。

(5) 葉朗於《中國美學史大綱》〔註49〕書中直接稱魏晉時期為「中國古典美學的開展」，肯定魏晉時期為「一個藝術自覺的時代，也是一個美學自覺的時代」〔註50〕。葉先生將嵇康的〈聲無哀樂論〉與曹丕的《典論‧論文》、

〔註43〕宗白華，《美學散步》（上海：上海人民出版社，重印版，2007），頁189～207。
〔註44〕李澤厚，《美的歷程》（台北：三民書局，1996）。
〔註45〕李澤厚，《美學‧哲思‧人》（台北：風雲時代出版公司，1989）。
〔註46〕李澤厚，《美的歷程》（1996），頁87。
〔註47〕李澤厚‧劉綱紀主編，《中國美學史（第二卷）》（台北：谷風出版社，1987）
〔註48〕李澤厚‧劉綱紀主編，《中國美學史（第二卷）》（1987），頁236。
〔註49〕葉朗，《中國美學史大綱》（上海：人民出版社，1999）。
〔註50〕葉朗，《中國美學史大綱》（1999），頁183。

陸機的《文賦》、顧愷之的《論畫》、《魏晉勝流畫贊》，宗炳的《畫山水序》、王徽的《敘畫》、謝赫的《古畫品錄》、劉勰的《文新雕龍》以及鍾嶸的《詩品》並稱，認為這些皆是具有美學理論價值的著作，提出了許多美學命題，如「得意忘象」、「聲無哀樂」、「傳神寫照」、「澄懷味象」、「氣韻生動」等。葉先生認為魏晉時期這種美學的自覺，當然受到玄學思潮的影響，並將此時期視為回歸老、莊美學的運動。書中在魏晉美學的部分，依序以王弼的「得意忘象」、嵇康的「聲無哀樂」、顧愷之提出的「傳神寫照」到宗炳的「澄懷味象」、謝赫的「氣韻生動」，將整個魏晉時代的美學發展概要的整理。〔註51〕此書中最特殊的論點是提出：魏晉美學是將「氣」的概念，從哲學的範疇轉化到美學的範疇，並認為「元氣自然論」在魏晉南北朝有巨大的影響。〔註52〕

(6) 李美燕的《琴道與美學：琴道之思想基礎與美學價值之研究（自先秦兩漢迄魏晉南北朝）》〔註53〕，書中在今人的研究成果中，特別介紹了兩位外國學者：德國的沙敦如（Dorothee Schaab-Hank）與荷蘭的高羅佩（R.H. Van Gulik）的研究，有助於讀者開啟國際視野。此書有專章論析琴道思想與美學，其中一章以嵇康的〈琴賦〉為主。〔註54〕此書將嵇康的音樂理論與養生觀連結，指出以「和」作為音樂所蘊含的本質精神〔註55〕，認為嵇康〈琴賦〉中通過製琴的技術點出他的生命境界〔註56〕，給予〈琴賦〉的美學價值為：「『至人』原本是道家生命的實踐境界，嵇康體現在古琴藝術的表現，賦予古琴藝術由形而下的『藝』提升至形而上的『道』，融入道家境界的實踐。」〔註57〕

〔註51〕 葉朗，《中國美學史大綱》（1999），頁 183～225。

〔註52〕 葉朗，《中國美學史大綱》（1999），頁 216～225。

〔註53〕 李美燕，《琴道與美學：琴道之思想基礎與美學價值之研究（自先秦兩漢迄魏晉南北朝）》（北京：社會科學文獻出版社，2002）。

〔註54〕 李美燕，《琴道與美學：琴道之思想基礎與美學價值之研究（自先秦兩漢迄魏晉南北朝）》（2002），頁 245～276。

〔註55〕 李美燕，《琴道與美學：琴道之思想基礎與美學價值之研究（自先秦兩漢迄魏晉南北朝）》（2002），頁 256。

〔註56〕 李美燕，《琴道與美學：琴道之思想基礎與美學價值之研究（自先秦兩漢迄魏晉南北朝）》（2002），頁 268。

〔註57〕 李美燕，《琴道與美學：琴道之思想基礎與美學價值之研究（自先秦兩漢迄魏晉南北朝）》（2002），頁 275。

(7) 朱良志在《中國美學名著導讀》〔註58〕將嵇康的〈聲無哀樂論〉納入中國
美學的名著之一。在「導讀」〔註59〕中提出關於嵇康思想的觀點，可整理
為三點：其一，朱先生認為〈琴賦〉之藝術方面的考量與養生觀，是理解
〈聲無哀樂論〉的兩大前提。〔註60〕其二，區分聲、音、樂的內涵，聲為
自然的聲響，音是「透過藝術創造而構成的藝術形式」，樂則是「一種社
會性活動，包括音樂的演奏、伴音的舞蹈以及用以歌詠的詩，『樂』意近
音樂活動」。〔註61〕其三，提出「心聲二元論」，認為聲音與人的感情為分
別的二物，人對音樂的「躁靜」反應，是音樂和感情之間的中介，因為「躁
靜」的作用進而影響人的感情世界。〔註62〕此書引發筆者通過新的研究方
法進行嵇康的美學研究。

(8) 張法所著《中國美學史》〔註63〕將中國文化分為「原始文化」、「夏商周
三代」、「秦至清」與「現代」四大階段，而此書的最大特色如作者所言：
「這本中國美學史，不完全嚴格按照朝代順序，把人物、論著一一羅列，
而著重突出：1.古典美學的發展軌跡；2.不同時代的審美趣味；3.理論特
色。」〔註64〕關於嵇康的美學思想，在此書的「第三章魏晉南北朝美學」
〔註65〕中，張先生提出魏晉士人的審美意識有「聲無哀樂」、「生命之嘆」、
「以形寫神」、「澄懷味象」與「園林適心」。此一部分最重要的觀點有：
第一，「聲無哀樂」是以嵇康〈聲無哀樂論〉為主軸的論述，甚至認為〈聲
無哀樂論〉的出現是藝術理論的獨立宣言〔註66〕；第二，張先生將對於
生命的美分為「屈原式的香草美人」與「莊子式的姑射神人」，並認為魏
晉時期以「莊子式的美」與傳統結合，成為魏晉時期一種普遍的美〔註
67〕；第三，張先生突顯園林在魏晉時期的重要性，認為這正說明了魏晉
時期山水玄學的演進，說到：「從《周易》主潮到《老子》主潮到《莊子》

〔註58〕朱良志，《中國美學名著導讀》（北京：北京大學出版社，2004）。
〔註59〕朱良志，《中國美學名著導讀》（2004），頁36～41。
〔註60〕朱良志，《中國美學名著導讀》（2004），頁36～37。
〔註61〕朱良志，《中國美學名著導讀》（2004），頁37～39。
〔註62〕朱良志，《中國美學名著導讀》（2004），頁39～40。
〔註63〕張法，《中國美學史》（成都：四川人民出版社，2006）。
〔註64〕張法，《中國美學史》（2006），頁6～7。
〔註65〕張法，《中國美學史》（2006），頁78～122。
〔註66〕張法，《中國美學史》（2006），頁89。
〔註67〕張法，《中國美學史》（2006），頁94。

主潮，比起前二者來，《莊子》是山林情味最多的，山水也最能體現無言的天地大美。」〔註68〕

(9) 楊儒賓於〈「山水」是怎麼發現的——「玄化山水」析論〉〔註69〕中，從晉宋時期是「山水」概念發展成熟的關鍵期，進而考察「山水」這一概念如何在晉宋時期發展，成為文人作詩、作畫的思想根源。此文提示的重點：第一，以王羲之的〈蘭亭集序〉與〈蘭亭詩〉為例，說明在永和之後一種「玄化」的新自然觀逐漸地成形，這是一種「結合道與自然為一體的自然書寫」〔註70〕；第二，以為先秦時期的山水存在著一組矛盾的現象，一方面有如《詩經》《古詩十九首》所顯露可親的情意山水，另方面又有不可親的「政治型的體國經野之山水」與「巫教的妖魔山水」〔註71〕；第三，以詩史的發展進行考察，從陶淵明、謝道韞、孫綽、王彪、劉瓛、支道林、宗炳到郭象，以「質有而趣靈」為題，認為永和到元嘉時期，玄言與山水兩主題並存〔註72〕；第四，認為：「山水之『理』的呈顯與形氣神身體主體的深化同時升起，自家神氣層面的體現同時活化了自然的氣化之本性」〔註73〕。

二、研究現況的考察：思想概念分析之研究

關於魏晉時期的研究可以細分為：專論魏晉玄學的思想議題發展、探究魏晉名士之思想主張與社會環境、專論嵇康思想。

B-1 魏晉玄學的思想議題發展

(1) 2001 年上海古籍出版社重印湯用彤之著《魏晉玄學論稿》〔註74〕，此書不同於一般的思想史脈絡，而是提出魏晉玄學中的主要問題，並對這些問題一一進行論述。湯用彤對於魏晉玄學的諸多觀點，對當代魏晉思想研究有很深的影響，在此整理為四點：第一，論玄學的變遷發展，用彤

〔註68〕張法，《中國美學史》（2006），頁103。
〔註69〕楊儒賓，〈「山水」是怎麼發現的——「玄化山水」析論〉（《臺大中文學報》第30期，台北市：台灣大學中文系，2009），頁209～254。（THCI Core）
〔註70〕楊儒賓，〈「山水」是怎麼發現的——「玄化山水」析論〉（2009），頁225。
〔註71〕楊儒賓，〈「山水」是怎麼發現的——「玄化山水」析論〉（2009），頁227。
〔註72〕楊儒賓，〈「山水」是怎麼發現的——「玄化山水」析論〉（2009），頁225～234。
〔註73〕楊儒賓，〈「山水」是怎麼發現的——「玄化山水」析論〉（2009），頁251。
〔註74〕湯用彤，《魏晉玄學論稿》（上海：上海古籍出版社，2001）。

先生將玄學粗略分爲四期，即以《易》、《老》爲主的「正始時期」、到受《莊子》學影響的激烈派之「元康時期」、上承正始的溫和派之「永嘉時期」，以及佛學時期的「東晉時期」〔註75〕；第二，認爲可從劉劭的《人物志》看出漢末與晉初學術風氣的不同，尤其是對於政治的名家言論，甚有其獨到之處〔註76〕；第三，以「言意之辨」爲魏晉時期的方法論，有「用於解釋經籍」、「契合玄學的宗旨」、「用以會通儒道」與「於名士之立身行事」等四大重要性〔註77〕；第四，突顯王弼的重要性，此書的導讀中附有湯用彤 1940 年準備撰寫《魏晉玄學》的初稿目錄，其中「言意之辨」、「貴無」之說，皆爲王弼的重要論點〔註78〕。湯書中突顯了魏晉時期的重要問題，關於這些問題的探究，當代的研究基本上難以超越其成就。因此，筆者根據此書的啓發，以文中未被突顯的嵇康與莊學問題，作爲探求魏晉思想的新進路。

(2) 何啓民有史學的背景，他的著作《竹林七賢研究》〔註79〕最大的特色即是對於七賢的時代背景皆有詳盡的考察，本書「綜論」中，關於「七賢與正始的關係」、「嵇阮向思想之變跡」與「嵇阮向思想之差異」，提供許多關於嵇康思想的豐富史料，尤其是在「嵇阮向思想之變跡」的史料分析說到：「綜此，則正始之前，多以崇儒；正始前後，或以平叔、輔嗣之故，漸以近老；而莊學之興，則正始以後事也。」〔註80〕此書的看法多爲學界引用，由他對於嵇康的讚譽：「雖何晏之徒，始盛於玄論，而玄論實至康而完密嚴謹，格局可觀，非如籍之鬆弛，而但爲文論者也。」〔註81〕此書的看法引發筆者對於嵇康的重視，尤其此書雖附有史料，不過對於文本還沒有進行詳細的分析，因而筆者認爲還有深入探究嵇康玄論的空間。

(3) 牟宗三之著作多深具思辨性，在他眾多的著作中《才性與玄理》〔註82〕爲專論魏晉玄學的作品。牟先生在《才性與玄理》的章節並沒有根據嚴格時間序列進行編排，而是以議題導向的方式：「王充的性命論」、「人物志之

〔註75〕湯用彤，《魏晉玄學論稿》（2001），頁 110～120。
〔註76〕湯用彤，《魏晉玄學論稿》（2001），頁 22。
〔註77〕湯用彤，《魏晉玄學論稿》（2001），頁 26～42。
〔註78〕湯用彤，《魏晉玄學論稿》（2001），導讀，頁 2。
〔註79〕何啓民，《竹林七賢研究》（台北：台灣學生書局，1966）。
〔註80〕何啓民，《竹林七賢研究》（1966），頁 158～160。
〔註81〕何啓民，《竹林七賢研究》（1966），頁 161～162。
〔註82〕牟宗三，《才性與玄理》（台北：學生書局，2000）。

系統的解析」、「魏晉名士及其玄學名理」、「王弼玄理之易學」、「王弼之老學」、「向、郭之注莊」、「魏晉名理正名」、「阮籍之莊學與樂論」、「嵇康之名理」以及「自然與名教」，逐一論述魏晉時期的重要議題。此書與筆者研究相關的部份有二點：第一，牟先生認為「阮籍比較顯情，而嵇康比較顯智」〔註83〕；第二，認為〈聲無哀樂論〉為「純美的和聲當身之樂論」〔註84〕。

(4) 湯一介的《魏晉玄學論講義》，〔註85〕湯先生在此書的開始為讀者整理了在研究魏晉思想時必須注意的資訊，並仔細地分析文獻的選材問題、魏晉玄學的產生與評價，接著才進入魏晉玄學的論述。在魏晉玄學發展的分期上，湯一介基本上接續湯用彤的四期分期，為「正始時期」、「竹林時期」、「元康時期」、「東晉時期」，並根據湯用彤提示的重點，進行深入的分析與論述，如湯用彤所提出嵇、阮逍遙放任的人生哲學的要點：「(1)超越世界之分別；(2)既超越分別，故得放任；(3)逍遙為放任之極（神游於無名之境）。」湯一介先生接續這些要點，進行深入的論述，將「如何從超越世界之分別到放任，進而從放任到逍遙的推論」加入文獻的考據。〔註86〕此書在方法論上也有進一步的發展，從湯用彤所強調的王弼「得意忘言」的方法論，湯一介先生加入了郭象的方法論「寄言出意」、「辯名析理」和「否定方法」〔註87〕。筆者認為可以透過此書，回溯湯用彤先生的觀點，此將有助於探索魏晉玄學中未被顯題化的問題，例如「名教與自然」如何成為清談的關注議題。

(5) 戴璉璋在《玄智、玄理與文化發展》，〔註88〕書中沒有依傳統的正始、竹林分析魏晉玄學的發展，而是以王弼、阮籍、嵇康與郭象的思想為主軸，分析他們各自的思想特色，指出王弼崇尚《老子》與嵇阮傾向《莊子》之放逸的不同。此書詳盡地提供了阮籍、嵇康思想的差異，觸發筆者對於嵇康論述風格的研究興趣，由此，筆者企圖在此研究基礎上，突顯嵇康批判生命的存在實況，以及企求精神超脫的思想特色。

〔註83〕牟宗三，《才性與玄理》（2000），頁319。
〔註84〕牟宗三，《才性與玄理》（2000），頁345。
〔註85〕湯一介，《魏晉玄學論講義》（廈門：鷺江出版社，2006）。
〔註86〕湯一介，《魏晉玄學論講義》（2006），頁132～133。
〔註87〕湯一介，《魏晉玄學論講義》（2006），頁196～235。
〔註88〕戴璉璋，《玄智、玄理與文化發展》（台北：中研院文哲所，2002）。

B-2 魏晉名士之思想主張與社會環境

(1) 魯迅，原名周樟壽，後改名周樹人，清末民初人曾註解《嵇康集》，戴明揚的《嵇康集校注》也有參照魯迅的註解。2000 年上海古籍出版社整理魯迅的思想，出版了《魏晉風度及其他》。〔註 89〕在此書的「魏晉風度及其文章與藥與酒之關係」〔註90〕一篇，為介紹魏晉思想的專論，其特色有四點：第一，魯迅先生口語化地介紹魏晉時期，政治背景與名士思想主張的關連；第二，以魏晉名士的服藥風氣，從「建安七子」、何晏、王弼、葛洪到皇甫謐皆概略說明；第三，認為從「正始名士」到「竹林七賢」的轉折，與服藥風氣轉到飲酒風氣相關；第四，提出嵇康引發生命危險的文章為〈與山巨源絕交書〉，尤其是其中的「非湯武而薄周孔」的觀點。嵇康抨擊以武定天下的湯武、輔佐成王的周公，又批評了孔子，而孔子是尊崇禪讓天下的堯舜，魯迅先生認為嵇康的這番言論，阻礙了司馬集團企圖篡位的正當性，因而招致殺身之禍。魯迅先生為那個時代的政治，下了一個這樣的註解：「魏晉時代，崇尚禮教的看起來似乎很不錯，而實在是毀壞禮教，不信禮教的。表面上毀壞禮教者，實則倒是承認禮教，太相信禮教。因為魏晉時代所謂崇尚禮教，是用以自利，那些崇奉也不過是偶然崇奉，……不過是將這個名義，加罪於反對自己的人罷了。」〔註91〕這一段言論，引發筆者重探嵇康所提「越名教而任自然」的時代意義。

(2) 羅宗強所著《玄學與魏晉士人心態》〔註 92〕以正始、西晉與東晉的時間序列編排。此書的特色：第一，羅先生以士人的心態作為研究主軸，對於時代背景進行詳盡的考察；第二，依歷史的脈絡，點出嵇康屬於正始年間的名士之一；第三，羅先生將嵇康思想與莊子有系統地連結，指出嵇康是把莊子的理想人生的境界「人間化」了〔註93〕；第四，以「悲劇」、「苦悶」、「入世」與「偏安」等心態，分析魏晉名士的論點。據此書的提示，筆者將進行更進一步的考察，企圖突顯莊學於魏晉時期興起的因素。

〔註89〕魯迅，《魏晉風度及其他》（上海：上海古籍出版社，2000）

〔註90〕魯迅，《魏晉風度及其他》（2000），頁 185～198。

〔註91〕魯迅，《魏晉風度及其他》（2000），頁 185～198。

〔註92〕羅宗強，《玄學與魏晉士人心態》（台北市：文史哲出版社，1992）。

〔註93〕羅宗強，《玄學與魏晉士人心態》（1992），頁 112～118、124～126。

B-3 嵇康思想相關研究

B-3-1 書籍類（依出版時間序列）：

(1) 莊萬壽的《嵇康研究及年譜》〔註94〕可以說是一本史料學的研究成果。莊先生根據傳世文獻《三國志注》、《世說新語》及注，《文選注》、《藝文類聚》、《太平御覽》…等，詳盡地考察嵇康的家族、姻親與社會文化背景，並製作嵇康年譜，逐年考察當時的時事，以及嵇康可能的生活狀況。此書有助於全面掌握嵇康著作的時間順序與背景知識，不過，此書也因為為了依照年份排定著作順序，無法較為通暢連貫地分析嵇康的思想主張，因而筆者以為嵇康思想的研究還具有發展的空間。

(2) 謝大寧在《歷史的嵇康與玄學的嵇康——從玄學史看嵇康思想的兩個側面》〔註95〕從歷史的角度與玄學的角度進行嵇康思想的研究。在史學的角度上，謝先生根據當時自然與名教論爭的議題，分析嵇康的主張反映出不妥協的政治立場〔註96〕；由玄學的角度，謝先生從何晏、王弼的哲學議題開始，進而探究嵇康的思想主張。此書的特色有：第一，分歷史與玄學兩個研究進路分析嵇康思想；第二，提出何晏、王弼與嵇康曾經共存，但為何嵇康從不引述何、王的論點，最後歸結因為嵇康與何、王的思考系統不同〔註97〕；第三，考察嵇康在竹林七賢中的重要地位，在「玄學的嵇康」這一面向，謝氏首先指出嵇康道教的家世信仰，並以宗教信仰的改革作為其終極關懷的問題意識，又從〈養生論〉中關注其強調主體之價值實踐義以契接莊子的思想向度，進而透過這兩種進路的關照重新勾勒嵇康在思想史上的角色：其一，魏晉玄學其實是直到嵇康身上，才真正完成了向老莊的回歸，同時嵇康也藉著此一回歸存在地反省了他的信仰，並為他的信仰找到了一個新的定位點〔註98〕；其二，推崇嵇康是中國思想史中罕見的宗教思想家，認為嵇康藉由對道教思想的反省，更明確地為老莊之學貫注了宗

〔註94〕 莊萬壽，《嵇康研究及年譜》（台北：三民書局，1981）。

〔註95〕 謝大寧，《歷史的嵇康與玄學的嵇康——從玄學史看嵇康思想的兩個側面》（台北：文史哲出版社，1997）。

〔註96〕 謝大寧，《歷史的嵇康與玄學的嵇康——從玄學史看嵇康思想的兩個側面》（1997），頁 52。

〔註97〕 謝大寧，《歷史的嵇康與玄學的嵇康——從玄學史看嵇康思想的兩個側面》（1997），頁 191～192。

〔註98〕 謝大寧，《歷史的嵇康與玄學的嵇康——從玄學史看嵇康思想的兩個側面》（1997），頁 109。

教關懷的面向，這也是「玄學的嵇康」最大的創造與貢獻所在。〔註 99〕此書對於嵇康思想有脈絡性的分析，筆者深受啓發，並在嵇康之〈養生論〉中，筆者發掘出不同於謝先生的看法，因此認爲嵇康思想尚有持續發展的空間。

(3) 王曉毅具史學的研究背景，所著《嵇康評傳——漢魏風骨盡、竹林遺恨長》〔註 100〕以「夢想」、「求索」、「徬徨」、「避世」、「憤起」與「寂滅」等標題，簡潔地概括嵇康的一生。此書提供了研究嵇康的背景知識與史料整理，不過正因爲此書多以嵇康的相關史料整理爲主，因此對於嵇康文本的分析較少，因而筆者以爲可以有此書爲基礎，並回歸嵇康文本進行深入研究的空間。

(4) 徐麗眞的《嵇康的音樂美學》，〔註 101〕以〈聲無哀樂論〉爲嵇康音樂美學的詮釋重點，並旁引〈琴賦〉、〈琴贊〉、〈養生論〉、〈答張遼叔事難宅無吉凶攝生論〉與詩作進行論述。此書的特色是通過與西方音樂美學觀點的比較，由「音樂的本質」、「音樂欣賞中的主體客體的關係」、「音樂的功能」等思路，整合並重構嵇康音樂美學的理念。此書是以形上學進路思考嵇康的音樂美學，系統性的重構嵇康音樂美學的理念，具有重要的學術價值。受到此書的啓發，但筆者嘗試跳脫以形上學爲美學研究的進路，改以「實存」的哲學思維探究嵇康的音樂美學。

(5) 曾春海所作的《嵇康》〔註 102〕爲嵇康思想的重要研究成果之一。曾先生依序「嵇康的身世、思想背景與著作」、「嵇康在玄學中的論辨方法」、「嵇康的自然觀」、「嵇康的人性論」、「嵇康的生命才情及其生死觀」、「養生論及宅卜吉凶說」、「從儒道樂論析論嵇康的『聲無哀樂論』」、「社會及政治思想」與「玄學與文學」等，對於嵇康思想進行全面性的論析。曾先生在自序中提及，以嵇康作爲研究對象的原因，在於看中嵇康既能表現出君子的高風亮節，同時實現了悠然自得的生命情韻〔註 103〕受到本書的啓發，由曾先生所指出嵇康的自然觀、人性論與生命才情中，嘗試探求書中未被

〔註 99〕謝大寧，《歷史的嵇康與玄學的嵇康—從玄學史看嵇康思想的兩個側面》（1997），頁 112。

〔註 100〕王曉毅《嵇康評傳——漢魏風骨盡、竹林遺恨長》（南寧：廣西教育出版社，第 3 刷，1997）。

〔註 101〕徐麗眞《嵇康的音樂美學》（台北：國立編譯館，1997）。

〔註 102〕曾春海，《嵇康》（台北：萬卷樓圖書，2000）。

〔註 103〕曾春海，《嵇康》（2000），頁 12。

突顯的嵇康與莊學興起的論題。

(6) 牛貴琥的《廣陵餘響》〔註 104〕書中的開始，即以嵇康被殺的原因爲主軸，進而考察嵇康被殺之後兩晉社會風氣的轉變。此書的特色：第一，詳盡考察了嵇康被殺的背景知識，如根據傳世文獻斟定嵇康被殺的時間，並檢討現存關於嵇康被殺之原因的眾多說法；第二，詳盡地分析嵇康被殺的社會因素，其一是嵇康是不會被司馬氏所用的人才，其二，嵇康的思想與當權者不合，且具有「惑眾」的能力〔註 105〕；第三，牛先生認爲竹林七賢皆承接莊學，嵇康承繼的是莊子「『莫若以明』的高級自然觀，以不斷前進的探索精神帶有明顯的名家傳統」〔註 106〕；第四，以「嵇康該不該被殺」爲題，進行文獻上的正反並呈；第五，考察嵇康被殺後社會風氣的變化。此書匯集許多歷史材料，有助於研究嵇康思想時對於背景知識的理解，重點是此書是以嵇康被殺的史實作爲主軸，更突顯了嵇康對於當時士人與社會的影響。

(7) 童強所著《嵇康評傳》〔註 107〕對於嵇康的生平、創作、思想進行系統性的考察。在嵇康思想的部分，童書以三方面進行討論：第一，基本思想，主要關於宇宙、社會、人生的基本觀念；第二，關於兩個重要的思想命題，即「養生論」、「聲無哀樂論」；第三，在認識論上的貢獻。〔註 108〕童書最大的突破在於結合現代的認識論、科學哲學的理論，闡述嵇康認識論的成就〔註 109〕：關於嵇康所提「至理」的客觀性、確定性，以及推類辨物、辯名析理、歸納問題、拒絕專斷等，各有分章詳盡論述。〔註 110〕

B-3-2 專篇期刊論文

B-3-2-1 以莊子與嵇康為主題

(1) 蕭馳所著〈嵇康與莊子超越境界在抒情傳統中的開啓〉〔註 111〕，此文以扎實的研究素材作爲論點的輔助。蕭先生此文的脈絡，約可將其研究目標概

〔註 104〕牛貴琥，《廣陵餘響》（北京：學苑出版社，2004）。
〔註 105〕牛貴琥，《廣陵餘響》（2004），頁 25。
〔註 106〕牛貴琥，《廣陵餘響》（2004），頁 46。
〔註 107〕童強，《嵇康評傳》（南京：南京大學出版社，2006）
〔註 108〕童強，《嵇康評傳》（2006），頁 271。
〔註 109〕童強，《嵇康評傳》（2006），「序言」，頁 9。
〔註 110〕童強，《嵇康評傳》（2006），頁 428～。
〔註 111〕蕭馳，〈嵇康與莊子超越境界在抒情傳統中的開啓〉，《漢學研究》第 25 卷第 1 期，臺北：漢學研究中心，2007），頁 95～129。（THCI Core）

要地整理爲：企圖突顯嵇康的詩風中關於「恬和淵淡的超越之境」，並以此境界作爲嵇康在中國抒情傳統上的影響。據此，進一步地細分爲三個層次：第一，蕭先生企圖在傳統研究嵇康思想，以「感憤」與「清俊」的表述之外，另以「恬和淵淡的超越之境」代表嵇康詩文的精神；第二，蕭先生以第一層次的推論，用以證明嵇康思想深受《莊子》的影響；第三，蕭先生以前兩個層次的推論，佐證嵇康在中國抒情傳統中開創了兼具美感與恬淡之境的詩風。嵇康受莊學思想影響的部分，蕭先生分爲兩大重點進行論述：「藉養生契入的莊子『天樂』」和「藉論樂體悟的莊學『心齋』」。在「藉養生契入的莊子『天樂』」方面，蕭先生由嵇康當時的社會背景開始論述，說明因政局的壓力促使「玄學的中心課題由探討無爲政治而轉向個體自由，此即學術由老學、易學轉向莊學的歷史脈絡。」〔註112〕蕭先生在說明以嵇康所處的政治環境，爲當時清談風氣興起的原因時，佐以徐克謙的觀點作爲輔助，得出嵇康思想背景的說明：「藉生命中心性的修養而歸返自在自如的逍遙境界，並輔以游世哲學和養生之術以全身。」筆者受到此文的啓發，在此文的研究成果基礎上，採取嵇康對於實存現況的關懷，說明嵇康對於莊學的承繼與轉化。

(2) 高柏園的〈論莊子與嵇康的養生論〉，〔註113〕重點可分爲：第一，受牟宗三影響，此文認爲養生論可以區分爲「主觀的境界型態」與「客觀的實有型態」兩層意義〔註114〕；第二，認爲莊子之養生論爲「主觀的境界型態」〔註115〕；第三，認爲嵇康重視形神交養的養生論，較莊子只重內在的觀點更進一步，凸顯境界與實有互濟的養生論〔註116〕；第三，整理嵇康養生論有「駁斥貴智而尚動」、「興智恬和，神形交養」、「至人養生之境」、「養生有五難」五點重點，並依循牟宗三的觀點，以爲嵇康所言養生之境界型態具有優先性〔註117〕；第四，透過區分養生的「境界」與「實有」兩種型態，

〔註112〕蕭先生在此附註何啓民、王葆玹、王曉毅、余敦康等四位學者皆有相近的觀點，參見：蕭馳，〈嵇康與莊學超越境界在抒情傳統中之開啓〉《漢學研究》第25卷第1期，臺北：漢學研究中心，2007），頁106（註62）。（THCI Core）

〔註113〕高柏園，〈論莊子與嵇康的養生論〉《鵝湖月刊》第15卷4期，台北市：鵝湖出版社，1989），頁11～18。

〔註114〕高柏園，〈論莊子與嵇康的養生論〉（1989），頁11。

〔註115〕高柏園，〈論莊子與嵇康的養生論〉（1989），頁13。

〔註116〕高柏園，〈論莊子與嵇康的養生論〉（1989），頁13。

〔註117〕高柏園，〈論莊子與嵇康的養生論〉（1989），頁14～16。

說明境界型態的優先性，須有實有型態之養生而完成，此人之現實性與超越性，乃依人之存有論性格而定的〔註118〕；第五，類比道家的養生，宗教亦有二層意義的區分，爲宗教之理想性與現實性，理想性具優先地位，而與現實性結合後成爲可能〔註119〕。此文依據牟先生的理路分析莊子與嵇康養生論的聯繫，筆者將基於此文的成果，以實存現狀的批判與反省，建立嵇康與莊子思想的養生觀。

(3) 岑溢成所著〈嵇康的思維方式與魏晉玄學〉〔註 120〕，此文指出傳統以來以存有論上的「無」、「有」問題說明魏晉玄學的流派，造成賦予嵇康在魏晉玄學的定位上的困難。因此，此文通過嵇康思維方法的考察，推翻有些學者認爲嵇康的論述有流於詭辯、矛盾的問題，甚至造成內容上不一致的問題，認爲這是因爲嵇康關心論證形式，多於論證內容使然；並由一般比較不受重視的論文如〈明膽論〉、〈管蔡論〉以及「宅有無吉凶」之論辯的分析，以爲跳脫嵇論之內容旨趣的面向，轉向思維方式的角度來定位嵇論的價值。岑溢成以〈釋私論〉的「心無所措於是非」作爲嵇康論辯態度的理論基礎，並認爲這可以上溯至莊子「齊物論」之精神，意在消解對立雙方在於立場與意見的執著；最後，岑溢成提出嵇康的思維是玄學「無」之精神的體現，從而展現出嵇康獨特的思維特色。岑溢成的詮釋提供我們理解嵇康思想的新視野，由於岑先生爲了跳脫傳統以「無」、「有」定義魏晉流派的問題，特別以嵇康的思維方式定義嵇康的重要性，給我很深的啓發。由此發現嵇康的思維方式的重要性，不僅在於出色的推論，重要的是，嵇康以嚴謹的推論展現他高度的批判性，以及關懷個體的實存生命。

B-3-2-2 美學相關主題

(1) 蕭振邦在〈嵇康〈聲無哀樂論〉探究——兼解牟宗三疏〉〔註 121〕，根據謝大寧先生批評牟宗三先生評定嵇康的〈聲無哀樂論〉只表達了一種「客觀主意之純美論」〔註 122〕。蕭先生於〈嵇康〈聲無哀樂論〉探究——兼

〔註118〕高柏園，〈論莊子與嵇康的養生論〉（1989），頁 17～18。

〔註119〕高柏園，〈論莊子與嵇康的養生論〉（1989），頁 18。

〔註120〕岑溢成，〈嵇康的思維方式與魏晉玄學〉，（《鵝湖學誌》第九期，1992 年 12月），頁 27～54。

〔註121〕蕭振邦，〈嵇康〈聲無哀樂論〉探究——兼解牟宗三疏〉（《鵝湖學誌》第 31期，臺北：鵝湖雜誌社，2003），頁 1～62。

〔註122〕謝大寧，《歷史的嵇康與玄學的嵇康——從玄學史看嵇康思想的兩個側面》（1997），頁 81～82、95。

解牟宗三疏〉中提出不同的意見，認爲於〈聲無哀樂論〉中已可見「客觀
主義」的色彩，以「感之太和──以濟其美」說明嵇康所重視的音樂之功
能，進而論證牟先生的觀點是可以成立的，文中針對〈聲無哀樂論〉的見
解提出了系統詮釋及新見。〔註 123〕此文內容以〈聲無哀樂論〉與牟先生
的研究爲主要的研究主軸，筆者受到此文的啓發，將於此一研究成果上，
繼續嵇康音樂觀的研究。

(2) 曾春海於〈阮籍與嵇康的樂論〉〔註 124〕中，分別根據阮籍的〈樂論〉與
嵇康的〈琴賦〉、〈聲無哀樂論〉，論述阮籍與嵇康音樂思想的差異，且得
出結論〔註 125〕：阮籍以「道體儒用」的理論架構，強調儒家樂教於道德
修身，以及移風易俗的德治教化；嵇康的音樂思想則與「越名教而任自然」
（〈釋私論〉）的立論呼應，爲純音樂的取向，不涉及工具價值，側重純音
樂的美感與理據，以道家哲學爲基礎，將音樂由教化的依附地位中解放，
企求建立「人與到冥合的音樂美學以及至人達此境而至樂的見解」〔註 126〕。

(3) 李美燕在〈從〈聲無哀樂論〉探析嵇康的「和聲」義〉〔註 127〕文中分析
嵇康所論「音聲」的理念，乃是摭拾《左傳》昭公二十五年、昭公元年記
載「六氣」、「五行」作爲天地之形構原則，用於說明五音之體性是超物質
的存有，進而爲「和聲」提出形上的根源〔註 128〕。此文主要特點有三點：
第一，認爲嵇康提出「聲無哀樂」的重點，在於對傳統樂教的省思，爲援
道入儒的方法〔註 129〕；第二，反省傳統認爲嵇康之樂論承繼《莊子・齊
物論》之思路，並認爲根據《莊子・人間世》的「心齋」修養工夫理解〈聲
無哀樂論〉可能會面臨詮釋上的困境〔註 130〕；第三，以爲〈聲無哀樂論〉
中並未提出「和聲」的體性，此乃嵇康之文的漏洞〔註 131〕。

〔註 123〕蕭振邦，〈嵇康〈聲無哀樂論〉探究──兼解牟宗三疏〉（2003），頁 48～51。
〔註 124〕曾春海，〈阮籍與嵇康的樂論〉（《哲學與文化》第 37 卷 10 期，台北市：輔仁
　　　　大學哲學系，2010），頁 137～158。
〔註 125〕曾春海，〈阮籍與嵇康的樂論〉（2010），頁 155～156。
〔註 126〕曾春海，〈阮籍與嵇康的樂論〉（2010），頁 137。
〔註 127〕李美燕，〈從〈聲無哀樂論〉探析嵇康的「和聲」義〉（《鵝湖月刊》第 9 期，
　　　　台北市：鵝湖出版社，2010），頁 40～50。
〔註 128〕李美燕，〈從〈聲無哀樂論〉探析嵇康的「和聲」義〉（2010），頁 43。
〔註 129〕李美燕，〈從〈聲無哀樂論〉探析嵇康的「和聲」義〉（2010），頁 46。
〔註 130〕李美燕，〈從〈聲無哀樂論〉探析嵇康的「和聲」義〉（2010），頁 46～47。
〔註 131〕李美燕，〈從〈聲無哀樂論〉探析嵇康的「和聲」義〉（2010），頁 47。

(4) 吳冠宏所著〈當代〈聲無哀樂論〉研究的三種觀點商榷〉〔註132〕，以當代三種〈聲無哀樂論〉的研究進行考察：第一，聲、音、樂的分判；第二，各師其解的接受美學；第三，躁進情緒說。文中不僅溯及諸家立說之淵源，並進而分判其詮釋得失，以試圖藉此商榷、重新釐清〈聲〉文的目趣與定位。但在論及「聲、音、樂的分判」時，誤將「秦客」所言「聲使我哀，音使我樂」，錯置於嵇康的觀點〔註133〕，因此，筆者以為可以透過〈聲無哀樂論〉原文的解析，釐清嵇康的音樂思想。

B-3-2-3 自然相關主題

李耀南所著〈「任自然」的「逍遙」——嵇康人生美學試析〉〔註134〕重點為：第一，從「任自然」的概念，說明嵇康受莊學影響，引莊入玄，表現出「放」這種既是精神的解放，又是行為上解放的態度〔註135〕；第二，認為通過「越名教而任自然」可以考察出本真性情如何成為「至善」的基礎，從「任心」以本真之心作為道德踐履的出發點，超越物欲私利，達到「絕美」的人生境界，使得精神與外在形式達到完美的統一；第三，認為「任自然」與「逍遙」是同時發生，並以為嵇康乃是將莊子「絕對的精神自由」和「生存的自由」的心游，賦予玄學和道教的意涵，嵇康從琴音與「游仙」建構美學與養生觀，呈顯出「彈琴詠詩」的藝術才能與「游山放水」的審美心境；第四，認為嵇康將「莊子的初民與至人之游，轉化為自己的現實生活，賦予自覺的美學意味」〔註136〕，並以「淑亮之心」面向自然獲得生命解放的欣喜。

B-3-2-4 社會背景相關主題

蔣振華、馮美霞的〈玄學對魏晉名士人生態度的影響——以嵇康、阮籍為例〉〔註137〕特色為：首先，說明嵇康與名教對立，提出「越名教而任自然」、「越名任心」的時代背景；第二，認為嵇康的悲劇在於他將玄學理論發展成

〔註132〕吳冠宏〈當代〈聲無哀樂論〉研究的三種觀點商榷〉《東華漢學》第3期，花蓮：東華大學中國語文學系，2005），頁89～112。

〔註133〕吳冠宏〈當代〈聲無哀樂論〉研究的三種觀點商榷〉（2005），頁93。

〔註134〕李耀南，〈「任自然」的「逍遙」——嵇康人生美學試析〉（《華中科技大學學報（社會科學版）》2004第1期，湖北省：華中科技大學學報—社會科學版編輯部，2004），頁66～70。

〔註135〕李耀南，〈「任自然」的「逍遙」——嵇康人生美學試析〉（2004），頁67。

〔註136〕李耀南，〈「任自然」的「逍遙」——嵇康人生美學試析〉（2004），頁70。

〔註137〕蔣振華、馮美霞，〈玄學對魏晉名士人生態度的影響——以嵇康、阮籍為例〉（《中州學刊》第4期總第172期，河南省：中州學刊雜誌社，2009），頁191～193。

親身踐行的人生觀，並提出追求個性自由、將人性從禮法的束縛中解放，此不容於當時的現實社會，因而覆滅；第三，考察阮籍的思想背景，認為阮籍身上統一了儒家思想與老莊無為之道兩種矛盾的思想，形成獨特的人生觀與處事方式。

第三節　研究方法與觀點設限

一、思想背景的介紹（觀點設限的基礎）

　　多位學者皆認為魏晉莊學風潮的興起與竹林玄學有著密切地關係，甚至多以向、郭注《莊》作為魏晉莊學興起的主因。這樣的說法始至《世說新語》。《世說新語・文學》說：

> 初，注莊子者數十家，莫能究其旨要。向秀於舊注外為解義，妙析奇致，大暢玄風。唯秋水、至樂二篇未竟而秀卒。秀子幼，義遂零落，然猶有別本。郭象者，為人薄行，有儁才。見秀義不傳於世，遂竊以為己注。乃自注秋水、至樂二篇，又易馬蹄一篇，其餘眾篇，或定點文句而已。後秀義別本出，故今有向、郭二莊，其義一也。

〔註138〕

由此，部分的哲學史的研究，容易忽略嵇康對於魏晉時期莊學發展的重要影響，而以王弼注《易》《老》到向、郭注《莊》，作為玄學史發展的發展脈絡，並將向、郭注《莊》當作魏晉莊學興起的主要原因；或者，以整個竹林玄學作為掀起魏晉莊學風潮的主要因素。

　　在此，為了釐清魏晉時期思想的發展脈絡，首先由正始名士與竹林名士的區分來看。關於此一區別最早的史料為東晉袁宏的《名士傳》，見於《世說新語・文學》第九十四條：

> 袁伯彥作名士傳成，見謝公。公笑曰：『我嘗與諸人道江北事，特作狡獪耳！』彥伯遂以著書。」注中指出：「宏以夏侯太初、何平叔、王輔嗣為正始名士；阮嗣宗、嵇叔夜、山巨源、向子期、劉伯倫、

〔註138〕參看：(1)何啓民，《魏晉思想與談風》，（臺北：臺灣學生書局，1990），頁107。(2)唐翼明，《魏晉清談》，（北京：人民出版社出版，2002），頁74～75。(3)楊勇著，劉義慶（南朝宋）撰，《世說新語校箋》，（臺北：正文書局，1999），頁251。

阮仲容、王濬沖爲竹林名士：斐叔則、樂彥輔、王夷甫、庾子嵩、

王安期、阮千里、衛叔寶、謝幼輿爲中朝名士。〔註 139〕

文中將魏晉名士分爲「正始名士」、「竹林名士」與「中朝名士」，以利於說明正始、竹林與中朝玄學各個時期的思想特色。其後，學者們多沿用正始玄學、竹林玄學的說法，以便於進行論述和思想分析。

這份史料由名士的思想主張與時代進行分析，讓後人易於分判當時名士們的思想特色。不過，這份史料卻可能引起後人對於魏晉玄學發展的誤解，因爲「中朝名士」確實晚於「正始名士」、「竹林名士」，由此，很容易使人以爲是先有「正始名士」後有「竹林名士」的時間序列。因此瞭解各個名士的生卒年，有助於釐清其中的發展脈絡，如：何晏（公元？～249 年）、王弼（公元 226～249 年）、阮籍（公元 210～263 年）、嵇康（公元 223～262 年）。〔註 140〕由此推論，正始玄學興盛的時期，竹林玄風應該也在發展中，進而考察當代學者關於魏晉玄學發展的看法。

當代關於魏晉思想的發展，以湯用彤的論述影響最爲深遠，湯用彤以「本末有無」的問題，將魏晉思想「粗略地分爲四期」──分爲「正始時期」、「元康時期」、「永嘉時期」和「東晉時期」等四期。〔註 141〕馮友蘭的說法也值得注意，他提出玄學有三個派別，主要能以兩個派別蓋括，即爲貴無論與崇有論，從而，將玄學分爲三個階段，分別爲：第一階段，王弼、何晏的貴無

〔註 139〕參看楊勇，劉義慶（南朝宋）撰，《世說新語校箋》（1999），頁 251。

〔註 140〕魏晉名士的生卒年主要參考：(1)余敦康，《魏晉玄學史》，（北京：北京大學出版社，2004）。(2)羅宗強，《玄學與魏晉士人心態》，（台北市：文史哲出版社，1992）。(3)孫以楷主編，陸建華、沈順福、程宇宏、夏當英著，《道家與中國哲學（魏晉南北朝卷）》，（北京：人民出版社，2004）。

〔註 141〕在湯用彤的著作之前，關於魏晉思想發展的重要文章，還有三十年代賀昌群的《魏晉清談思想初論》，他依照宋末齊初僧虔作的《誡子書》爲根據，整理出七條晉宋之時清談家所討論的題目：「(一)魏晉以來，注《易》、《老》、《莊》三玄者不下數十家，凡清談之士，至少需專一書，而轉通諸家之注。(二)王弼與何晏之說，其指歸何在？(三)馬融與鄭玄之異同。(四)劉表爲荊州牧時，廣徵儒士，使綦毋闓【文中錯字，據辭典更正。】、宋忠等撰五經章句，謂之後定。儒者新義蔚起，故書中謂『荊州八帙，凡有幾家』。(五)鍾會、傅嘏、王廣、李豐等《才性四本》論之優劣。(六)嵇康《聲無哀樂論》。(七)張衡所代表之宇宙觀與郭象等所代表之自然觀。」賀書依此條目，層層論述清談的發展，無特別區分派別，主要依歷史發展的時間爲主。參見：(1)賀昌群，《魏晉清談思想初論》（北京：商務印書館，2011），頁 60～61。(2)湯用彤，《魏晉玄學論稿》（2001），頁 120。

論；第二階段，裴頠的崇有論、歐陽建的言盡意論；第三階段，郭象的無無論。〔註142〕馮先生並且指出「正始」與「竹林」應該爲一個階段，阮籍、嵇康提出「越名教而任自然」的思想，是對正始玄風的一種補充。〔註143〕以此，可以發現湯用彤以「本末有無」作爲魏晉玄學發展脈絡的看法影響甚爲深遠。

接著，由湯一介的論述來說，湯一介將湯用彤的分期延伸發展爲：「以何晏、王弼爲代表的正始時期；以嵇康、阮籍、向秀爲代表的竹林時期；以裴頠、郭象爲代表的元康時期；以道安、張湛爲代表的東晉時期。」〔註144〕湯一介雖然仍以有無問題作爲魏晉玄學的發展脈絡，不過，他突出了竹林玄學的重要性，使得竹林玄學開始受到當代學者的注意，如余敦康、許抗生的論述。余敦康自述受到湯用彤的影響〔註145〕，同時沿用湯一介的分期，將魏晉玄學的發展定爲：「正始玄學：何晏、王弼的貴無論玄學」、「竹林玄學：阮籍、嵇康的自然論玄學」、「西晉玄學：裴頠的崇有論玄學與郭象的獨化論玄學」以及「東晉佛玄合流思潮」。〔註146〕許抗生也沿用湯一介的說法，以「正始玄學」、「竹林玄學」、「西晉元康玄學」、「東晉玄學」來闡述魏晉玄學史。〔註147〕

湯用彤的看法影響深遠，不過，之後已有學者嘗試跳脫以有無的議論作爲魏晉玄學發展的分判，如曾春海、王保玹。曾春海由湯用彤與馮友蘭所提分期的比較，指出湯氏、馮氏分期法的不足，分別爲：曾春海認爲湯氏分期的不足，在於「側重在以般若學爲主，未以玄學本身爲主體」〔註148〕；曾春海以爲馮氏分期的不足，在於以「正——反（否定）——合（否定的否定）」

〔註142〕馮友蘭，《三松堂全集（第九卷）》（鄭州：河南人民出版社，2001），頁339～483。
〔註143〕馮友蘭，《三松堂全集（第九卷）》（2001），頁350。
〔註144〕湯一介，《郭象與魏晉玄學》（北京：北京大學出版社，2000），頁37。
〔註145〕余先生在書中的「後記」寫到：「我大體上按照湯用彤先生的分期，圍繞著正始玄學、竹林玄學、西晉玄學、東晉玄學的各個學派斷斷續續寫了一些文章，零零散散談了一些看法。」參看余敦康，《魏晉玄學史》，（2004），頁477。
〔註146〕余敦康，《魏晉玄學史》，（2004）。
〔註147〕許抗生，《魏晉思想史》（1992）。
〔註148〕曾春海在書中說到：「湯氏分期法，側重在以般若學爲主，未以玄學本身爲主體。就《老》、《莊》、《易》三玄的研究概況觀之，只論及王弼與向、郭，分法偏窄。」曾春海，《兩漢魏晉哲學史》，（2008），頁154～155。

理解魏晉思想的分派。〔註 149〕曾春海同時指出湯一介分期法可能是「分期的意義大於理論分配的意義」〔註 150〕，但這並不表示要全盤否認湯一介的分期理論，其中仍然有值得參考與採用的意義，因為湯一介不僅承繼傳統對於魏晉名士的分判，更加入以有無問題的新詮釋，提供當代學者一個研究的不同路進。因此，曾春海同樣以「正始玄學」、「竹林玄學」、「西晉的玄學」、「東晉的哲學」四期，作為魏晉玄學的分判。王葆玹同樣企圖跳脫僅以有無問題思考魏晉玄學發展的思路，王保玹認為魏晉玄學的發展需要同時考量政治史、宗教史與思想史的相互關聯，進而提出五期說：「正史時期」、「正史以後、晉惠帝即位以前的時期，意即「竹林玄學為重點的時期」、「晉惠帝元康時期」、「元康以後、永嘉五年以前的內亂時期」和「晉室東渡以後、東晉中期以前」等五期。〔註 151〕

　　綜合來說，多數學者在湯用彤的「四期說」的基礎上，延伸發展其分期的方式。根據曾春海質疑湯用彤之分期法是「側重在以般若學為主，未以玄學本身為主體」，筆者嘗試考察湯用彤在〈魏晉思想的發展〉（《魏晉玄學論稿》附錄）〔註152〕的思路，認為湯用彤提出的「四期說」，可以說是依玄學本身的發展為考量而有的，並加入「有無問題」的新詮釋來說明魏晉玄學的發展。由此來說，筆者認為曾春海可能因為反對湯用彤過於側重「有無問題」，才會認為湯用彤的分期「側重在以般若學為主」。筆者以為曾春海嘗試跳脫湯用彤的思路，有助於後輩學人對於魏晉思想的研究。

　　進而，關於《世說新語・文學》史料中，可能引起誤以為正始、竹林玄學具有時間上的先後順序的危機。當代學者也有意識這樣的問題，如羅宗強在使用「正始玄學」、「竹林玄學」分析魏晉時期的思想時，同時會附註說明這兩個清談團體的發展時間，並且以他們的思想特色作為分別，「正始名士」

〔註149〕曾春海指出：「馮氏的分法，顯然是為了套黑格爾的辯證法：正──反（否定）──合（否定的否定）。雖然在辯證法的形式歷程觀上看似合理，但是，就內容意涵而言，裴頠的『崇友論』對王弼『貴無論』基本上是誤解的，並不構成對王弼有效的否定；同時，馮氏分派既以有無問題，但是如何轉化成『玄遠』和『越名教』亦未充分解說，郭象的『無無論』意涵為何？是否對裴頠的『崇有論』構成有效的否定，也令人質疑。」曾春海，《兩漢魏晉哲學史》，（2008），頁 154～155。

〔註150〕曾春海，《兩漢魏晉哲學史》，（2008），頁 155～156。

〔註151〕王葆玹，《玄學通論》（1996），頁 36。

〔註152〕湯用彤，《魏晉玄學論稿》（2001），頁 110～120。

與「七賢」兩個談玄的團體發展的時間甚爲相近，兩個團體最大的不同點，在於正始名士夏侯玄、何晏皆位居要職，而以阮籍、嵇康爲首的清談團體則嚮往遠離政治的山林生活，而有「竹林名士」的稱號。〔註153〕根據羅書的考察，突出正始名士、竹林名士，這兩個曾經並行的清議團體之間的差異。從而由魏晉玄談的史料來看，玄談之風興盛於正始年間，談論的內容主要環繞《易》、《老》、《莊》的思想進行開展，這也是《易》、《老》、《莊》被稱爲「三玄」的原因。玄學談論的論題，約可歸納爲：本末、體用、有無、才性、言意、養生、聲無哀樂等議題。由此我們可以發現，魏晉名士們清談所關注的文本與論題，有一定程度的交集，不過在處事的態度上，名士們有不同的選擇。依照名士們的處世態度可以分爲入世，甚至企圖治世的正始名士，以及遠離政治的竹林名士。

不過，竹林名士們並非一開始就以躲避入世任官爲人生志向，如《晉書·阮籍》說到：「籍本有濟世志，屬魏晉之際，天下名士，少有全者。」〔註154〕由這條史料，再看正始十年（公元249年）的高平陵政變時，司馬懿誅曹爽、何晏、丁謐、鄧颺、畢軌、李勝、桓範、張當等八族，並禍延三族；兩年後（公元251年），司馬懿親率大軍討伐欲舉兵的太尉王凌，凌被俘後自殺，司馬懿又「夷三族」並賜死曹彪。〔註155〕司馬氏爲奪政權，不僅不惜一切除掉反對他的敵人，更以嚴厲的牽連三族，將所有可能的反對勢力全部肅清。司馬氏的慘忍暴行，造成涉入曹魏政權甚深的正始名士逐一落難身亡，再加上王弼因病辭世（於公元249年），正始玄學逐漸落幕，玄談的重心轉至以阮籍、嵇康爲首的竹林玄風。通過這些歷史記載，我們可以描繪出當時政局動盪，名士們生命受到威脅的慘狀。面對生命存亡之際，竹林名士們後期的選擇並不相同，在此藉由何啓民的考察進行說明：

〔註153〕羅先生於文中說到「正始間談玄的，除了以何晏爲中心的一些人物外，還有另一群人，他們當時不像何晏、夏侯玄的身處世要。這便是以『七賢』爲主的一群人。當正始年間何晏諸人談玄時，七賢追求玄理之風也已開始。阮籍與王戎談玄，似始於正始中。」參看：羅宗強，《玄學與魏晉士人心態》，（1992），頁75。

〔註154〕許嘉璐主編，《晉書》（第二冊）（2004），頁1108。

〔註155〕史料紀載請參看筆者整理的「附錄：嵇康年表」，嵇康生前的重大時事與活動則同時參考：(1)何啓民，《竹林七賢研究》（1966），附錄「竹林七賢年譜」，頁182～300。(2)莊萬壽《嵇康研究及年譜》（1981）。(3)曾春海，《嵇康》（2000），「附錄一」，頁271～278。

> 其一，親魏，反晉，見之於夙日言論行事者，如嵇康者是。……其
> 二，反魏，而佯示不得已而親晉者，如阮籍者是。……其三，反魏，
> 親晉，而見之於行事者，如山濤者是。……其四，仕晉，特以機緣
> 遇合，或生時太晚，而非有意親之者，如阮咸、劉伶、向秀、王戎
> 者是。〔註156〕

何啓民將竹林名士的處事態度分為四類——「親魏反晉」、「反魏」、「反魏親晉」和「仕晉」，並認為其中以嵇康反晉的態度最為明顯〔註157〕；阮籍則以行事謹慎著稱〔註158〕；向秀在嵇康被誅後仕晉，何啓民認為向秀很可能是因為欲求富貴所以擔任官職〔註159〕。

　　引用何啓民的考察，乃是因為何啓民對於竹林名士之處事態度的分析相當清晰，通過何啓民的論點，可以突顯嵇康在當時的危險處境。在此以兩點進行說明：第一，嵇康的姻親關係。嵇康因為與曹魏長樂亭主聯姻，因此被認為親近曹魏政權。〔註160〕在曹氏與司馬家族爭權奪利的過程中，嵇康的處境自然比其他的竹林名士更為危險。第二，嵇康思想的影響力。據《世說新語·文學》的紀載，說到：「舊云：王丞相過江左，止道聲無哀樂、養生、言盡意，三理而已。」〔註161〕由這份史料，我們可以發現明示們清談的論題以「聲無哀樂」、「養生」、「言盡意」最為熱烈，同時在嵇康的著作可以找到關

〔註156〕許多關於竹林七賢的研究都會提到七賢們面對司馬氏的態度是不同的，其中以何啓民的分析最為精細。參看：何啓民，《竹林七賢研究》（1966），頁152～157。

〔註157〕何啓民認為嵇康是「而非薄湯武，所以譏司馬昭也」。對於嵇康反對司馬氏的說法，已為學界多數共識。參看：何啓民，《竹林七賢研究》（1966），頁152～154。

〔註158〕何先生舉《世說新語·德行》注引李康《家誡》引文王之說：「天下之至慎，其唯阮嗣宗！每與之言，言及玄遠，而未嘗評論時事，臧否人物，可謂至慎乎？」由史料說明阮籍行事的謹慎小心。參看：何啓民，《竹林七賢研究》（1966），頁155。

〔註159〕何先生依《世說新語》注引《向秀別傳》說：「後（嵇）康被誅，秀遂失圖，乃應歲舉到京師，詣大將軍司馬文王。」參看：何啓民，《竹林七賢研究》（1966），頁157。

〔註160〕學者關於這一方面的考察豐碩，如參見：(1)侯外盧於《中國思想通史——第三卷魏晉南北朝思想》的第五章第一節「嵇康在文獻學上的身世消息及其著述考辨」。侯外盧，《中國思想通史——第三卷魏晉南北朝思想》，（1980），頁123～164。(2)何啓民，《竹林七賢研究》（1966），頁 68～71。(3)童強，《嵇康評傳》，（2006），頁62～82。

〔註161〕楊勇，劉義慶（南朝宋）撰，《世說新語校箋》（1999），頁189。

於「聲無哀樂」與「養生」的論述。據此，我推論當時可能有兩種狀況：其
一，嵇康是因爲清楚當時清談的主要論題，因此特意撰寫文章加入名士們的
辯論；其二，名士們很重視嵇康的思想，因此特別關注嵇康的論辯議題。通
過這兩個推測，可以歸納出一個重點，意即嵇康撰文的議題與當時名士們有
互通。這使得我關注到嵇康思想與魏晉時期思想發展的關係，尤其是關於魏
晉時期莊學的興起。

　　中國哲學思想的特色，在於士人的思想學說反應了其時代的需求，魏晉
時期的玄學思想同樣是時代下的產物。〔註162〕正始玄學推崇《老子》、《周易》
的思想，既探討萬物形而上的根源問題，也關注現實人生的存在意義；竹林
玄學則著重於《莊子》逍遙自然的放達精神，這與司馬氏強調的「名教」形
成強烈的對比。〔註163〕我們由魏晉時期政局動盪來看，可以發現少數人的爭
權奪利，造成整個社會的不安定，醞釀改朝換代的政治活動，甚至殃及知識
份子的生命安全；政治上彼此競爭的敵對政權，各自籠絡名士、鞏固勢力，
有些名士逐漸放棄經世致用的想法，轉向玄學清談的論辯，同時亦有些名士
將對於現世的不滿，融入玄學思辨之中。在此期間主要關注的議題約可整理
爲：才性、有無、言意之辯，以及名教與自然之爭等。隨著曹魏家族與司馬
家族的政治鬥爭越發嚴重，對知識份子的迫害，至正始晚期達到高峰，嵇康、
呂安即因此受害身亡。在如此動盪的時代裡，試想應該是人人自爲、自顧不
暇的情況，不過據史料記載，當嵇康遭受迫害入獄時，居然有數千多名學生

〔註162〕勞思光在其書中提到自己研究前人哲學思想的方法不外乎以下四種：「系統研
　　　　究法、發生研究法、解析研究法與基源問題研究法」。勞先生認爲以「基源問
　　　　題研究法」來寫中國哲學史，較能夠將中國哲學史的特殊問題說明清楚，說
　　　　到：「所謂『基源問題研究法』，是以邏輯意義的理論還原爲始點，而以史學
　　　　考證工作爲助力，以統攝個別哲學活動於一定設準之下爲歸宿。」並且說到：
　　　　「每一家理論學說，皆有其基源問題；就全部哲學史說，則基源問題有其演
　　　　變歷程；這種演變的歷程，即決定哲學問題在哲學史中的發展階段。」勞先
　　　　生認爲「基源問題研究法」是一種思想理論的還原，就現有的文本材料所透
　　　　露的思想內涵進行分析，思考這些理論所要回應的問題，稱之爲——基源問
　　　　題。由於，正如勞先生所說的「基源問題研究法」只是一種理論的還原，作
　　　　爲思考某一種理論所企圖回應的時代議題。因此，筆者僅用此突顯魏晉時
　　　　期的思想學說，同樣是名士們爲了回應當時的時代議題而有的發展。參看：
　　　　勞思光《〔新編〕中國哲學史》，臺北市：三民書局股份有限公司（第十版），
　　　　1999年8月，頁5～17。
〔註163〕相關的論述可以參看曾春海，《兩漢魏晉哲學史》（台北：五南出版，第二版，
　　　　2005），頁158。

上書爲他平反〔註164〕，足見他在當時所具有的影響力與號召力，由此，進而思考嵇康思想對於魏晉時期《莊子》學風興起的影響與重要性，值得再做深入的探究。

二、觀點設限

通過關於嵇康思想背景的考察，可以發現湯用彤的學說對當代學者的影響，以有無問題作爲魏晉玄學發展的脈絡，優點在於易於說明魏晉玄學的發展的轉折；而缺點在於，無法給予竹林玄學適度的定位，而且不易說明竹林玄風與魏晉莊學興起的關係。由此，本論文將以問題意識的呈現，作爲觀點設限的研究主軸：《莊子》思想如何在魏晉時期興起？在這股莊學思潮興起的過程中，嵇康的角色又是什麼？嵇康爲何要承繼《莊子》思想？根據問題意識的呈現，需要釐清嵇康思想與《莊子》思想的關聯性，才能進而分析嵇康思想對於魏晉時期莊學興起的關係（relations）及關聯（relationship）。由於本文將要處理的問題，可說是單一人物與時代思潮的關係，爲了避免研究論題過於廣泛、模糊，因此，本文將論題鎖定爲縱向與橫向，兩個脈絡：第一，以縱向的脈絡來說，意指以思想史的角度，討論嵇康思想與《莊子》思想之間的關聯性，主要在於闡述嵇康思想對於《莊子》思想的繼承；第二，以橫向的脈絡來說，意指將嵇康與同時代的思想進行比較，以說明嵇康思想與魏晉莊學興起的關聯性，突顯嵇康思想對於魏晉莊學興起的影響。

當代已有許多學者注意到嵇康思想對於魏晉時期思想發展的影響，意即嵇康思想具有縱向的重要性，分別由不同的角度詮釋嵇康思想與《莊子》的關聯性，可歸納爲：(1)岑溢成以「無措於是非」的概念，說明嵇康承繼《莊子》齊物的「無」之思想，所著〈嵇康的思維方式與魏晉玄學〉〔註165〕；(2)高柏園以「養生」的概念爲連結，作〈論莊子與嵇康的養生論〉〔註166〕；(3)蕭馳以「超越境界」爲連結，而著〈嵇康與莊子超越境界在抒情傳統中的開啓〉〔註167〕；(4)謝大寧以「主體之價值實踐意義」爲連結，在《歷史的嵇康

〔註164〕《世說新語·雅量》中引王隱，《晉書》云：「康之下獄，太學生數千人請之，于時豪俊，悉解喻，一時散遣，康與安同誅。」

〔註165〕岑溢成，〈嵇康的思維方式與魏晉玄學〉，(《鵝湖學誌》第九期，1992 年 12 月)，頁 27～54。

〔註166〕高柏園，〈論莊子與嵇康的養生論〉(《鵝湖月刊》第 15 卷 4 期，台北市：鵝湖出版社，1989)，頁 11～18。

〔註167〕蕭馳，〈嵇康與莊子超越境界在抒情傳統中的開啓〉，(《漢學研究》第 25 卷第

與玄學的嵇康——從玄學史看嵇康思想的兩個側面》書中〔註168〕；(5)牛貴琥
以「自然觀」為連結，著作《廣陵餘響》認為嵇康承繼的是莊子「『莫若以明』
的高級自然觀」〔註169〕。這些豐富的研究成果，突出嵇康對於《莊子》思想
的承繼。

　　接續著各種學說的並陳發展，本文嘗試著在縱向的發展之外，說明嵇康
思想與魏晉莊學發展的橫向關聯。本文為了突顯嵇康思想具有縱向與橫向的
特色，因此對於文本的取材與研究的觀點限定進行說明：其一，關於《莊子》
思想方面：《莊子》「內七篇」為莊周本人所著，「外篇」與「雜篇」則為莊
子弟子及其後人集結而成的作品，這些觀點已是學界的共識。因此，在本論
文中，論及《莊子》的觀點採取以「內七篇」資料為主，以外、雜篇的資料
為輔。其二，關於嵇康思想的方面：魏晉時期因為玄談風氣的興盛，各種學
說蓬勃發展，魏晉名士們根據玄談議題的不同，皆可能涉及多種學說的論
述；而且魏晉時期道教之風興盛，名士們熱衷於服藥養生，也可說是受到黃
老之學的影響。不過，由嵇康文本中，可以發現嵇康經常透過批判與反省現
況來闡釋己見，展現出嵇康對於個體實存（existential）問題的關懷。由此來
說，本文透過將研究觀點設限於嵇康對於個體實存的關懷，此一研究進路具
有兩個優點：第一，展示出不同於其他學者處理嵇康思想的研究視角，使得
處理嵇康思想縱向對於《莊子》思想的繼承，有一個新的詮釋空間；第二，
這樣的研究進路，可以說明嵇康思想反映了當時的思想風潮，例如嵇康的養
生觀涉及食補、服藥與神仙思想，這或許可以說嵇康思想繼承了黃老之學，
卻也可以說明嵇康是因為關注個體實存的現況，所以了解當時各種養生理
論，更何況魏晉名士間因為玄談議題的不同，旁徵博引其他的理論的狀況也
是很常見的狀況。因此，回到本文的研究主軸，本文嘗試以嵇康對於個體實
存的關懷，作為說明嵇康思想與魏晉莊學興起的關聯，由此，在嵇康思想中，
確實可以發現《莊子》思想之外的觀點，不過，這些看法並不沒有脫離嵇康
對於現況的關懷，因此可說以這一個研究進路，可以順利突顯本文要處理的
議題。

　　　　1期，臺北：漢學研究中心，2007），頁95～129。
〔註168〕謝大寧，《歷史的嵇康與玄學的嵇康——從玄學史看嵇康思想的兩個側面》（台
　　　　北：文史哲出版社，1997），頁107。
〔註169〕牛貴琥，《廣陵餘響》（南京：南京大學出版社，2006），頁46。

三、研究方法的運用與說明

依據研究的需求，筆者經常會使用「文本是依」（text-dependent）、「關懷實存」（existential）問題的研究角度，以及「顯題化」（Thematization）等研究方法。不過，要特別說明的是，本論文不是要直接援引存在主義或現象學來進行嵇康思想的研究，而是因為存在主義中對於「實存」的概念，以及現象學中對於「顯題化」的概念，已經有相當清楚的界定。然而，本文試圖以比較素樸的方式來使用，也就是說，筆者不是要完全引用新的方法論或西方的方法論，來進行嵇康思想的研究，而是將這些方法作為檢驗，用來突顯嵇康思想中比較合於當代論述的特色。

（一）文本是依（text-dependent）研究方法的說明

以文本內容作為研究嵇康思想的基本進路，可以達到客觀地呈現嵇康的思想，並且避免過度詮釋的危機。〔註170〕

（二）關懷實存（existential）問題的研究角度（point of view）

嵇康文本中有許多針對個體實存問題的反思與批判，為了突顯嵇康這種特殊的思維方式，因而考察了近代存在主義（Existentialism）使用「實存」「existential」（實存的）這個概念時，主要意指：「一，實在的活生生的經驗和呈現出來的東西的各方面；二，覺察一個人存在，而且那個人是一個活動著和選擇著的存在。在認真負責的活動與選擇過程中創造著、表達著一個人的自身同一（self-identity）；三，緊緊地包含著生存、它的實現和困境的存在的經驗。」〔註171〕由此來說，嵇康思想中許多批判實況、感懷時事的論述，

〔註170〕正如葉海煙老師認為當代學者在處理傳統思想時，需要注意「如何在文本詮釋與哲學進路二者之間求一理性的平衡」。參看：葉海煙，《老莊哲學新論》，（台北：文津出版社，1997），頁2。

〔註171〕沙特（Jean-Paul Sartre, 1905-1980）的學說被稱為「存在主義」（Existentialism）或譯為「實存主義」，沙特以「人」作為討論存在的起點，認為自在（being-in-itself）與自為（being-for-itself）是關於存在的基本概念，如沙特在《存在主義與人道主義》（Existentialism and Humanism）說到：「至少有一種存在者，其存在先於本質，這種存在者在它能夠被關於它的任何概念所定義之前，就已經存在著。這種存在者就是人。」關於沙特的思想，參看：(1)韓東暉譯，安東尼·肯尼（Anthony Kenny）編，《牛津西方哲學史》（The Oxford History of Western Philosophy），（北京：中國人民出版社，2006），頁218～221。(2)趙敦華著，《現代西方哲學新編》（Essentials of Western Contemporary Philosophy），（北京：北京大學出版，2001），頁136～149。另外關於存在主

確實包含了嵇康對於個體實存現況的關懷與反省，並且由這個關懷，思考跳脫現實束縛的精神解脫之道。

（三）顯題化（Thematization or Problematization）概念的說明

本文會使用顯題化（Thematization）這個概念，主要由於陳鼓應指出「哲學議題常是由未顯題化到顯題化的發展」。〔註172〕這意指人在意向活動中，同時涉及「能思面」（Noetic Aspect）與「所思面」（Noematic Aspect），人們通過將「對象」與「對象之背景」所構成原本模糊不清的整體，作為正題來加以描繪或分析，這個過程即稱為「正題化」，或譯為「顯題化」。〔註173〕因此，以「顯題化」加以標註嵇康的思想，可以說明嵇康將當時某些議題的爭論原本模糊不情的情況，當作正題來加以分析，因此特別具有時代意義。

西方哲學對於「實存」與「顯題化」已有一些約定俗成的定義，本文在引用這些字詞時，並沒有嘗試以存在主義或現象學的方法論來探究嵇康思想，而是以這些概念突顯嵇康思想的特色。這樣的論述方式，只是適切地反

義的思想，請參看：段德智、尹大貽、金常政譯，安傑利斯（Peter A. Angeles）著，《哲學辭典》（The Harper Collins dictionary of Philosophy），（台北：貓頭鷹出版，1999），頁140～141。

〔註172〕文章的註解中說到：「海德格曾提出「顯題的」（thematic）與「未顯題的」（unthematic）一組概念，參見海德格著，《存在與時間》，（Sein und zeit），英譯本參見 John Macquarrie & Edward Robinson，Oxford:1967。」參看：陳鼓應，〈「理」範疇理論模式的道家詮釋〉，（《台大文史哲學報》第60期，台北：台大文學院，2004），頁52。

〔註173〕為了更清楚了解何謂「顯題化」的概念，進而由胡塞爾（Husserl）的思想來進行說明。此處參考關永中先生的整理，關先生指出胡塞爾將人的認識分為「內在視域」（Internal Horizon）與「外在視域」（External Horizon）。「內在視域」，意指一對象自身的表裡精粗、共同構成為一個總括的意義範圍，可被稱為「主題」（Theme），這是意向（Intention）活動所注視的對象；而「外在視域」指一對象之背景，稱為「主題場地」（Thematic Field），即與主題相連的四周環境。關於何謂「顯題化」，關永中先生論述說到：「而當『主題』是與『主題場地』一起臨在『意識』前，而被『顯題化』（Thematization）：(a)『主題』指示一『主題場地』；(b)『主題場地』為『主題』提供一個背景；(c)它們共同決定一具體意義的整體;(d)意向活動在乎把這意義的整體『顯題化』（Thematization），即把『主題』與『主題場地』所構成的意義整體作為正題來加以描繪與分析。」關先生並進一步說到：「這份『顯題化』過程，又可被譯為『正題化』過程，其本身同時牽涉能思面（Noetic Aspect）與所思面（Noematic Aspect）。」參看：關永中，《知識論（二）——近代思潮》（台北：五南出版社，2008），頁177～179。

映筆者受到西方哲學思想的影響，身為一個當代人嘗試詮釋傳統思想時，無可避免的可能會存在著某些預設的立場，而詮釋的功能，主要可能在於拉近讀者與作品間的距離，作為表達詮釋者的思想立場。〔註174〕

（四）援用突現美學理論之說明

蕭振邦於《深層自然主義：《莊子》思想的現代詮釋》〔註175〕介紹「突現理論」，並且運用「突現理論」進行《莊子》「突現美學」的詮釋。蕭振邦首先概要性地整理「突現理論」的基本預設、基本原理與基本理念：

(1) 關於「突現理論」的基本預設，扼要地說即是「存在著基本的突現現象，當套組階層中的某層次達到結構上一定程度的複雜性，其結構整體就會呈現出新穎的突現特質，而賦予這整個層次新的特色」〔註176〕。

(2) 關於「突現理論」的基本原理，突現的發生雖不受人為的干預，然而，突現性可以更有效的說明某人賦予的意義性，因為詮釋的根據往往是詮釋者實踐的印證。

(3) 關於「突現理論」的基本理念分為三點，第一，任何階層各部分的總和所顯現的新穎特質，即所謂突現，如「晨昏定省」、「事父母幾諫」等行為突現出「孝」的特質；第二，突現性是新穎的，它就是另一個階層的特質，且具有不可化約性，如「孝」就不能再化約為「晨昏定省」的特質，因為「孝」所包含的特質，人們已經可以不用透過分析而認識了；第三，突現性將透過因果效應，反過來約束突現它的層次，意即「一種趨向特定意義與價值歸趨的訴求」。〔註177〕

蕭振邦依「突現理論」分三個層次重構《莊子》的突現美學觀，並且以圖示說明，如下：

〔註174〕正如蕭振邦老師曾經說過：「一般而言，各種理解通常不可能完全排除解讀者本身的『立場預設』，換言之，容或並沒有任何解讀是『純客觀的文本分析』。」以此反省自己的論述，必須承認詮釋的過程，難免存在著主觀的立場預設；不過，也因為如此，使得所有學術研究的新詮釋得以並陳的發展。參考：蕭振邦，〈《老子道德經》思想的文化衝浪〉（《宗教哲學》季刊，第65～66期，2013），頁20。

〔註175〕蕭振邦，《深層自然主義：《莊子》思想的現代詮釋》（臺北：東方人文學術研究基金會，修訂版，2009）。

〔註176〕蕭振邦，《深層自然主義：《莊子》思想的現代詮釋》（2009），頁102。

〔註177〕蕭振邦，《深層自然主義：《莊子》思想的現代詮釋》（2009），頁102～103。

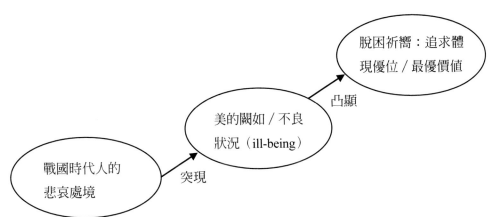

這三個層次的說明：「(1)基本層次——戰國時代整個人事物的實際境況；(2)突現層次——時代境況突現了美的闕如；(3)凸顯層次——在美的闕如這種突現背景下，人興起了特定的脫困祈嚮，進而追求體現相應的優位／最優價值。」〔註178〕

　　先秦與魏晉同是社會政治動盪不安的年代，知識份子因應當時的實況，皆有跳脫現實困境、尋找生命寄託的想法。以嵇康身處政治箝制思想發展的時代，本文藉由運用於《莊子》的突現美學理論，來說明嵇康的音樂美學觀，由此，將第一序層次改為「魏晉時期士人的悲哀處境」，以展開嵇康美學觀的新詮釋。

第四節　研究程序與步驟

　　本文由研究動機，意欲由不同的研究視野思考嵇康思想與《莊子》思想的關係，並且依照嵇康思想所具有的思維特色，說明嵇康思想與魏晉時期莊學興起的關聯。本文的觀點設限，在於分別考察嵇康思想與《莊子》思想時，發覺二者都相當重視關於個體如何安頓的問題，因此，以個體生命的關懷，作為考察嵇康思想與《莊子》思想的主軸。由研究主軸，本文以四個章節進行論述，其中關注到養生與音樂的問題，主要是根據《世說新語・文學》的記載：「舊云：王丞相過江左，止道聲無哀樂、養生、言盡意，三理而已。然宛轉關生，無所不入。」〔註179〕並同時發現養生觀與音樂觀，有助於說明嵇

〔註178〕蕭振邦，《深層自然主義：《莊子》思想的現代詮釋》（2009），頁129～130。
〔註179〕楊勇著，劉義慶（南朝宋）撰，《世說新語校箋》，（臺北：正文書局，1999），頁251。

康思想與魏晉時期莊學的關係，因此，根據研究步驟展示本論文的各章大要如下：

首章，「越名教而任自然」的時代意義：〈釋私論〉嵇康藉由區分公私與是非之理的不同，特意地突顯順任自然的「公」、「顯情」才是值得追求的價值，以突顯司馬家族假稱顯情爲公的名教，這是以公私之理作爲突出名教與自然之矛盾的基礎。嵇康在〈釋私論〉中借古說今，甚至論證眞小人比僞君子還要容易獲得好的結果，迂迴地由現實情況的反省闡釋己見，特意提出「越名教而任自然」的思想，將「自然」與「名教」之爭顯題化，以揭開當時已然變質的「名教」，伸張思想受到掌控的不自由、不自在和不自然。

第二章，「越名任心」——嵇康對莊學人生觀之繼承與轉化：由第一章關於「越名教而任自然」的考察，進而探討擅長論理、批判性格與正義感的特殊思維模式，以及此思維模式說明嵇康承繼莊學關懷個體生命的思維；嵇康的人生觀是以「思考個體生命如何安頓的問題」爲主軸，由這個主軸發展出釋私任心的人生觀，意指個體一種跨越現實約束，回歸自然本心、本性的生命態度，同時也是一種找回自然本心的修養進程。

第三章，「神須形以存」——嵇康對莊學養生觀之繼承與轉化：嵇康對於個體生命的關懷，除了提出可以落實的人生觀之外，更有對於個體生命如何養生的論述。首先，概括地說明《莊子》養生觀的要義；第二，整理嵇康養生觀的要義；最後，比較《莊子》與嵇康養生觀的異同，說明嵇康如何承繼並轉化莊學的養生觀，以及嵇康養生觀對於魏晉時期的貢獻。

第四章，藝術思想的開拓與貢獻：接續著前面四章分別論述個體生命如何探索解決實存困境之道，本章轉而從「聲無哀樂」的論點，探索嵇康音樂觀對於藝術思想的開拓與貢獻。首先，分析嵇康如何以實存悲哀發展出的美學思維；第二，論述嵇康如何反省音樂教化的功能，鬆動音樂與人的必然關連性，提出「音聲有自然之和，而無係於人情」，賦予了音樂與藝術發展的獨立性；最後，在非工具性的純音樂、純藝術發展中，探討嵇康如何以莊子齊物精神的宇宙視野，開創出「感天地以致和」的欣賞境界。

章節安排結構關連的理由是：首先，由「越名教而任自然」的時代意義中，可以發現嵇康對於個體實存現狀的關懷與反思；再者，透過分析嵇康的思維模式，可以發現嵇康將《莊子》思想與魏晉玄學思路連結的線索，嵇康並以此發展出釋私任心的人生觀，而此人生觀說明了嵇康與魏晉時期《莊子》

學的關係；接著，通過嵇康養生觀的考察，可以進一步說明嵇康將《莊子》養生觀成爲魏晉玄學的論題之一，突出了士人對《莊子》的關注；最後，由嵇康「聲無哀樂論」對於藝文思想的開拓與貢獻，說明嵇康不僅僅繼承了《莊子》思想，同時對於魏晉時期莊學思潮的興起具有重要影響。

第一章 「越名教而任自然」的時代精神

前言

　　魏晉玄學主要以三玄思想爲基石，清談之風則接續漢末以來，對於經學僵化的反省，所開啓的太學游談的風氣。〔註1〕魏晉思想依時間的發展，約略可以分爲：正始時期、元康時期、永嘉時期和東晉時期等四期。〔註2〕根據史料記載，正始玄學與竹林玄風的發展時間相近〔註3〕，正始玄學以何晏、王弼爲代表，理論上多以《周易》、《老子》爲根據，其中王弼的《道德眞經注》〔註4〕

〔註1〕 勞榦以爲:「曹魏時代是清談的盛行時代，但清談的風習，也是從漢末傳來。當東漢晚期太學游談，寢成積習，王衡著論衡，蔡邕到會稽，便私藏枕中，從此談論亦廣。而曹丕典論，也算清談的先導。正始時的何晏、王弼，雖常以清談著稱，但其導源，也不是一朝一夕所成了。」曾春海也認爲是從東漢的王充開始對於當時逐漸僵化的經學進行反省，從哲學史而言，漢末劉表推動的荊州學風，對漢至魏的學術思想之承轉，提供了重要的資源和動力。參看：(1)勞榦，《魏晉南北朝史》，(台北：華岡書局，1971)，頁32～33。(2)曾春海《兩漢魏晉哲學史》，(台北：五南出版，第二版，2005)，頁146～149。

〔註2〕 湯用彤對於魏晉思想的分期，分爲正始時期、元康時期、永嘉時期和東晉時期等四期。其後學者對於分期多有側重，內文將做進一步的闡述。參見：湯用彤，《魏晉玄學論稿》(2001)，頁120。

〔註3〕 請參看本文緒論中「思想背景的探索：正始玄學的殞落與竹林玄風的興起」，詳細的考證。

〔註4〕 王弼《道德眞經注》收錄於《道藏》中，本文主要參考：樓宇烈（校釋），王弼（魏）撰，《王弼集校釋（上、下）》（臺北：華正書局，1992）。

影響深遠；竹林玄學〔註5〕強調「自然」的概念，崇尚山林的自由思潮，成爲多數研究者認定引發魏晉莊學思想的風潮。值得注意的是，並非整個魏晉時期都將「名教」與「自然」視爲對立的概念，正始年間，有以「自然爲體、名教爲用」的說法，而嵇康卻提出「越名教而任自然」的論點，特意突顯「名教」與「自然」之爭。以此引起本章研究的問題意識：首先，嵇康爲什麼沒有接受「自然爲本、名教爲末」的看法？其次，「越名教而任自然」的提出，是爲了回應什麼時代的課題？最後，「越名教而任自然」所意欲表現的精神爲何？

　　根據以上的提問，在此以「越名教而任自然」的文本出處〈釋私論〉〔註6〕爲研究的主軸。在〈釋私論〉中，嵇康以公私之分說明君子與小人的差別，因此，本章首先分析嵇康所言公私之理的概念；進而，探討嵇康如何以公私之理建構「越名教而任自然」的命題，且呈顯「越名教而任自然」的時代精神（the spirit of a time）。〔註7〕

第一節　〈釋私論〉闡釋的公私之理

　　嵇康提出「越名教而任自然」的出處爲〈釋私論〉，然而〈釋私論〉卻不是直接討論「名教」和「自然」的聯繫或關係，而是以公私之別說明君子與小人的不同；嵇康以「顯情無措」爲「公」，對比「抱隱顧私」的「私」，並以此來說明有一些「似非而非非，類是而非是」的情況。由此，要理解嵇康爲什麼提出「越名教而任自然」，需要先釐清〈釋私論〉中關於「公」、「私」的討論。

〔註5〕陳寅恪先生曾針對「竹林七賢」之稱號來源做過考察，認爲「七賢」爲取《論語》的標榜之意，其後加「竹林」而成「竹林七賢」則約在東晉中葉，江左名士孫盛、袁宏、戴逵等所著之書《魏氏春秋》、《竹林名士傳》、《竹林七賢論》流傳。「竹林」非地名，有可能在他們經常聚會之處有一片「竹林」，也可能是以「竹林」形容他們的思想。參見萬繩楠整理，《陳寅恪魏晉南北朝史講演錄》（合肥：黃山書社，2000），頁48～49。

〔註6〕〈釋私論〉在此引用的版本爲：戴明揚（校注），嵇康（魏）撰，《嵇康集校注》（1978），頁233～243。爲便於論述，再次引用〈釋私論〉時將不再附註參考出處。

〔註7〕所謂的時代精神（the spirit of a time），如賀昌群指出：「若歷史家承認有所謂的時代精神（the spirit of a time），爲支配其時代心理之絕大勢力，其他一時發生之現象，雖若非其時代精神所可以產生者，而其實亦受時代精神之支配。」賀昌群，《魏晉清談思想初論》，（北京：商務印書館，2011），頁39。

　　嵇康在〈釋私論〉的起始問題，在於討論如何定義「君子」，稱「君子」是「心無措乎是非，而行不違乎道者也」。然而，「君子」如何做到「心無措乎是非，而行不違乎道者也」呢？嵇康即以公、私的分別，來突顯君子行為的特色，說到：

> 君子之行賢也，不察于有度而後行也；任心無窮，不議于善而後正也；顯情無措，不論于是而後為也。是故傲然忘賢，而賢與度會；忽然任心，而心與善遇；儻然無措，而事與是俱也。故論公私者，雖云志道存善，心無凶邪，無所懷而不匿者，不可謂無私；雖欲之伐善，情之違道，無所抱而不顯者，不可謂不公。

在此，嵇康認為所謂君子賢明的行為，不是先了解什麼是「賢明」的規範，才去行動；而是君子能夠隨順他的真心、本心，不去議論什麼是良善，才認定什麼是正確的；顯露真情且不存有成見，就不會先議論什麼是「是非」，才確定什麼行為是「是」的。因此，君子雖忘了何謂賢明，而行為卻與賢明的規範相契合；不加思索憑心而行，而心靈卻與善良相符；心中不存有主觀是非，而行事卻合乎正確。所以，議論「公」與「私」的問題，雖然說心志存著善念、內心沒有凶邪相關，不過，心中有想法，卻無不隱匿起來的人，不能說他不是「私」；雖然，欲望會排斥善良，情違背了道德，但心中懷抱的想法沒有不顯露出來的人，不能說他不公。

　　根據此段引文，可以看出嵇康不是以一般或傳統對於「公」與「私」的定義，來說明他對於什麼是君子之賢明的行為。嵇康認為「公」、「私」問題的關鍵，在於是不是顯露了心中的想法。所以，他認為即使心中存有善念，卻隱匿自己想法的行為，不能說這樣的行為不是「私」；認為心中經常有違背道德的欲望，卻願意顯露內心想法的行為，不能說這樣的行為不是「公」。由此來說，可以發現嵇康對於「公」與「私」的定義與傳統有很大的不同。

　　傳統對於「公」與「私」的理解，多是繼承先秦許多典籍中的論點，如《論語・堯曰》：「興滅國，繼絕世，舉逸民，天下之民歸心焉。所重：民、食、喪、祭。寬則得眾，信則民任焉，敏則有功，公則說。」〔註8〕「公」具有公正的意涵，而且是公正的處理眾人的事情。又如《禮記・禮運》云：「大道之行也，天下為公。」〔註9〕《禮記・禮運》主張以人民權益為優先的政治

〔註8〕吳宏一著，《論語新譯》，（台北市：遠流出版社，2017），頁556。
〔註9〕鄭玄注《禮記正義》，參考版本：李學勤主編，《十三經注疏・禮記正義（上、

理想，因此，「公」具有公眾、公平的意涵。在《荀子‧君道》有云：「至道大形，隆禮至法則國有常，尚賢使能則民知方，纂論公察則民不疑，賞克罰偷則民不怠，兼聽齊明則天下歸之；然後明分職，序事業，材技官能，莫不治理，則公道達而私門塞矣，公義明而私事息矣。」〔註10〕「公道」、「公義」意指能以眾人的利益為優先的規範，以避免私人、私事阻礙了國家的發展。在《老子‧第十六章》：「知常容，容乃公，公乃王，王乃天，天乃道，道乃久，沒身不殆。」「公」不僅是指公眾、眾人的事，而是指可以包容眾人、多數人的稱為「公」。綜合先秦的文獻，對於「公」、「私」的定義，多是以《禮記‧禮運》「天下為公」為主，由此，「公」具有公眾、公平的意涵；「私」是相對於「公」，意指個人、私人的義涵。

嵇康沒有承繼傳統對於「公」、「私」的定義，在〈釋私論〉中以隱匿或袒露心中的想法，重新思考關於「公」、「私」的問題，並認為「公」、「私」問題與「是（善）」、「非」的問題應該要區分開來討論。在〈釋私論〉中較為清晰的說明，可以由「第五倫」〔註11〕的例子來看，〈釋私論〉中說到：

> 是非也，非私也。夫私以不言為名，公以盡言為稱，善以無吝為體，非以有措為負。今第五倫顯情，是無私也；矜往不眠，是有非也。無私而有非者，無措之志也。夫言無措者，不齊于必盡也；言多吝者，不具于不言而已。故多吝有非，無措有是。然無措之所以有是，以志無所尚，心無所欲，達乎大道之情，動以自然，則無道以至非也。抱一而無措，則無私無非：兼有二義，乃為絕美。……今第五倫有非而能顯，不可謂不公也。所顯是非不可謂有措也。有非而謂私，不可謂不惑公私之理也！

嵇康定義「私」是有話不肯說出來，「公」是有話全部說出來，「善」是沒有吝嗇、沒有負累的體現，「非」是心中有措的負累。引文中嵇康對於第五倫的

中、下）》，（北京：北京大學出版社，1999），頁 686～715。

〔註10〕國立臺灣師範大學出版中心編輯，王先謙作，《荀子集解》，（台北市：師大出版中心，2012），頁 49。

〔註11〕第五倫為東漢司空以孝廉著稱，《後漢書》有關於第五倫的記載，嵇康引用於〈釋私論〉說到：「或問曰：第五倫有私乎哉？曰：『惜吾兄子有疾，吾一夕十往省，而反必寐。自吾子有疾，終朝不往視，而通夜不得眠。』若是，可謂私乎？非私也？」第五倫的相關史料記載於《後漢書‧班彪列傳下》，參看「中國哲學書電子化計劃」：URL=http://ctext.org/hou-han-shu/zh?searchu=%E6%88%96%E5%95%8F%E5%80%AB%E6%9B%B0。

行為的分析：嵇康認爲第五倫一個晚上去看兄長生病兒子有十次，探病後回來都能入睡，可以說明對於兄長之子生病的事情，第五倫心中是沒有負累的；當第五倫面對自己的兒子生病時，雖然整天沒有去探望生病的兒子，卻整夜不能入睡，這就說明第五倫心中存有負累。

透過第五倫的例子，我們可以進而理解嵇康爲何以「心無措乎是非」來定義君子的行為，所謂「無措」，不是要求與盡善盡美完全相同；所謂「多咎」，不是指完全不言而已。因此，「多咎」爲非，「無措」爲是。「無措」之所以爲「是」，乃是因爲沒有主觀崇尙的標誌，心中沒有欲求，到達與大道爲一的情懷，遵從自然的行為，也就沒有途徑導致過失了。嵇康認爲能與大道爲一且心中沒有負累，這是無私無非，如果能兼有無私無非，當然是爲絕美好的品德。由此，我們來看第五倫的例子，第五倫是心中有負累的人，不過他能夠顯情，所以不能說他不公。這是指即使第五倫所顯露的是有缺失的事，也不可以說是他是心中有措置；如果因此將第五倫有非當作是私，那是迷惑和混淆。

由此，可以理解嵇康不僅沒有承繼傳統對於「公」、「私」的定義，更區分「公」、「私」與「是（善）」、「非」的概念的不同。嵇康以顯露或隱匿心中的想法，作爲「公」、「私」的判別；以心中是不是有主觀的負累，作爲「是（善）」、「非」的判別。如此，「公私之理」與「是非之理」，分別具有不同的判准。在此，可以進一步地追問，嵇康爲什麼要區別「公私之理」和「是非之理」不同？區別「公私之理」、「是非之理」有什麼益處或重要性？區別了「公私之理」與「是非之理」會怎麼樣？

關於這些提問的答案，可以在〈釋私論〉中找到相對應的回覆。在〈釋私論〉中，嵇康指出人所表現出來的行為或態度，皆是動態且複雜的；我們當然可以對典型的君子或小人的行為與態度進行歸類，但可能有更多複雜的狀態，使我們難以直接將人歸類爲君子、或爲小人，正如第五倫在面對兄長之子生病、自己兒子生病時，所表現出來的行為，我們很難直接由一個人外在呈現的行為，斷定此人就是君子或小人。因爲，一個人可能呈現出合乎道德的行為，但心中卻有無數不道德的想法，如果單從此人的行為來說，他可能是合乎君子的；但如果從他內心的想法來說，我們可能不會同意他是一個君子。不過，一個人如果心中有欲望，卻沒有將欲望落實在外在行為，雖然，我們不一定同意此人可以被稱爲君子，但似乎也不是一個惡人。關於外在行

為與內心想法之關係的探究，可說是〈釋私論〉的特別之處，如嵇康指出某些人可能是：「雖云志道存善，心無凶邪，無所懷而不匿者」，意指某人心中雖然存著善念、沒有凶邪，可是卻隱匿心中想法的人；或如：「雖欲之伐善，情之違道，無所抱而不顯者」，意指某人雖然欲望取代善心、情感違背道德，但卻願意將心中的想法顯露出來的人。為了將人們複雜的行為進行歸納與討論，嵇康區別出「公私之理」、「是非之理」的不同，就具有重要的意義。因為，區別「公私之理」、「是非之理」，可以在判別人的行為與態度時，給予更多的評判標準：「公私之理」討論的是這個行為與內心想法是否一致的問題；而「是非之理」包含的範圍更為複雜，探討一個人內心的想法，尤其針對心中是不是包含了主觀的判斷，如特別的喜好、偏好……等。而且，嵇康認為通過「公私之理」、「是非之理」的區別，可以更容易突顯君子與小人的差異，說到：

> 夫稱君子者，心無措乎是非，而行不違乎道者也。何以言之？夫氣靜神虛者，心不存乎矜尚；體亮心達者，情不繫乎所欲。矜尚不存乎心，故能越名教而任自然；情不繫乎所欲，故能審貴賤而通物情。物情順通，故大無違；越名任心，故是非無措也。是故言君子則以無措為主，以通物為美；言小人則以匿情為非，以違道為闕。

「是」、「非」是內心主觀對於對錯的判準，在此，可以說明嵇康認為可以稱為「君子」就是心中不存有主觀對、錯的框架。因為，心中一旦存有主觀的判斷，將會困擾我們的心智，讓我們陷溺於主觀的判斷中，不易跳脫。例如人們接受了名教的思維，很容易在心中建立起一定的判斷；而當人們習慣於這些名教的規範和觀點，便會容易受到名教的約束，同時人們也習慣以名教的規範去看待別的事情，因此無法達到自由自在的狀態。

根據對嵇康「公私之理」、「是非之理」的分析：「公私之理」，主要依據行為活動來說，也就是人們是不是顯露心中的想法；而「是非之理」，則是以心中是否存有主觀的判準。為了突顯嵇康論述「公私之理」的特色，在此將〈釋私論〉中關於「是非之理」與「公私之理」的討論，進行排列組合後，可以得出四種類型的行為模式——A：是而公；B：是而私；C：非而公；D：非而私。〔註12〕以表格呈現如下：

〔註12〕周大興也曾於中羅列出此四種組合關係。不過，周先生認為嵇康的公私之理與是非之理嚴格來說沒有必然的聯繫，周先生將心境之公私（淑亮與隱匿之

選擇的行為＼心態	善／是	非
公（顯情）	A	C
私（匿情）	B	D

A 類、D 類是較容易區別的兩種行為：A 類型的人，心中懷有淑亮之心，而且會顯露心中的想法，這可說是君子的典型行為，也是嵇康推崇的行為；D 類型的人，正是與 A 類恰恰相反，D 類型的人，心中已有主觀的判準，且隱匿心中的想法，可說是小人的行為，這也就是嵇康認為人們應該要引以為戒的行為。而 B 類、C 類，皆表示行為與心中想法不相符合的兩種情況：B 類型人是心中無措是非，卻隱匿心中想法；而 C 類型的人，則心中有主觀判準，卻顯露心中想法。

藉由這四種行為類型的區分，可以更清楚地說明為什麼嵇康會提出「公成而私敗」、「夫公私者，成敗之徒，而吉凶之門也」？根據〈釋私論〉的論述，「顯情」的「公」較容易成功；「匿情」的「私」較容易引起失敗。在上述區分的 A、B、C、D 四種類型的行為狀態中，可以通過分析 B 類、C 類的行為，說明行為類型與行動導致的吉凶結果之間的聯繫，論述公私和成敗吉凶具有關聯性。

在 B 類、C 類的行為類型，皆是外在行為與心中所想不相符合的情況。在 C 類行為，心中受「私欲」影響，但因為「表露心識」的「顯情」而獲得安全，例如：「故里鳧顯盜，晉文愾悌；勃鞮號罪，忠立身存；繆賢吐釁，言納名稱；漸離告誠，一堂流悌。然斯數子，皆以投命之禍，臨不測之機，表露心識，猶以安全。」（〈釋私論〉）我們可由「里鳧」、「勃鞮」、「繆賢」和「漸離」等，這幾位歷史上的人物，來理解嵇康的想法。嵇康認為原來懷有主觀判斷，甚至是懷有私心的人，因為懷疑自己原有的主觀想法是不是正確，因此願意開誠布公、表露心機，這是由 C 類逐漸向 A 類修正的行為，如同生病

心的分別）稱為「形式範疇」，將是非善惡稱為「內容實質」。不過，倘若依據〈釋私論〉上述的引文，嵇康以第五倫為例說明公私、是非之理時，將「是」或「非」視為內心有措或無措的心理狀況，而「公」或「私」（「顯情」、「匿情」）則為實際選擇的行為，那麼，公私與是非具有緊密相連的關係。參看：周大興，〈越名教而任自然——嵇康《釋私論》的道德超越論〉，《鵝湖月刊》第十七卷第五期總一九七，台北：財團法人東方人文學術研究基金會鵝湖月刊社，頁 29～35。

了願意治療的道理一樣，因此，比生病了卻不願意接受治療的人容易痊癒；嵇康因而認為 C 類型的人，可說俗稱的「眞小人」，因為透過顯情的行為，修正原來不正確的心態；這也可說明，對於 C 類型的人來說，原來不正確的心態，並沒有深植於心中，也就是所為「無私而有非者，無措之志也」，所以，C 類型的人能獲得好結果的機會相對提升。這個推論基礎，在於嵇康將「匿情徇私」的狀況，類比為生病一樣，而選擇「顯情為公」就像是生病願意治療的狀況。所以，嵇康認為就像生病願意治療，比較容易獲得痊癒，選擇「顯情為公」，那麼眞正的「是」最終還是會被大家所知道（「故實是以暫非而後顯，實非以暫是而後明」）。〔註 13〕然而，B 類型的人，因為「匿情含私」的行為，導致逐漸地喪失自然的本質，可說是俗稱的「僞君子」，如〈釋私論〉說到：「于是隱匿之情，必存乎心；僞怠之機，必行乎事。……是以申侯苟順，取棄楚恭；宰嚭耽私，卒享其禍。」B 類型的人因為「抱隱顧私」、「匿非藏情」，逐漸掩蓋了淑亮的公心，而往 D 類沈淪，因此容易招致禍端。

藉由上述四種行為類型的分類，再來討論第五倫的例子。可以說第五倫因為心中尚且無法平等地對待自己的兒子和兄長之子，因此是「有措」，而「有措」是「非」，因而可將第五倫在對待兄子生病與自己兒子生病時的心態歸於「有非」；不過，因為第五倫願意坦承他的心境，這是「顯情」的表現，屬於選擇「無私」的行為。由此，可將第五倫的行為狀態歸於 C 類型的行為。再者，根據史料關於第五倫的記載，第五倫為官奉公盡節、言事無所依違，而且以貞白著稱。〔註 14〕如此，可以理解嵇康引用第五倫的史實，用以佐證忠不隱諱、直言不害的人，能獲得好結果的可能性相對較高；也就是論證 C 類的行為較 B 類型的行為，最終獲得好結果的可能性較高。

綜合來說，嵇康的「公私之理」不是以傳統對於公、私概念的定義，而是以「越名教而任自然」為主軸的論述。嵇康認為「顯情」之所以稱為「公」，重點在於將心中所想坦然的表達，而能夠坦然說出心中所想，可以說跳脫名教的束縛，順任自然之道的行為；而「匿情」之所以為「私」，重點在於隱藏

〔註13〕正如周大興指出「A 與 C 終有貫通之處」，說到：「嵇康顯然認為，第五倫顯情之非、矜吝之非」參看：周大興，〈越名教而任自然——嵇康《釋私論》的道德超越論〉，頁 33。

〔註14〕第五倫的相關史料記載於《後漢書‧班彪列傳下》，參看「中國哲學書電子化計劃」：URL=http://ctext.org/hou-han-shu/zh?searchu=%E6%88%96%E5%95%8F%E5%80%AB%E6%9B%B0。

心中的想法，而藏匿想法可以說是有悖於自然之道的行爲。由「越名教而任自然」的提出，可以清楚地理解嵇康突出「顯情爲公」的重要性，因爲「顯情爲公」正是落實「自然」的行爲。嵇康在論述君子的行爲典範時，直指「自然」的重要性：嵇康認爲順任自然的行爲不會違背大道，不會違背大道的行爲當然不會傷害其他人，也就是一般認爲「善」的行爲；因爲君子的行爲總是能順任「自然」，所以君子並不擔心顯露自己的想法；而且君子不需要「名教」的約束，也不會做出傷害其他人，或者任何「不善」的行爲。也就是說，君子作爲「顯情爲公」的行爲典範，因爲君子心中沒有存在傷害他人，或主觀的執念，所以不需要隱匿心中的想法。

相反地，嵇康指出「匿情」之所以爲「私」，在於心中有想法卻不願意表達，是不合乎「自然」的狀態。嵇康認爲不願意坦承心中的想法，可能有兩種狀態，其一，心中有主觀判斷，也就是偏見、執念，所以不願意坦露心中的想法；其二，心中的想法是合乎「自然」的，卻不願意表露出來。嵇康將心中有主觀判斷，定義爲「非」，既「私」且「非」的行爲典型就是上述的 D 類的「小人」類型，D 類型當然是違背「自然」的行爲。最複雜的行爲類型，在於心中的想法是合乎「自然」，卻不願意表露出來，也就是 C 類型。一般來說，我們無法直接從人的外在行爲，推斷他的內在想法，所以，對於根據 C 類型、D 類型之外在行爲的相似性，即「匿情」，我們很難直接了解此人的內在想法，究竟是 C 類型、還是 D 類型。概要性地說，「匿情」的「私」，在於相對於「公」的順任「自然」，也就是說〈釋私論〉特別討論的「公私之理」，在於突出「顯情爲公」是順任「自然」的行爲。〔註15〕

〔註15〕 馮友蘭先生以「任自然」的概念，來說明〈釋私論〉的公私之別與是非之理的關係，說到：：「第五倫有錯誤，但他能把它公開出來，這就是『公』。他公開說出他的錯誤，而不怕別人的恥笑，這就是『心無措乎是非』。……『直心而言』、『觸情而行』。就是說，想怎麼說就怎麼說，想怎麼行就怎麼行。這就是『任自然』。任自然必定是是的，因爲這是『顯情』，顯情是公。想怎麼樣說而不說，想怎麼樣行而不行，那就是不任自然，不任自然是『匿情』一定是非的。明白了這個道理，就知道，一般人所注意的是非，並不是應該注意的，一般人認爲的私，並不是私的。能夠實行這八個字，就可以『寄胸懷於八荒，垂坦蕩以永日，斯非賢人君子高行之美異者乎』（〈釋私論〉）這是『越名教而任自然』的人的精神境界。」馮先生此段論述的貢獻，在於引入「任自然」的概念來說明〈釋私論〉的公私之別與是非之理的關係。馮先生將「直心而言」、「觸情而行」當做顯情爲公的行動原則，意即顯情之所以稱爲「公」，乃是因爲顯情是順任自然之道的行爲，將心中所想坦然的表達，因此是「善」；而匿情之所以

　　據此，再來思考嵇康提出「公成而私敗」，將公私之別與吉凶、成敗連結（「夫公私者，成敗之途，而吉凶之門也」），認爲做對的行爲能得到好的結果（成、吉）的可能性相較高，是不是誤將善惡、是非和吉凶、得失之間的進行聯繫？〔註16〕亦或，混淆了善惡、是非和吉凶、得失等概念？又或者是一種迷信？

　　根據上述的分析，嵇康並沒有想要混淆是非、公私與成敗吉凶的關係，而是嵇康意識到社會中充滿許多複雜的情況（「然事亦有似非而非非，類是而非是」），面對複雜的情勢，嵇康通過歷史事蹟的分析，推論出「公成而私敗」的論點。因此，「公成而私敗」可以作爲一種理想，並藉由論證這個理想具有實踐的可能性，作爲人們在這勾結複雜的社會中，努力落實順任自然的行爲的動力。

第二節　以公私之理突顯名教與自然之爭

　　嵇康對於「自然」的理解，可說是承繼先秦道家的觀點，將「自然」當作萬物的自然本性、自然的狀態。〔註17〕關於「名教」的理解，「名教」一詞

　　　　爲「私」，乃是因爲匿情是隱藏心中的想法不願公開，因此不是順任自然的行爲，所以是「非」。參看：馮友蘭，《三松堂全集（第九卷）》（2001），頁386。

〔註16〕馮友蘭先生認爲嵇康將善惡是非和成敗吉凶混談，誤以爲行對的行爲必定能得到好的結果（成、吉），這是誤將善惡、是非和吉凶、得失等同起來的內在矛盾，說到：「社會中的事是複雜的，善惡是非和成敗吉凶在有些情況下是一致的，但在有些情況下就不一致了。嵇康把這兩方面的事情，認爲完全一致，那就不然了。『直心而言而言無不是』，這是一定的；『觸情而行則是無不吉』這就不一定了。『觸情而行』那個行必定是是的，但是，吉不吉，成不成，那就不敢說了。『言不計乎得失而遇善』，這是一定的。『行不准乎是非而遇吉』，這就不一定了。有沒有辦法把這些矛盾統一起來呢？有的。用嵇康的前提推下去，那就是完全『任自然』，不計成敗得失。嵇康把善惡、是非和吉凶、得失等同起來，這還是不能不計成敗得失。這也是他的思想中的一個內在矛盾。」參看：馮友蘭，《三松堂全集（第九卷）》（2001），頁386～387。

〔註17〕《老子》將「自然」當作萬物的自然本性、自然的狀態。《老子》直接使用「自然」一詞分別在〈第十七章〉、〈第二十三章〉、〈第二十五章〉、〈第五十一章〉及〈第六十四章〉。將「自」與「然」連用，成爲「自然」一詞，在中國文化的文獻之中，最早出於《老子》，如劉述先先生認爲「自然」成爲一個重要的哲學概念最早出現於《道德經》之中，說到：「The Chinese term of which Nature is a translation is "Tzu-jan," which first became an important concept in Tao Te Ching.」劉笑敢也曾說到：「『自然』觀念見於經典顯然是從《老子》開始的。

最早出於《管子‧山至數》「名教通於天下。」〔註18〕漢武帝時，董仲舒提出「三綱五常」的概念，運用自然界中的陰陽、五行等現象，來比附人類社會的禮法制度，使得「名教」具有神授的烙印。〔註19〕漢代以後「名教」被廣義地指稱有形的規範，如典章制度、禮法等，成為社會中人際交往所依循的準則，不過，被當作有形規範的「名教」，並沒有直接與「自然」對立的意思。既然「名教」與「自然」沒有出現對立，那麼為什麼需要調和？所以，王弼試圖想要調和「名教」與「自然」的態度，說明魏晉時期可能出現了「名教」與「自然」相衝突的觀點，而且這樣的觀點很可能已經獲得多數知識份子的認同並廣泛地流傳，所以王弼認為需要重新定位「名教」與「自然」的關係，且試圖調和兩者的關聯性。假若「名教」與「自然」相衝突是當時比較流行的看法，那麼嵇康提出的「越名教而任自然」，可能更貼近當時主流的論述風潮。

首先，要理解嵇康「越名教而任自然」的觀點，需要由〈釋私論〉入手。嵇康在論述「越名教而任自然」時，以突顯君子與小人的差異開始。嵇康認為君子為「心無措乎是非」，小人為「以匿情為非，以違道為闕」，進而說到

《詩經》、《左傳》、《論語》這些較早期的經典中都沒有自然的說法。」「自然」在《莊子》中共出現六次，於〈德充符〉、〈應帝王〉、〈秋水〉、〈田子方〉中，各出現一次；並於〈天運〉有二次。「順物自然而無容私」出於〈應帝王〉，「常因自然而不益生」出於〈德充符〉。資料請參考：(1)劉述先，1982，"The Chinese View of Nature, Naturalness, and Understanding of Nature".〈中國人的自然觀〉收入《中國文化研究所學報》，(香港：香港中文大學，第13期)，頁238。(2)劉笑敢，2005，《老子》，(臺北市：東大圖書出版，第2版)，頁67。另外，關於《莊子》原文參考了三個版本，如有引用到註解者的翻譯，才會另外標注。特此註解。參考版本：關於《老子》原文參考了三個版本，如有引用到註解者的翻譯，才會另外標注。特此註解。參考版本：(1)王弼的〈老子道德經注〉，收錄：樓宇烈(校釋)，王弼(魏)撰，《王弼集校釋》(上、下冊)(1980)。(2)朱謙之(釋)，任繼愈(譯)，《老子釋譯——附馬王堆帛書老子》，(臺北：里仁書局，1985)。(3)陳鼓應(注譯)，《老子今注今譯》，(北京：商務印書館，2003)。

〔註18〕 (1)管子原文參看：黎翔鳳撰，梁運華整理，《管子校注》(下冊)，(北京：中華書局，2004)，頁 1326。(2)曾春海先生則認為「名教」一詞出於嵇康，說到：「『名教』一詞源出於嵇康的〈釋私論〉，大抵指漢代人為設置的典章制度及孝悌仁義之道德禮法等有形的規範。」曾春海，《兩漢魏晉哲學史》(2005)，頁 177。

〔註19〕 參見：方克立主編，《中國哲學大辭典》(上冊)(北京：中國社會科學院出版，1991)，頁 291。

君子的特色為：

> 夫氣靜神虛者，心不存乎矜尚；體亮心達者，情不繫乎所欲。矜尚
> 不存乎心，故能越名教而任自然；情不繫乎所欲，故能審貴賤而通
> 物情。物情順通，故大無違；越名任心，故是非無措也。〔註20〕

嵇康稱君子是「氣靜神虛者」、「體亮心達者」，氣靜神虛且心中不存有自負與
成見，體亮心達，所以情感不會受欲望的牽繫。嵇康認為君子是因為心中不
存於自負自誇，因此，可以超越「名教」的形式順任自然；因為情感不會受
欲望的束縛，因此能夠審斷貴賤，通曉物理、人情。君子更因為物理、人情
通順，所以不會違背自然之道；君子也因為能超越「名教」的形式順任自然
本心，所以不會存有主觀的是非之心。

　　由此可說，嵇康是以「心無措乎是非」，作為區別小人與君子的主要特徵。
「心無措乎是非」意指君子心中不會預先存有主觀的是非判斷，所以能做到
「矜尚不存乎心」、「情不繫乎所欲」；且因為君子內心不會存有自負與自誇、
感情也不會受到慾望的牽累，進而能達到「越名教而任自然」、「審貴賤而通
物情」。「越名教而任自然」、「審貴賤而通物情」就是指君子能夠超越「名教」
的形式順任「自然」，並且能審斷貴賤而通曉物理、人情。此處的「自然」意
指自然本性之意，與〈釋私論〉其後提到「故能成其私之體，而喪其自然之
質也」、「然無措之所以有是，以志無所尚，心無所欲，達乎大道之情，動以
自然，則無道以至非也。」〔註21〕所論的「自然」是一致的，皆是意指人性
的自然本性。嵇康在此同時區別了「心」、「情」的不同，「心」可說是主觀的
認知功能，具有分辨是非的作用，因此說「矜尚不存乎心」意指不讓自負自
誇的主觀意向，影響了「心」本有的判斷力。嵇康是將「情」作感情、情感
解釋，意指可以不會受欲望牽繫的「情」，就能跳脫貴賤的差異，讓順任自然
之道的情感顯現。不過，「情」如何能與物相通？

　　馮友蘭先生的論述提供了一種有效的詮釋。馮先生認為「越名教而任自
然」、「審貴賤而通物情」是分為兩個層次，來說明君子、小人的差異。馮先
生說到：

> 第一個層次，是就個人與社會的關係說的，作為社會的一員，一個

〔註20〕戴明揚（校注），嵇康（魏）撰，《嵇康集校注》（台北市，河洛圖書出版社，
　　　　1978），頁234。

〔註21〕戴明揚（校注），嵇康（魏）撰，《嵇康集校注》（1978），頁240、243。

> 人在社會中應該「越名教而任自然」。這就是說一個人應該順著他的
> 自然本性生活下去，不管社會上的清規戒律、條條框框。要這樣做，
> 就要不理會社會上的批評與讚揚，這就叫「心無措乎是非」。第二個
> 層次是就人與宇宙的關係說的，人和物的關係說的。在這關係中，
> 人應該「審貴賤而通物情」，能夠物情通順，就與大道無違。達到物
> 情順通的條件是「情不繫於所欲」。〔註22〕

馮先生將嵇康的「越名教而任自然」，視作在社會層面上論述君子行為的特
色，君子可以跳脫社會的教條、戒律，依順自己的本性去生活；而「審貴賤
而通物情」則是由人與物、與宇宙的關係上，說明君子可以與物情相通，並
與大道相通的特色。

筆者認為依文本脈絡來說，「越名教而任自然」確實在人事、社會的層面
進行論述，說明心中不存有自負、成見，因而能夠超越人世間「名教」形式
的束縛；而「情不繫乎所欲」如與「通物情」、「物情順通故大無違」相連結，
若將此解釋為人的情感與大道、物情可以相通，也就是在人與物、人與大道
的關係來論述「物情順通」。此處的「情」與西方將理性與情感二分的概念不
同，嵇康所說能夠「審貴賤而通物情」、「物情順通」的「情」，實則是順任自
然本性的「情」，可說是自然本性在人之情感面的顯現，如同〈難自然好學論〉
中，嵇康說到：「全性之本，不須犯情之禮律。」由此，進而可以理解嵇康為
何以「顯情」與「匿情」建構公私之理，因為正如嵇康在區別君子與小人的
差別，提到小人是「匿情為非」，如「匿情矜吝，小人之至惡」；並且以「伊
尹」、「周公」與「管仲」的史實，對照說明君子具有存公忘私的特質。

再者，由當代的研究成果，來看嵇康提出「越名教而任自然」的意義，
如曾春海以背景思想理解提出「越名教而任自然」的全貌〔註23〕：首先，探
討當時廣為流傳自秦漢以來的「自然生成的宇宙觀」對於嵇康思想的影響；
第二，由『『任自然』問題的緣起」進行考察，根據司馬氏政權以名教的名義
排斥異己、鞏固權勢的史料，說明嵇康由現實的社會中深刻地了解到「我執」，
經常是造成人事紛爭與衝突的禍因，「我執」意指「人常囿於自身的知識、經
驗、利害去區分是非、善惡，計較一己的得失、苦樂、禍福」〔註24〕，而人

〔註22〕馮友蘭，《三松堂全集（第九卷）》（2001），頁385。
〔註23〕曾春海，《嵇康》（2000），「第三章嵇康的自然觀」，頁51～74。
〔註24〕曾春海，《嵇康》（2000），「第三章嵇康的自然觀」，頁67。

若受制於「我執」，則易處於對立和衝突的立場，因此嵇康提出「任自然」以對峙虛偽名教，說到：

> 嵇康任自然的自然觀，質言之，不但是其對現實政治社會的批判立場。在他據以解讀和解構彼時已變質異化的名教外，他也據以勾劃了一條建構達觀、健康的生命價值觀，那就是接引吾人「順天和以自然」、「任自然已託身」追求吾人精神上之至樂和至味的心靈生活。其慕好天地萬物自然美的無限心懷，及其遊心玄默，與道相契共融的天人合一深度，係最能做為此中有真意的見證。〔註25〕

曾春海表示嵇康在批判社會現況的同時，已經思考到跳脫現實變質異化名教的方法，即由「任自然」的生命價值觀，追求精神上的超脫，以達與道相契的心靈境界。

又如蔡振豐同樣以整個時代的思想流變，考察嵇康使用「自然」的意義。蔡振豐在〈魏晉玄學中的「自然」義〉〔註26〕說到魏晉名士受到漢魏之間氣化宇宙論的影響甚深，阮籍、嵇康是「以『自然』言『氣化』」，因而認為嵇康所說的「『稟之自然』、『物之自然』皆可視為是氣化流行所呈現之現象或結果」。〔註27〕蔡先生並指出〈釋私論〉的「越名教任自然」涉及了心神的修養境界，提出二點分析：（一）嵇康之「任自然」與王弼所言之「任自然」不同，嵇康之「任自然」有關於心、神的作用，屬於修養論的層面。（二）認為嵇康之「越名教任自然」是相對於「審貴賤而通物情」，進而論證「嵇康並未完全絕棄名教，他所反對的是聖王之外的政治階層所制作的名教」。由此，蔡先生認為嵇康的「越名教」為「超越於當時政治體制及禮法運作，不矜尚、不拘執於名教之利害算計」；而「任自然」則是「重新理解『是／非』、『公／私』之意」；並認為嵇康的「越名教」與「任自然」「皆以救治名教為其目的」。〔註28〕

由上所引的研究成果，可以看出多數的學者皆認為嵇康的「自然」，無論是從氣化宇宙論或是從自然本性、境界論的角度，並未與傳統名教對抗的意

〔註25〕曾春海，《嵇康》（2000），「第三章嵇康的自然觀」，頁68。

〔註26〕蔡振豐，〈魏晉玄學中的「自然」義〉，《成大中文學報》第26期，（台南：成功大學中文系，2009），頁1～34。

〔註27〕蔡振豐，〈魏晉玄學中的「自然」義〉，《成大中文學報》第26期（2009），頁7～8。

〔註28〕蔡振豐，〈魏晉玄學中的「自然」義〉，《成大中文學報》第26期（2009），頁9～10。

思，而是反對司馬政權下的禮法運作。嵇康使用「自然」的意含並未與傳統「名教」對立，那麼要如何理解嵇康由「越名教而任自然」所突顯「自然」與「名教」的對立性？

可以謝大寧提供的論點進行理解，他以歷史與玄學兩個面向，探討嵇康與自然名教之爭的特色〔註 29〕：其一，「『歷史的嵇康』與自然名教之爭的第一面向」〔註 30〕——謝先生認為嵇康的〈明膽論〉是涉及當時才性論的作品，謝先生透過這個間接地證據「以證明嵇康的才性論是用來攻擊名教」，從而指出「越名教而任自然」的命題只是「意識型態性的」，所以謝先生以為嵇康與自然名教之爭的第一個面向是「一個歷史的、社會政治的面向」，並指出「而滾在此一面向中的嵇康，也只是通過它而展現了一些不妥協的政治立場而已」〔註 31〕；其二，「『玄學的嵇康』與自然名教之爭的第二面向」——謝先生認為這是「一個非意識型態，以自然作為真理判準來決定名教的面向」〔註 32〕，謝先生認為嵇康對於主體人格的價值關懷，不僅超越了道教中的價值實踐，更以「自然」作為主體之價值實踐，從而推翻名教作為主體之價值實踐；謝先生因而認為「玄學的嵇康」的重要貢獻為：「筆者的確必須推崇嵇康是中國思想史中罕見的宗教思想家，他憑藉對道教的反省，更明確地為老莊之學貫注了宗教關懷的面向，這也就是『玄學的嵇康』最大的創造與貢獻所在。」〔註 33〕

藉由謝大寧由〈養生論〉、〈答難養生論〉分析嵇康由受到道教思想的影響，進而認為嵇康回歸於主體價值實踐的關懷，發展出以自然作為人文世界之價值實踐的可行性，並以此價值立場作為反對名教作為價值的取向。在謝先生的推論中，他很巧妙地將嵇康所說的自然與名教的意含，轉化為主體價

〔註 29〕「面向」為謝大寧先生書上的用語，為尊重原著因此在此也沿用。

〔註 30〕謝大寧，《歷史的嵇康與玄學的嵇康——從玄學史看嵇康思想的兩個側面》（1997），頁 19～52。

〔註 31〕謝大寧，《歷史的嵇康與玄學的嵇康——從玄學史看嵇康思想的兩個側面》（1997），頁 52。

〔註 32〕「嵇康已將道教所追求的歸返於一樸素自然之神格性的、非人文的價值實踐，修改為一純屬人文世界的，對一主體人格的價值關懷。……不過，筆者以為更為重要的一點，則是由於嵇康依一主體之價值實踐，而建立了一個新的終極關懷，於是他能取得一個新的價值立場，以反對名教之作為一個價值。」謝大寧，《歷史的嵇康與玄學的嵇康——從玄學史看嵇康思想的兩個側面》（1997），頁 110～111。

〔註 33〕謝大寧，《歷史的嵇康與玄學的嵇康——從玄學史看嵇康思想的兩個側面》（1997），頁 112。

值觀的探索，由此而說嵇康突出的自然與名教之爭，實爲價值取向的轉化——亦即嵇康不再接受傳統以追求「名教」這一價值，轉而推崇以「自然」當作主體人格的價值實踐。

由此來說，「越名教而任自然」的重點，在於順任「自然」，因此，筆者認爲統整嵇康對於「自然」的看法，將有助於理解嵇康關於如何順任自然的看法。如其一，〈養生論〉中，說到：「似特受異氣，稟之自然，非積學所能致也。」又如：「中智以下，謂之自然」。〔註34〕其二，嵇康在〈答難養生論〉也有關於「自然」的論述，說到：「感而思室，饑而求食，自然之理也。」其後有言：「夫俟此而后爲足，謂之天理自然者，皆役身以物，喪志于欲，原性命之情，有累于所論矣。……今昔以從欲爲得性，則渴酌者非病，淫湎者非過，桀、跖之徒皆得自然，非本論所以明至理之意也。」以及：「故順天和以自然，以道德爲師友，玩陰陽之變化，得長生之永久，任自然以托身，并天地而不朽者，孰享之哉？」〔註35〕其三，〈太師箴〉指出：「宗長歸仁，自然之情。故君道自然，必托賢明。」〔註36〕其四，〈聲無哀樂論〉提到：「夫五色有好醜，五聲有善惡，此物之自然也。」〔註37〕其五，〈琴賦〉中說到：「夫所以經營其左右者，固以自然神麗，而足思願愛樂矣。」以及：「更唱迭奏，聲若自然。」〔註38〕其六，在〈管蔡論〉指出：「夫管、蔡皆服教殉義，忠誠自然。是以文王列而顯之，發旦二聖，舉而任之。」〔註39〕

綜合來說，嵇康在六篇文章中提出到「自然」的意涵，可以歸結爲兩層意涵，宇宙層面和社會層面〔註40〕，分別解說：第一，用於宇宙的層面，嵇

〔註34〕〈養生論〉，參看：戴明揚（校注），嵇康（魏）撰，《嵇康集校注》（1978），頁143～160。

〔註35〕〈答難養生論〉，參看：戴明揚（校注），嵇康（魏）撰，《嵇康集校注》（1978），頁168～195。

〔註36〕〈太師箴〉，參看：戴明揚（校注），嵇康（魏）撰，《嵇康集校注》（1978），頁309～314。

〔註37〕〈聲無哀樂論〉，參看：戴明揚（校注），嵇康（魏）撰，《嵇康集校注》（1978），頁196～233。

〔註38〕〈琴賦〉，參看：戴明揚（校注），嵇康（魏）撰，《嵇康集校注》（1978），頁83～111。

〔註39〕〈管蔡論〉，參看：戴明揚（校注），嵇康（魏）撰，《嵇康集校注》（1978），頁244～255。

〔註40〕嵇康所言的「自然」除了可以分爲兩種層面，謝大寧認爲嵇康用「自然」一詞分別有四義：第一，「工夫論上的境界義」；第二，「由上說無執無爲之境界

康受到漢以來氣化宇宙論的影響，將「自然」視爲萬物之本質，氣化流行使萬物之所以爲萬物的根源——如「似特受異氣，稟之自然，非積學所能致也」（〈養生論〉）、「故順天和以自然，以道德爲師友，玩陰陽之變化」（〈答難養生論〉）、「夫五色有好醜，五聲有善惡，此物之自然也。」（〈聲無哀樂論〉）；第二，嵇康在社會層面，將「自然」作爲人的本性自然而言——如「中智以下，謂之自然」（〈養生論〉）、「感而思室，饑而求食，自然之理也」（〈答難養生論〉）、「故君道自然，必托賢明」（〈太師箴〉）、「夫管、蔡皆服教殉義，忠誠自然」（〈管蔡論〉）。

筆者認爲謝大寧將嵇康的「自然」作爲主體追求與實踐的價值，確實是有力的推論，不過，筆者認爲不需要通過說明宗教對於嵇康的影響，即可論證「自然」作爲主體追求的價值。因爲以嵇康對於現實情狀的關懷來說，嵇康意識到社會中存在著許多複雜糾結的事，常常有可能出現公私不明的狀況，因此，提出「心無措是非」、「顯情爲公」的君子行爲，作爲人們選擇行爲時的典範，這是將「公」，即「顯情」視爲「自然」落實於人文世界中所呈顯出的價值意義；嵇康是將「自然」作爲主體追求的價值，並且配合「公成而私敗」的歷史事實，給予人們追求順任自然的動力。嵇康基於對於「自然」的推崇，將「名教」視爲對人之本性的約束，所以筆者認爲嵇康提出「越名教而任自然」的重點，在於對「自然」，也就是人之自然本性的追求與推崇。根據嵇康的視角，他沒有將「名教」與「自然」至於同一個價值，他總是認爲「自然」的價值高於「名教」，所以他沒有要嘗試調和「名教」與「自然」的態度。

義所反照回去，而說之天地之太朴無爲的境界」；第三，「大抵相當於今天所謂自然科學所說之大自然」；第四，「性命自然」。謝先生詳細的分析說到：「表面上看，此義【第三義】和前述兩義似乎只是一義之轉，實則完全不然。蓋第二義的要旨乃在它的無執工夫之反照，也就是說此義所說之天地自然，其重點乃是在天地之無爲上。但第三義所說之天地自然，恰好是著眼在天地之有所爲上：兩相對比之下，則第三義之自然在第二義言，恐怕正好是所謂的『他然』。也正是在此義上，乃使自然義有了和『氣化論』相接筍的機會，這是必須特別注意的義理脈絡。然後，嵇康的第四義——性命自然義，也有了落腳處。」謝大寧將嵇康使用「自然」的用法與習慣，歸納爲工夫論上的境界義、修養義，以及大自然與性命自然等四義，這可說是以後設的方法分析嵇康的文本，如此一來，文本中的義理得以疏理。這樣的細分可說是宇宙與社會層面兩種分法的擴充，將宇宙層面細分爲大自然與境界義，將社會層面進而分爲性命自然與無執工夫之修養義，說明嵇康使用「自然」詞彙的多重意含。參看：謝大寧，《歷史的嵇康與玄學的嵇康——從玄學史看嵇康思想的兩個側面》（1997），頁 16～18。

第三節　名教、自然之爭被顯題化（Thematization）〔註41〕所具有的時代意義

　　魏晉時期風行清談，當時盛行的清談議題中，自然與名教是重要的議題之一。由此，引發筆者思考爲什麼魏晉名士會關注自然與名教的問題？而且，其關注的焦點爲何？根據歷史的發展時程，魏晉玄談的風潮並非單一的發展，正始年間以何晏、王弼爲代表的正始玄學，理論上多以《周易》、《老子》爲根據；幾乎同一個時期，以阮籍、嵇康爲首的竹林七賢也蓬勃發展，理論上以《老子》、《莊子》爲主。何晏的著作沒有完整地保留下來，因此難以斷定他完整的主張〔註42〕，王弼有許多重要的著作傳世，以「以無爲本」、「崇本以息末」的論述最爲著名；嵇康則提出「越名教而任自然」的主張。由此，直接在文章中討論自然與名教的問題，以王弼與嵇康爲主。接續著上一節對於嵇康之「越名教而任自然」的分析，在此將分別由嵇康與王弼對於自然與名教的探討，說明討論名教、自然之爭所具有的時代意義。

一、王弼以「崇本息末」論述自然與名教的關係

　　王弼提出「以無爲本」、「崇本以息末」的觀點，多數學者認爲王弼具有調和「名教」與「自然」的想法，這多是根據《王弼老子注・三十八章》說到：「夫載之以大道，鎮之以爲名，則物無所尙，志無所營，各任其貞，事用其誠，則仁德厚焉，行義正焉，禮敬清焉。」〔註43〕王弼將「大道」作爲萬物的根源，使得萬物能有所依據，「仁德」、「義」與「禮」能流行於人間，由此認爲王弼的思想是「自然爲本、名教爲末」、「自然爲體、名教

〔註41〕顯題化（Thematization）一詞出自胡塞爾，關於這個概念於本論文的運用請詳見「中、西方傳統研究方法的運用」。在此，僅依「顯題化」概念的特性，說明嵇康將名教與自然矛盾的議題，由原本模糊不清的狀況，作爲正題進行討論與分析。

〔註42〕何晏的著作僅《論語集解》完整保留，余敦康先生認爲這是一本集解性的書，不能充分地展現何晏的思想，余先生以爲何晏的《道德論》（或《道德二論》）、《老子注》，才是何晏重要的玄學著作，不過可惜全文沒有流傳下來，僅在張湛的《列子注》中保存了兩個片段：其一，《列子・天瑞篇》張湛注引何晏《道論》；其二，《列子・仲尼篇》張湛注引何晏《無名論》。參看：余敦康，《魏晉玄學史》（北京：北京大學出版社，2004），頁 56～71。

〔註43〕《王弼老子注・三十八章》參看：樓宇烈（校釋），王弼（魏）撰，《王弼集校釋（上、下冊）》，（北京：中華書局，1980），頁 94。

爲用」。〔註44〕

王弼傳世的《老子道德經注》、《老子指略》、《周易注》、《周易略例》和《論語釋疑》等著作。〔註45〕王弼對於經典的理解不僅是「以經注經」的注解，他同時在注解之中闡釋思想觀點，進而建構其玄學體系，如王弼在《道德眞經注・十四章》說到：「欲言無邪，而物由以成。欲言有邪，而不見其形。」〔註46〕王弼將萬物存在的狀態視爲「有」，「無」是相對於萬物存在狀態的本原，從而提出「以無爲本」（《道德經注・四十章》〔註47〕）、「崇本以息末」（《老子指略》）。王弼「以無爲本」的論點出於《道德眞經注・四十章》，說到：「天下之物，皆以有爲生。有之所始，以無爲本。將欲全有，必反於無也。」〔註48〕王弼的此一註解融合了老學中「反者道之動」與歸根、復命的精神，〔註49〕說明「道」具有作爲萬物起始，以及萬物消滅回歸之所在的雙重意涵。因爲當「道」作爲萬物的起始，因爲它是相對於萬物存在狀態而言的，所以稱爲「無」；當「道」作爲萬物回歸的歸屬，意指萬物發展到極致時會逐漸地老化、

〔註44〕 有學者以爲王弼的思想是「自然爲本、名教爲末」、「自然爲體、名教爲用」，甚至具有「名教出於自然」的觀點。由於「名教出於自然」一詞從未出現在王弼著作之中，因此，筆者認爲不適合直接以「名教出於自然」，來說明王弼對於自然與名教的態度，當代學者謝君直在〈王弼思想型態再分判〉，也質疑以「名教出於自然」置於王弼思想整個脈絡的論證效力。雖然以「名教出於自然」不適合用來說明王弼的論點，不過，王弼具有調和自然與名教的立場，可說是當代研究的共識了，如湯一介指出何晏、王弼的思想具有調和「自然」與「名教」的意圖；許抗生則認爲王弼是「以道家的自然無爲之治挽救名教綱常的危機」。在此，筆者認爲使用王弼所倡本末、體用的概念，解釋王弼具有調和自然與名教是比較適切的看法，正如「自然爲本、名教爲末」、「自然爲體、名教爲用」的提出，皆是具有解決自然與名教對立或衝突的論述。參看：(1)湯一介，《魏晉玄學論講義》（2006），頁 94～95。(2)許抗生，《魏晉思想史》（1992），頁 129～133。(3)謝君直，〈王弼思想型態再分判〉，《揭諦》第九期，（嘉義：南華大學哲學與生命教育學系出版，2005），頁 125～152。

〔註45〕 參看：王弼《道德眞經注》收錄於《道藏》中，在此參考：樓宇烈（校釋），王弼（魏）撰，《王弼集校釋》（上、下冊）（北京：中華書局，1980）。

〔註46〕 樓宇烈（校釋），王弼（魏）撰，《王弼集校釋》（上、下冊）（1980）。

〔註47〕 《道德經・四十章》通行本：「天下萬物生於有，有生於無。」郭店出土的《老子》簡本，此句爲「天下之物生於有、生於無」，與通行本的概念有顯著的不同。有學者認爲「有生於無」的思維可能是後世註釋者補上的。在此，因著重於王弼的思想，故也就不在《老子》文本何者較爲正確的問題上論證了。

〔註48〕 樓宇烈（校釋），王弼（魏）撰，《王弼集校釋》（上、下冊）（1980）。

〔註49〕 「反者道之動」出自《老子・四十章》；「夫物芸芸，各復歸其根。歸根曰靜，是謂復命。復命曰常，知常曰明。」出自《老子・十六章》。

崩壞甚至毀滅，但萬物形體的消滅並不意味萬物的消失，而是萬物回歸於「道」，萬物回歸的歸屬，乃是相對於有形體的「有」，也就是回返到「無」的狀態。

王弼以「以無爲本」、「崇本以息末」的觀點，延伸出本末、體用的論述，用以說明「無」與「有」不是割裂的關係，而是如同母子、本末、體用等不可分割的，如《道德眞經注・三十八章》中說到：「守母以存其子，崇本以舉其末，則形名俱有，而邪不生。大美配天，而華不作。故母不可遠，本不可失。」又如王弼在《老子指略》說到：

> 故其大歸也，論太始之原以明自然之性，演幽明之極以定惑罔之迷。
> 因而不爲，損而不施；崇本以息末，守母以存子；賤夫巧術，爲在未有；無責於人，必求諸己；此一大要也。〔註50〕

王弼將「無」視爲「本」、爲「母」、爲「體」；萬物存在的狀態則爲「末」、爲「子」爲「用」。王弼認爲守住萬物之母的「道」，是萬物得以存在的根基、本原；崇尚本原，使得由「道」而生的萬物得以獲得存在的可能與支撐；守住了關於本源的道理，形體與名稱才不會發生偏邪。由此，王弼以爲天地之間的運作，不可以遠離本原，因此理解天地的變化，也要由本原著手。王弼是由萬物已存的狀態，去推想萬物的本原，並認爲通過理解、掌握本原的道理，可以類比的理解個人在人世間的困惑，便能清楚地分辨壞人、巧術，以及責任的歸屬。

王弼思想的重要性，普遍受到當代學者的推崇，如牟宗三說到：

> 普通只從「無」或「自然」說道，很少注意此經文所說道之有性。說到有，則從「物」說；「有形有名」亦從物說，蓋何以能說道爲有形有名，因而爲之有乎？如是，「有」只成爲一對于萬物之虛飾詞，無獨立之實義。但經文及王注確實是就道說有，此有即道之「有」性也。道亦是無，亦是有，因而亦爲始，亦爲母。無與有，始與母，介就道而言也。此是道之雙重性。就天地向後返，後返以求本，則說無說始；關聯著萬物向前看，前看以言個物之成，則說有說母。〔註51〕

牟宗三指出一般研究多從「無」或「自然」說道，而王弼的注解同時關注了「道之無性」與「道之有性」，將老學「道的雙重性」解釋更爲清楚；同時也

〔註50〕樓宇烈（校釋），王弼（魏）撰，《王弼集校釋》（上、下冊）（1980）。
〔註51〕牟宗三《才性與玄理》（2000），頁131。

更能說明老子提到「同出而異名」的意義。因爲王弼「以無爲本」的主張，並不是要造成無、有的割裂，反而因爲無、有的對比而能緊密相連，這是將《道德經》中對於萬物之根源的探索，進一步作了系統性的建構，更好的詮釋強以爲名的「道」如何既作爲萬物的根源，同時亦爲萬物回返的本原，有了清晰的區分與詮釋。

再者，林麗眞融入西方宇宙論、形上學的概念，分析王弼詮解「無」的重要性，說到：

> 第一：就宇宙論的角度來說，在萬物未形無名之時，「道」（「無」）既先物而有，且含生物之性而爲萬物之所由出，這正表明「道」具先在性與獨存性。換言之，此時「道」或「無」，是當作天地萬物之上、之外而可生出天地萬物的一個至高無上的「精神性實體」來看待的。……第二：就形上學的角度，在萬物有形有名之時，「道」爲長、育、亭、毒萬物之母，是萬物動作、生長、變化的形上規則。……他用「以無爲用」來說明「有」，就是說「無」（道體）的「用」（道用）就表現在「有」（萬物）上面。換言之，這時「道」（「無」）與「物」（「有」）的關係，應當是「體」與「用」的關係。……道的全體大用，在「無」界中，是即用顯體；在「有」界中，是即體顯用。「無」是「本」，是「體」；「有」是由本體所發的「末」、「用」。「無」與「有」二者，本末不離，體用如一的。〔註52〕

林麗眞除了引入西方宇宙論、形上學的觀點，同時延伸牟宗三「道體」的概念以及王弼所解釋「道的雙重性」，以本末、體用的概念進行分析，進而得出王弼的道體具有宇宙論與形上學的雙重意義。就宇宙論的意義來說，林麗眞認爲「『無』是『有』之外的獨立實體」；就形上學的意義來說，林麗眞認爲「『無』是『有』之中的形上規律」。〔註53〕林麗眞更指出王弼之所以可以將二者合而爲一來論述的關鍵，在於王弼繼承《老子》「有無相生」的宇宙觀，將實體性意義的「無」轉用規律性的「無」取代，淡化了「有生於無」的說法，而強化了「以無爲本」的理論。〔註54〕

〔註52〕林麗眞，《王弼》（台北：東大圖書出版社，1988），頁45～46。

〔註53〕林麗眞，《王弼》（1988），頁46。

〔註54〕林麗眞老師在書中分析說到：「王弼之解道體，顯然是有宇宙論與形上學的雙重意義。就宇宙論的意義來說，『無』是『有』之外的獨立實體；就形上學的意義來說，『無』是『有』之中的形上規律。看來，這兩個觀念原是互相排斥

　　由林麗眞的論述，可以了解王弼突顯「以無爲本」而淡化「有生於無」的好處。「有生於無」的宇宙觀中，「無」的實體概念與現象的「有」如何連結，一直是《老子》思想中備受關注與質疑的問題。雖然，如若以《老子》「反者道之動」說明形上的「道」的規律性，使得實體的道體能與現象連結。因此，王弼突顯「以無爲本」、「崇本息末」的好處有兩點：其一，無需強調「無」作爲本原的意義；其二，淡化「有生於無」可能形成「無」與現象割裂的錯覺。由此，王弼以「崇本息末」當作詮釋《老子》思想的主軸。〔註55〕

　　其次，余敦康認爲王弼「崇本息末」的觀點，顯示了以「本體思維」解釋《周易》和《老子》思想的貢獻。〔註56〕不過，余先生認爲王弼「崇本息末」的命題，乃是何晏「以無爲本」的進一步發展和具體的應用，因此，認

的，然而王弼卻將二者合而爲一。此中的主要關鍵，乃在王弼繼承《老子》『有生於無』的宇宙觀時，特將實體意義的『無』轉用規律意義的『無』去取代。他淡化了『有生於無』的說法，而強化了『以無爲本』的理論。」林麗眞，《王弼》（1988），頁46。

〔註55〕近代學者多數同意此觀點，在此引用王曉毅先生與余敦康先生的論述。王曉毅先生在書中說到：「王弼認爲：『崇本息末』是貫穿《老子》一書的主導思想。抓住了這個主旨，才能統帥、駕馭洋洋五千字全書。」余先生不僅認同王先生的觀點，並進而考察「本末」問題的發展，說到：「王弼把《老子》五千言概括成一句話，叫做『崇本息末』，這與孔子把《詩》三百概括成『思無邪』如出一轍。但是，我們在《老子》五千言中，卻找不到『崇本息末』的提法。……實際上，『崇本息末』這個命題不見於先秦，而流行於漢魏之際。東漢末年，王符首先提出了這個命題，他說：『凡爲治之大體，莫善於抑末而務本，莫不善於離本而飾末』，『故明君蒞國，必崇本抑末，以遏亂危之萌。此誠治亂之漸，不可不察也。』《潛夫論‧務本》」參看：（1）王曉毅，《王弼評傳》（1996），頁230。（2）余敦康，《魏晉玄學史》（北京：北京大學出版社，2004），頁121～122。

〔註56〕余敦康先生稱王弼的思想爲「解釋學」，余先生在文中說到：「王弼找到了一種有無互訓的方法解決了孔老之間的矛盾，而且照顧到當時以儒學爲核心的傳統的價值觀念，表面上看來確實是機智的，但是其中蘊含著一種十分深刻的本體思維。這種本體思維是何晏、裴徽等人所無而爲王弼一人所獨有的。王弼正是由於憑藉這種本體思維才取得了實質性的突破，不僅全面地解釋了《周易》和《老子》，而且使這兩部經典中的本體論思想形成一種有無互補的關係，結合時代需要展開爲與漢代神學目的論大異其趣的新的內聖外王之道。如果說何晏的『以無爲本』的命題揭開了玄學思潮的序幕，那麼玄學的成熟應該是以王弼對裴徽的這個回答爲標誌的。《周易》和《老子》這兩部經典作爲理解的客體，其中確實蘊含著豐富的本體論思想。爲了把其中的本體論思想發掘出來，理解的主體自身也必須上升到本體思維的高度，才能得到真正的理解。」余敦康，《魏晉玄學史》（2004），頁119。

爲王弼的玄學思想高於何晏之處，不在於抽象思維的程度，而在於結合具體的能力更強。〔註57〕又如王曉毅對於王弼玄學體系的整體分析來看，說到：「『辨名析理』，是其邏輯思維方式；『得意忘言』，是其解釋經典的工具；『本末體用』，是其解決本質與現象關係的哲學思路。」〔註58〕王曉毅認爲王弼提出「得意忘言」意在說明能抓住經典的本意，則無需拘泥於文字；「以無爲本」、「崇本息末」說明本體與現象之間的緊密關係，這種緊密的關係是「本體思維」爲根本，萬物皆爲本體的延伸即爲末、爲用的概念，形成本不離末、末不離本的關係。由王曉毅的詮解，無論是「得意忘言」或是「以無爲本」、「崇本息末」的思維模式，皆證明王弼具有高度抽象思維的能力。

綜合上述的研究成果來說，王弼「以無爲本」、「崇本息末」的觀點，可說將漢代以來重視宇宙生成論與宇宙構成說的發展，推向宇宙論與形上學合一的理論建構。在王弼「崇本息末」的理論建構下，本體與現象不再支離、割裂，「崇本息末」蘊含了本末不離、體用合一的思維。由此，筆者認爲王弼思想的貢獻，在抽象思維的面向更爲突出。因此，無論由「以無爲本」、「崇本息末」，對於突顯「道」之雙重性的貢獻；或者用規律性的「無」，取代實體性意義的「無」；亦及以「得意忘言」的跳脫現象抓住本原，說明「崇本息末」的現象是本體的延伸等。這些論述皆可以看到王弼抽象思維的能力，王弼藉由抽象思維，說明「本、末」、「體、用」緊密相連的關係。

最後，以「本、末」、「體、用」，來探討王弼對於自然與名教的討論。王弼以「自然」爲本、爲體，「名教」爲末、爲用，如《道德眞經注・三十八章》說到：「仁義，母之所生，非可以爲母。」又如《道德眞經注・三十二章》中：

〔註57〕余敦康先生的論述原文：「『崇本息末』這個命題是『以無爲本』的進一步的發展和具體的應用。『以無爲本』則是『崇本息末』的必要的理論前提。如果不首先確立『無』爲萬物之本的觀念，『崇本』便無從談起。但是如果不充分探索無與有、本體與現象的各種關係，所謂『以無爲本』便成了毫無內容的空疏貧乏的抽象。固然『以無爲本』通過思辨的形式反映了人們對統一的理想，突破了神學目的論的束縛，在哲學史上的意義不可低估。但是，如果不把這條原理具體化爲世界觀的各種形態，貫徹到謀略思想、政治哲學、人生哲學以及認識領域中，只是像咒語一樣顚來倒去不斷重複，是絕不會有生命力的。哲學的生命力在於它對社會實際生活所起的作用，而不在於它的思辨性的程度。『以無爲本』的思辨性雖高，如果不用於社會實際生活，至多只能成爲少數知識分子的概念的游戲。因此，『以無爲本』這條原理需要具體化，這既是社會歷史的要求，也是哲學發展自身的邏輯要求。」

〔註58〕王曉毅，《王弼評傳》（1996），頁193。

「始制，謂樸散始爲官長之時也。始制官長，不可不立名分以定尊卑，故始
制有名也。」〔註59〕王弼認爲「自然」與「名教」是緊密相連的，以「自然」
作爲「名教」的本原、出處，而「名教」則爲「自然」之末、之用。〔註60〕
這也就是多數學者認爲王弼具有調和「自然」與「名教」之關係的態度。而
且，王弼調和自然與名教的主張，很可能是他的政教理想，如林麗眞說到：

> 他（王弼）以爲有了自然無爲之心，就可以自由地運作名教，這只
> 能說是他的政教理想。難怪當他注《易》時，一方面固然以〈十翼〉
> 的儒理解經，一方面也盡量牽合《老》旨，想把名教與自然兼容並
> 蓄，融合爲一。……其實，他所採的觀念，就在以「自然」爲體爲
> 本，以「名教」爲用爲末；然後依據「體無用有」「崇本舉末」的原
> 則，便足以把自然與名教的關係說得好像本末有序，好像體用一致
> 了。〔註61〕

林麗眞認爲王弼以傳（〈十翼〉）注解《周易》經文，是以儒學的學理解讀《周
易》，同時王弼並未放棄「崇本息末」的概念，而這種重視本體的思維正好是
牽合了老學思想的旨趣。〔註62〕因此，藉由本末、體用的原則，自然與名教
不再分割，而有了緊密的關係。

　　筆者以爲王弼活動於正始時期，當時著名的名士還有何晏、夏侯玄，他
們皆在朝爲官，且對王弼的才華很賞識。此時清談雖然很重視反思漢代以來
儒學僵化的問題，卻沒有直接將包含儒學的「名教」，完全排斥在「自然」之

〔註59〕 樓宇烈校釋，〔魏〕王弼，《王弼集校釋》，《道德經注・三十八章》，頁93～95；
　　　　《道德經注・三十二章》，頁81～82。

〔註60〕 正如郭梨華老師的分析：「王弼是主張『名』本於『自然』，萬有本於『無』；
　　　　若就『教』之爲『不言之教』而言，由於物性自然，物又以其形而有名，別
　　　　析性所具有之有限、侷限就在呼求復歸本源之要求下，藉由不言之教、無爲
　　　　爲化以順物自然返歸『無』，換言之，『名』藉由自然之不言之教轉化、返歸
　　　　『自然』，萬有藉由不言之教將自性中之自然顯示出來而在本根義上達到返本
　　　　──『無』。」郭梨華，《王弼之自然與名教》（台北：文津出版社，1995），
　　　　頁149。

〔註61〕 林麗眞，《王弼》（1988），頁75。

〔註62〕 林麗眞老師在王弼《周易》的注解中，分別以「以傳解經──不廢名教」、「援
　　　　老入易──崇本貴無」說明王弼的思想融合了儒學與老學，詳細內容在書中
　　　　第四章「周易注分析」第三節「『崇本息末』原則在易學思想上的發揮」。由
　　　　於本篇論文著重在嵇康思想的考察，關於王弼思想如何融通儒學與老學的部
　　　　分，已經偏離了論文的主軸，因此在此就不再繼續論述。參看：林麗眞，《王
　　　　弼》（1988），頁115～137。

外；或者是將「名教」與「自然」視爲對立的風氣。這也就是王弼既注解《周易》、《論語》（目前以亡佚），也注解《老子》，並且在王弼本末不離、體用合一的理論架構下，一方面「名教」的落實與推行，有了「自然」當作根源；另一方面，以「自然」作爲反思、檢驗名教的原則。如此，王弼認爲自然與名教的關係不僅有秩序，而且能達到體用一致的狀態。

二、「越名教而任自然」所突出對於個體生命的關懷

魏晉時期重視個人特質、個人的特性，並將個人視爲一個獨立的個體，皆是逐步發展而成的，如劉劭的《人物志》可說是由漢末發展到魏初的思想結晶。《人物志》將人的外形容貌與道德品德連結，詳細的論述人的各種風貌與姿態。〔註63〕牟宗三先生認爲《人物志》是：「關於人的才性或體別、性格或風格的論述」〔註64〕，並指出《人物志》對於人物的品鑑是將人當作一個「個體的人」來看待，甚至有如欣賞藝術品一樣地看待每個人。〔註65〕羅宗強進而分析由漢末到《人物志》的重要發展，說到：「從清議的種道德到人物品評的重道德又重才性容止，反映著從經學束縛到自我意識的轉化。反映由道德判斷到既重道德判斷又重才性容止鑑賞的轉變的，是劉劭的《人物志》。」〔註66〕這意即《人物志》開啓魏晉初期將人視爲「個體」的品鑑風氣，持續至南北朝時期的《世說新語》，也呈現這股品議個人行爲的風氣。

由於《人物志》的普遍發展，正始時期名士間仍維持這種相互品評的習

〔註63〕《人物志·九徵》中說到：「骨植而柔者，謂之弘毅；弘毅也者，仁之質也。氣清而朗者，謂之文理；文理也者，禮之本也。體端而實者，謂之貞固；貞固也者，信之基也。筋勁而精者，謂之勇敢；勇敢也者，義之決也。色平而暢者，謂之通微；通微也者，智之原也。五質恒性，故謂之五常矣。五常之別，列爲五德。是故：『溫直而擾毅，木之德也。剛塞而弘毅，金之德也。愿恭而理敬，水之德也。寬栗而柔立，土之德也。簡暢而明砭，火之德也。』」參看：陳喬楚註譯，劉劭〔魏〕，（台北：台灣商務印書館，1996），頁18～22。

〔註64〕牟宗三，《才性與玄理》（2000），頁44。

〔註65〕牟先生在文中說到：「每一『個體的人』皆是生命的創造品，結晶品。他存在於世間裏，有其種種生動活潑的表現形態或姿態。直接就這種表現形態或姿態而品鑑其源委，這便是『人物志』的工作。這是就個體的生命人格，整全地、如其爲人的品鑒之。這猶之乎品鑑一個藝術品一樣。人是天地創生的一個生命結晶的藝術品。我們也需要直接地品鑑地來了解之。這種了解才是眞正關於人的學問，乃是中國學術文化中所特著重的一個方向。」參看：牟宗三，《才性與玄理》（2000），頁44。

〔註66〕參看：《玄學與魏晉士人心態》，（1992），頁75～76。

慣，筆者認爲在魏晉這股品鑑個體的風潮中，嵇康的思想更具有承先啓後的
意義。因爲由名教與自然的議題來說，嵇康則是提出「越名教而任自然」的
觀點，以特殊詮釋的「公私之理」來突顯自然與名教的矛盾。〔註 67〕嵇康的
「公私之理」不是著重於評鑑任何一個其他的個體，而是將個體作爲自身思
考的起點，思考個體面對社會、政治變化時，如何尋求精神的安頓。因此，
嵇康「越名教而任自然」的基石，在於「任自然」；而「任自然」的思維即從
個人面向現實社會、面向天地山林，意識到自己所處的環境，清楚地面對自
己的立場，勇於選擇自己想要的生活。由此，筆者認爲可由兩個方向，來說
明嵇康提出「越名教而任自然」的時代意義，分述如下：

其一，從時代背景來說：嵇康的妻室是曹氏宗親，雖然不代表嵇康在政
治立場上必然傾向曹魏，但在司馬氏與曹氏的政治鬥爭中，嵇康的身份實在
難以置身事外，所以當司馬氏逐漸地取得政治上的優勢，嵇康的處境就更爲
艱難了。司馬氏非常懂得善用「名教」來鞏固好不容易奪得的勢力，一方面，
以「名教」之名，推薦知識份子擔任官職，來籠絡士人；另一方面，以「名
教」之名，壓迫或剷除異己〔註 68〕。司馬氏的政治行動，讓知識份子愈來愈
能感受到的政治脅迫，也就不再嚮往正始玄學，對於宇宙本體的探索、調和
自然與名教的觀點。此時，嵇康提出「越名教而任自然」，既突顯了司馬氏對
於「名教」的濫用，也提供名士對於任「自然」的嚮往。因此，就時代的意
義來說，嵇康提出「越名教而任自然」，反映了自然與名教趨於矛盾的實存現
況，提供知識份子反省實存困頓並解決此一矛盾的方向。

其二，由思想發展來說：在魏晉清談、清議的文化思潮下，漢代儒家經
學對於士人的束縛有逐漸鬆綁的趨向，因此王弼以自然爲本、名教爲末的思
維，具有調和儒道、自然與名教的想法。然而，隨著魏晉名士對於三玄（《周
易》、《老子》、《莊子》）的討論，名士們有愈來愈擺脫「名教」約束，找尋個
體價值的傾向；嵇康的思想也是在這一個思想發展的脈絡中，嵇康較爲重視
《老子》、《莊子》，重視自我意識的覺醒，試圖擺脫「名教」約束，重視任「自

〔註67〕關於嵇康以特殊的詮釋「公私之理」，突顯自然與名教的矛盾的論述，請參見
　　　　本論文的第一章。
〔註68〕關於竹林玄學時期，司馬氏利用名教的名義排除異己的考證資料，交互參照：
　　　　(1)曾春海《嵇康》（2000），頁 56～62。(2)湯一介，《魏晉玄學論講義》（2006），
　　　　頁 126～138；(3)余敦康，《魏晉玄學史》（北京：北京大學出版社，2004 年），
　　　　頁 299～309。

然」，隨順自然本心的發展。因此，嵇康提出「越名教而任自然」，是由個體生命的實存困境進行反思，將論述關注的焦點回到個體生命的關懷。

嵇康選擇突顯「自然」與「名教」的矛盾，抨擊名教對於士人思想的壓抑，高揚個體自由的可貴。這可說是反映了時代的需求與呼聲，甚至是「一個自我意識的覺醒運動」〔註69〕，而所謂「自我意識的覺醒」，在於個體能展現批判的精神，徹底地反省現況，余敦康說：「通過這種求索充分地揭露了名教與自然、必然與自由、自在與自為、現實與理想的各種矛盾。」〔註70〕由此，「越名教而任自然」蘊含自我意識的覺醒，突出了個體自性的重要性，同時提供了順任自性發展的合理性。

小結

本章由〈釋私論〉中嵇康重新定義的「公私之理」進入，認為嵇康是因為意識到社會中許多模糊不清的現狀，以及許多公私不明的實況，從而重新思考關於公私、是非、顯情、匿情等概念的界定。為了區別以往不易定義的行為，嵇康提出以「其用心」，也就是追朔行動時內心的想法，作為衡量是、非的標準（「論其用心，定其所趣」），進而提出「公成而私敗」的論述。

首先，嵇康藉由顯情、隱情來定義的「公」或「私」，並區分「公」、「私」和「是」、「非」的不同。因此，本章將「公」、「私」和「是」（善）、「非」分別重組，可以分別說明四種行為型態：推崇心懷善意、顯情為公的君子，A類；貶抑心有措為非、且匿情為私的小人，D類；心中有措為非、但顯情的C類，可稱為「真小人」；以及心懷善意、卻匿情為私的B類，可稱為「偽君子」。〔註71〕

〔註69〕 余敦康先生在此一部份的論述中，尚未將嵇康、阮籍的思想作一分別，他認為兩人在「自我意識的覺醒」，此一論題上皆具有貢獻。余先生他在其後的推論中，有詳盡分別地說明的嵇、阮各自的思想。參見余敦康，《魏晉玄學史》（2005），頁311。

〔註70〕 余敦康，《魏晉玄學史》（2005），頁311。

〔註71〕

選擇的行為 ＼ 心態	善／是	非
公（顯情）	A	C
私（匿情）	B	D

　　再者，根據嵇康當時的社會狀況來說，嵇康對於「公」、「私」和「是」（善）、「非」分別，相當具有時代意義。正始時期政治雖有動盪，社會風氣當然是會贊同君子（A 類）的行爲典型，大約也可以區別「眞小人」（C 類）、小人（D 類）的行爲，所以王弼嘗試調和自然與名教，以「名教」約束小人的觀點似乎順理成章；不過，司馬氏與曹魏家族的政治鬥爭一直沒有平息，甚至越來越嚴重，尤其司馬家族掌握主要的政治勢力後，常以推崇「名教」，尤其是多以孝道爲主，但事實上司馬家篡位的事實完全是違背孝道的宗旨，由此可說嵇康特別論述崇尚虛名的「僞君子」（B 類）的行爲類型，具有反思當時的社會狀況，如反思司馬家篡位的重要意義。

　　最後，由嵇康借古說今、論證眞小人比僞君子還要容易獲得世俗的美好，可以看出嵇康迂迴地由現實情況的反省闡釋己見﹝註72﹞，並藉由區分公私與是非之理的不同，特意地突顯順任自然的「公」、「顯情」才是值得追求的價值，反襯出司馬家族借「名教」之名的虛僞，這是嵇康以「公私之理」，作爲突出「名教」與「自然」之爭的基礎。﹝註73﹞由此來說「越名教而任自然」的提出，嵇康是將「自然」與「名教」之爭顯題化，藉由揭開司馬氏倡導變質的「名教」，由名士們受到司馬氏之「名教」掌控的不自由、不自在和不自然，突出當時「名教」的內涵已經異化的事實，從而伸張追求個體自性的價值，順任「自然」的重要性。

﹝註72﹞ 嵇康的思想多由「實存（existential）問題」進行反思，關於這種思維方式筆者在「研究方法與觀點設限」中有詳細的說明，重要的是，筆者並非要援用存在主義（Existentialism）分析嵇康思想，而是藉由此嵇康與莊子思維模式的相近之處，指出嵇康思想對於魏晉時期莊子學風興盛的貢獻。

﹝註73﹞ 由嵇康現存的文獻中，我們無法斷定他的政治立場是否歸於曹魏一派，但可以確定的是，嵇康絕對反對以名教控制思想，或者以名教殺人的政權。

第二章 「越名任心」的人生觀

前言

　　當代自湯用彤以「有、無」問題，作爲研究魏晉玄學發展的主要脈絡，此後許多學者多依此思維脈絡認識魏晉玄學。不過，筆者發現依照湯用彤的詮釋進路，經常會忽略竹林玄學的重要性，也難以給予竹林玄學（甚至嵇康思想）在魏晉玄學發展中的定位；而且很容易忽略嵇康有許多特出的觀點，對於魏晉玄學，特別是莊子學的發展的貢獻。〔註1〕嵇康擅長論理、喜好提出與他人或傳統不同的觀點，如最爲著名的「越名教而任自然」、「非湯武而薄周孔」和「聲無哀樂」的主張。〔註2〕「越名教而任自然」的重要性，通過上一章的分析，可以了解「越名教而任自然」與嵇康式的「公私之理」之間的密切關聯，藉由探究嵇康「公私之理」的論點，可以了解嵇康非常重視個體在現實中對於「自然」的追求，突出在現實中落實「自然」的重要性與可行性，並以此對於現況中「不自然」進行反思。

　　本章將接續著嵇康追求「自然」、反思「不自然」，進一步討論嵇康擅長論理，並提出「非湯武而薄周孔」的意涵。在前一章關於如何任「自然」的

〔註1〕這個問題的提問，可以說是受到岑溢成先生的啟發，岑先生於〈嵇康的思維方式與魏晉玄學〉中指出近代自湯用彤以來以「無有本末」問題說明魏晉玄學的流派，造成賦予嵇康在魏晉玄學的定位上的困難，因此，認爲若以思維方式來進行考察，較容易說明嵇康思想在魏晉玄學中的地位。參看：岑溢成，〈嵇康的思維方式與魏晉玄學〉，（1992），頁27～54。
〔註2〕這些論點皆可以見於《晉書》關於嵇康的記載，參看：許嘉璐主編，《晉書》（第二冊）（2004），頁1116～1121。

討論中，可以看到嵇康許多不同於傳統的看法，尤其是對於時論的關注與卓越的推論能力。由此，引發本章的問題意識：(1)嵇康為何經常提出不同於傳統或多數人的看法？(2)嵇康如何論述思想的合理性？(3)嵇康提出這些看法的目的是什麼？

　　考察嵇康的文中不同於傳統或多數人的主張，可以歸納成兩大類，即有主題且有確定論敵的，以及有主題但不確定論敵的作品：第一類，有主題性且有論敵的文章——如嵇康與向秀論辯養生的〈養生論〉、〈答難養生論〉；嵇康與張邈論辯好學是否是自然而然的〈難自然好學論〉；嵇康與阮德如論辯住宅有無吉凶的〈難宅無吉凶攝生論〉、〈答是宅無吉凶攝生論〉。第二類，有主題性但不確定論敵的文章，如〈聲無哀樂論〉與〈管蔡論〉。

　　由嵇康的論著，可以發現嵇康不同於他人或傳統的主張，不是為了反對而反對的發想，而是有意識地將想法融入論辯之中。因此，探討嵇康究竟想要藉由論辯的文章突顯什麼意涵，可說為本章探究的主軸。在此，本章首先探討嵇康思想的特殊性，說明嵇康由實存現狀的反思所呈現出的思維模式；第二，分析根據嵇康對於個體生命的關懷，說明嵇康思想與莊學的聯繫；最後，由嵇康的思維特色說明嵇康「越名任心」的人生觀。

第一節　嵇康思想的特殊性：重視推論、反思現況

　　筆者認為嵇康擅長論理，而最為著名的主張為「越名教而任自然」、「非湯武而薄周孔」和「聲無哀樂」等，並不是筆者發明的看法，而是在《晉書》中皆有記載。如《晉書・列傳十九》說到：「康善壇理，又能屬文，其高情遠趣，率然玄學。」〔註3〕同時《晉書》有直接引用「越名教而任自然」的文句；《晉書》雖然沒有直接引入「非湯武而薄周孔」這段文句，可是有引用「非湯武而薄周孔」所屬的篇章〈與山巨源絕交書〉。〔註4〕由於，「越名教而任自然」的重要性在上一章已有說明，在此不再贅述；而「非湯武而薄周孔」的重要性，正是本章想要論述的重點，而這主要受到周樹人（又名：魯迅）的啓發。

　　周樹人在評定嵇康思想時，直接指出嵇康對於實存現狀之關懷與批判的重要性。周樹人指出嵇康的思想新穎、往往與古時舊說相對，尤其是提出「非

〔註3〕參看：許嘉璐主編，《晉書》（第二冊）（2004），頁1121。
〔註4〕可直接參看《晉書》關於嵇康的記載，參看：許嘉璐主編，《晉書》（第二冊）（2004），頁1116～1121。

湯武而薄周孔」，不僅挑戰是傳統的思想，更是諷刺時政的言論，並論證嵇康提出「非湯武而薄周孔」的批判性與危險性。〔註5〕周樹人指出「非湯武而薄周孔」，表面上是反對「武定天下」的湯武和「禪讓」的堯舜的立論，但主要目的在於隱含對於時政的批評。因爲，當時司馬懿藉著平定高平陵政變，諸殺了曹爽、何晏…等政治對手後，〔註6〕終於大權在握的司馬家族，開始謀劃篡奪王位。可是篡位需要依據，如同曹丕逼漢獻帝「禪讓」而取得王位，司馬家族若想要改朝換代，「禪讓」無疑是最簡單的方式；因此，周樹人說嵇康公開反對「禪讓」的堯舜，在司馬家族想要以「禪讓」奪得王位的狀況下，勢必造成司馬家族的困擾，這也就是嵇康招致災禍的主要原因。據周樹人的研究，可歸納出嵇康被殺害司馬氏的兩個重要緣由：其一，嵇康的言論明顯的阻礙了司馬氏謀奪王位的計劃；其二，司馬氏擔心嵇康勇於批判時政的立論，對於當時知識份子的影響。

　　根據周樹人的看法，筆者認爲嵇康提出「非湯武而薄周孔」對於當時的重要性，主要在於借古諷今，也就是藉由分析一些歷史上事蹟，來諷刺當時掌權者的缺失。依照此一思路，嵇康的另一篇著作〈管蔡論〉〔註7〕，也非常值得再進行考察。因爲在〈管蔡論〉中，嵇康積極爲管、蔡重新賦予歷史定位，而且嵇康是通過結合史料的考證與論理推辨，來論證傳統對於管、蔡的評價不是完全正確的。

　　然而，筆者認爲〈管蔡論〉是嵇康借古喻今用以諷刺時政的說法，最早出自明代的張采，張采說到：「周公攝政，管、蔡流言；司馬執權，淮南三判。

〔註5〕周樹人說到：「非薄了湯武周孔，在現代是不要緊的，但在當時卻關係非小。湯武是以武定天下的；周公是輔成王的；孔子是祖述堯舜，而堯舜是禪讓天下的。嵇康都說不好，那麼，叫司馬懿篡位的時候，怎麼辦才是好呢？沒有辦法。在這一點上，嵇康於司馬氏的辦事上有了直接的影響，因此就非死不可了。嵇康的見殺，是因爲他朋友呂安不孝，連及嵇康，罪案和曹操殺孔融差不多。魏晉，是以孝治天下的，不孝，故不能不殺。爲什麼要以孝治天下呢？因爲天位從禪讓，及巧取豪奪而來，若主張以忠治天下，他們的立腳點便不穩，辦事便棘手，立論也難了，所以一定要以孝治天下。但倘只是實行不孝，其實那時到不很要緊的，嵇康的害處是在發議論；阮籍不同，不大說關於倫理上的話，所以結局也不同。」周樹人，〈魏晉風度及文章與藥與酒之關係〉，（《魏晉風度二十講》，北京：華夏出版社，2009），頁193。

〔註6〕正始十年發生高平凌政變，後魏朝改元「嘉平」。關於當時的政治局勢，之後將在進行分析，同時請參看本論文附錄：「嵇康年表」。

〔註7〕〈管蔡論〉，參看：戴明揚（校注），《嵇康集校注》（1978），頁244～248。

其事正對。叔夜盛稱管、蔡,所以譏切司馬也。安得不被禍耶?」〔註8〕近代學者多接續著張采的說法,認為〈管蔡論〉表面上針對歷史事件加以評論,同時隱含著對於時政的嘲諷,如何啓民說到:「雖明論管蔡,實暗指儉欽,似此,真可謂『亂群惑眾』,『有敗於俗』也。」〔註9〕侯外盧也有相近的看法,侯外盧指出司馬氏企圖以兵權武力謀取天下,嵇康卻非難商湯和周武王、鄙薄周公與孔子;而且司馬氏想借由禪讓篡位,嵇康又輕賤禪讓的唐堯、虞舜,嘲笑治水的大禹;以及,王淩、毋丘儉和諸葛誕都是朝廷任命駐守在外的大臣,卻被司馬氏一一殲滅,這使得嵇康為管、蔡平反的言論格外的敏感。〔註10〕曾春海的看法也接近侯外盧的考察。〔註11〕

　　不過,岑溢成卻提出不同的看法(甚至是力排眾議),岑溢成認為〈管蔡論〉自明代張采的說法之後,就一直受到曲解與附會,說到:

> 這裡(〈管蔡論〉)提出的疑難,顯然是針對周公用人知人之道而發,
> 與管蔡的評價無關。嵇康若是為此太學中未能論究的問題而作〈管
> 蔡論〉,則嵇康為管、蔡開說,目的應在於為周公等「聖人」用人知
> 人之道辯護。從〈管蔡論〉本文看來,嵇康的持論確實達到了這個
> 目的。張采這種明顯的附會,竟然會得到近人廣泛的接受,實在令
> 人費解。更令人費解的是,〈管蔡論〉所用的評價標準,分明是源自
> 周、孔的儒家標準。這與「越名教而任自然」的態度,顯然不太一
> 致,更與嵇康在〈與山巨源絕交書〉中自述的「每非湯、武,而薄
> 周、孔」態度,大相逕庭。〔註12〕

〔註8〕 張采的評論可以參看戴明揚先生的整理,附錄在〈管蔡論〉原文之後。參看:戴明揚(校注),《嵇康集校注》(1978),頁248。

〔註9〕 何啓民,《竹林七賢研究》(1966),頁110。

〔註10〕 侯外盧先生認為嵇康是因為在言論上處處詆毀司馬氏的政治行為與治術,所以才會招致殺身之禍,如侯先生說到:「司馬氏企圖以強暴的力量奪取魏之天下,而嵇康『非湯武而薄周孔』,且以為『在人間不止此事,會顯世教所不容』(與山巨源絕交書);司馬氏欲借禪讓以文飾篡奪,而嵇康『輕賤唐虞而笑大禹』(卜疑):朝廷任用王淩、毋丘儉、諸葛誕於外,而司馬氏一一加以剪滅,嵇康則借周公誅管蔡的事,申辯管蔡無罪,為王淩、毋丘儉等張目。……他在行為言論上,特別是言論上,處處呵司馬氏的政治行為與治術,終於以呂安不孝罪,被引入獄。」參看:侯外盧,《中國思想通史》(北京:人民出版社,1980,第五刷),頁145。

〔註11〕 曾春海先生說:「既以答時論所疑,兼為毋、文辯誣。」參看:曾春海,《嵇康》(2000),頁277。

〔註12〕 岑溢成,〈嵇康的思維方式與魏晉玄學〉,(1992),頁46。

岑溢成認爲嵇康在〈管蔡論〉中，對於人物的評價標準已與「越名教而任自然」、「每非湯、武，而薄周、孔」的態度相差甚遠，因此，岑溢成提出有兩個重點必須重新思考：第一，嵇康所謂「每非湯、武，而薄周、孔」的基本立場需要修正，嵇康思想顯然歸趨道家，尤其是莊子，卻不表示嵇康反對周、孔的名教；第二，〈管蔡論〉很有可能是嵇康純粹爲了討論「時論」之疑的應機之作，所以很難說這篇文章對理解嵇康思想有積極的意義。〔註13〕

根據岑溢成的觀點，反而質疑了〈管蔡論〉作爲嵇康思想的價值與意義。岑先生認爲〈管蔡論〉突顯了嵇康思想的搖擺不定，究竟趨於道家，還是支持周、孔儒家。這樣的質疑，促使的筆者重新去思考傳統多數支持張采的論點是否正確？推論是否合理？

筆者認爲要理解〈管蔡論〉的意涵，需要回到內文的分析；正如上一章分析「越名教而任自然」的論點，就需要由〈釋私論〉著手。

〈管蔡論〉最著名之處，在於嵇康一反傳統視管叔與蔡叔爲亂臣賊子的說法，認爲這兩人是功績顯赫的忠臣。〈管蔡論〉一開始即質疑歷史的記載，說到：

> 案記：管、蔡流言，叛戾東都。周公征討，誅以凶逆。頑惡顯著，流名千里。且明父聖兄，曾不鑒凶愚於幼稚，覺無良之子弟；而乃使理亂殷之弊民，顯榮爵於藩國；使惡積罪成，終遇禍害。於理不通，心無所安。……夫管、蔡皆服教殉義，忠誠自然，是以文王列而顯之；發旦二聖舉而任之；非以情親而相私也。乃所以崇德禮賢，濟殷弊民，綏輔武庚，以興頑俗，功業有績，故曠世不廢，名冠當時，列爲藩臣。〔註14〕

嵇康認爲根據周文王、周武王的睿智，爲什麼沒有在管叔（姬鮮）、蔡叔（姬度）還年幼時，就發現他們凶惡的性格，反而派遣他們前去治理殷商舊地的疲弊頑民，因此懷疑關於管叔、蔡叔凶惡叛亂的流言可能與事實不符。接著分析管、蔡的背景，嵇康根據史實進行推論，指出管叔、蔡叔不是因爲親戚關係受到周文王、周武王的重用，而是因爲救助殷氏遺民、安撫武庚〔註15〕

〔註13〕 岑溢成，〈嵇康的思維方式與魏晉玄學〉，（1992），頁46～47。

〔註14〕 〈管蔡論〉，參看：戴明揚（校注），嵇康（魏）撰，《嵇康集校注》（1978），頁244～245。

〔註15〕 武庚是商紂王的兒子。周武王伐商紂成功之後，並沒有殺武庚，反將武庚封在原來的殷都，統治商殷的遺民，同時將商王畿分爲邶、鄘、衛等三封地，

有功，因此，早在武王還在世時，管叔、蔡叔就已經是名聲遠播的周氏諸侯了。不過，在武王駕崩時，因爲繼位的成王年幼，所以周公攝政；而在周公攝政後，管、蔡起兵謀反被誅，於是管、蔡頑妄兇惡的臭名便流傳千古。

嵇康認爲傳統對於管蔡的評論不公〔註16〕，嵇康認爲管、蔡之所以會反對周公攝政，不是因爲他們兇惡頑固，而是因爲他們不了解周公「思光前載、以隆王業」一心想要光大周家帝王大業的決心，才會認定起兵反對周公是爲國家除害。這說明管、蔡對周王是忠心的，會造成謀反的大禍，僅是因爲愚昧不知變通的緣故。如〈管蔡論〉的最後一段推論，說到：

> 然論者誠名信行，便以管蔡爲惡，不知管蔡之惡，乃所以令三聖爲不明也。若三聖未爲不明，則聖不佑惡而任頑凶。不容于時世，則管蔡無取私於父兄，而見任必以忠良，則二叔故爲淑善矣。今若本三聖之用明，思顯授之實理，推忠賢闇權，論爲國之大紀，則二叔之良乃顯，三聖之用也有以，流言之故有緣，周公之誅是矣。且周公居攝，邵公不悅。推此言，則管蔡懷疑，未爲不賢，而忠賢可不達權，三聖未爲用惡，而周公不得不誅。若此，三聖所用信良，周公之誅得宜，管蔡之心見理。爾乃大義得通，內外兼敍，無相伐負；則時論亦得釋然而大解也。〔註17〕

嵇康認爲傳統以來認爲管、蔡爲惡的說法，將可能間接地證明三聖（文王姬昌、武王姬發和周公姬旦）是不賢明的主政者。不過，倘若三聖並非不賢明的領導者，那麼他們不可能會庇佑惡人，更不可能任用這種頑凶的人。根據史料，管、蔡（也稱「二叔」）並沒有從他們的父兄（文王、武王）那裡取得私愛，管、蔡受到封賞並委以重任是因爲他們管理殷氏遺民、監管武更有功（「濟殷弊民，綏輔武庚」），這說明二叔本來就是淑善的人。現在若以三聖是明察用人的領導者爲前提，三聖在考量任用並分封諸侯皆是根據實際的能力。那麼，三聖是根據二叔顯露的忠良而任用他們，但二叔因爲流言而謀反，

分封管叔、蔡叔與霍叔前往統領，以監視武庚，稱爲三監。此考定參見：崔富章（注譯），莊耀郎（校閱），嵇康（魏）撰，《新譯嵇中散集》（台北：三民書局出版，1998），頁317～318。

〔註16〕〈管蔡論〉分析說到：「逮至武辛，嗣誦幼沖，周公踐政，率朝諸侯；思光前載，以隆王業。而管蔡服教，不達聖權；卒遇大變，不能自通。忠疑乃心，思在王室。遂乃抗言率眾，欲除國患。翼存天子，甘心毀旦。斯乃愚誠憤發，所以徼禍也。」

〔註17〕戴明揚（校注），嵇康（魏）撰，《嵇康集校注》（1978），頁247。

因此，周公誅殺二叔也是正確的處置。正如周公攝政之初，召公也曾懷疑周公的用心（「且周公居攝，邵公不悅」）〔註18〕。因此，二叔懷疑周公攝政可能會不利於幼主，這表示二叔並非不忠賢的人，而是忠賢之人不知權宜變通的緣故。由此，可說三聖並未任用兇惡之徒，而周公也有不得不二叔的理據。如果是這樣，那麼三聖信任、任用的二叔的確是忠良；周公誅殺二叔是處理得當；而管、蔡對於周室的忠心也得以梳理顯現。如此推論則道理才會通暢，內心和外在行為都如實地敘述、沒有任何的抵觸，那麼對於這段史實的疑惑也就獲得了解答。

嵇康這一段論述，展現了高度的抽象思維與推理能力。這可能即是史書中稱嵇康是善於論述的原因之一。而且特別的是嵇康這段推論，完全可以用當代邏輯來檢驗其推論的正確性。

根據當代西方邏輯的規則，設定 P：「管、蔡為頑惡之徒」；Q：「三聖是不賢明的主政者」。由此，可以將上述的原文整理如下：

---

1. P（管、蔡為頑惡之徒）→ Q（三聖是不賢明的主政者）
2. ～Q（三聖不是不賢明的領導者）

∴ ～P（管、蔡不是頑惡之徒）

根據當代邏輯「否定後件因而否定前件」（Modus Tolledo Tollens）的規則〔註19〕，我們已知一個條件句，又知道它的後件為假，因此，可以導出該條件句的前件也是假。嵇康根據史料，管、蔡二叔被封為周氏諸侯是因為管理殷氏遺族、監管武庚的功績，這說明三聖的任用、分封是以實際能力為標準，因此證明三聖是識人善用賢明的領導者。這說明第一條的假設中，原後件（三聖是不賢明的主政者）是錯誤的；而後件是錯誤的，將推論得出前件（管、蔡是頑惡之徒）也是錯誤。

〔註18〕據戴明揚的注解：「史記燕召公世家：『召公奭與周同姓，姓姬氏。成王既幼，周公攝政，當國踐作。召公疑之。作君奭，於是召公乃說。』」參看：戴明揚（校注），嵇康（魏）撰，《嵇康集校注》（1978），頁246～248。

〔註19〕「否定後件因而否定前件」的定義是：「已知一個條件句為真，又知道它的後件為假，我們就可以斷定它的前件也是假的。」參看：林正弘，《邏輯》（台北：三民書局，1994，第8版），頁83～84。

嵇康在論證管、蔡不是頑惡之徒後，接著以三聖是明察用人的領導者為前提進行推論，同樣以當代邏輯進行檢驗，設定 P：「三聖是明察用人的領導者」Q：「考量任用與分封管、蔡皆根據他們的實際能力」，可以進一步整理如下：

---

1. P（三聖是明察用人的領導者）→ Q（考量任用與分封管、蔡皆根據他們的實際能力）
2. Q（考量任用與分封管、蔡皆根據他們的實際能力）→ R（管、蔡是叔善的忠良）

∴ P（三聖是明察用人的領導者）→ R（管、蔡是叔善的忠良）

此段論述可以整理為兩個條件句：第一個條件句，以「三聖是明察用人的領導者」為前提，所以「考量任用與分封管、蔡皆根據他們的實際能力」為後件；第二個條件句，如果「考量任用與分封管、蔡皆根據他們的實際能力」，則表示「管、蔡是叔善的忠良」。根據「假言三段論」（Hypothetical Syllogism）〔註20〕的推論模式，由於第一個條件句的後件，恰巧是第二個條件句的前件；且這兩個條件句的前件皆為真；因此，我們從這兩個條件句，導出另一個條件句。所以，嵇康由「三聖是明察用人的領導者」為前提，可以導出「管、蔡是叔善的忠良」。

根據上述的分析，可以看到嵇康的推論不僅嚴謹，而且還能通過當代邏輯的檢驗。其實當代有多位學者已有關於嵇康善於辨理、推論的研究，如容肇祖指出嵇康的論述能符合邏輯學上的矛盾律與不容中律（也稱為「排中律」）〔註21〕；許抗生也以為嵇康有推類辨物的見識〔註22〕；以及戴璉璋則整理嵇康思想中符合邏輯學上的矛盾律（Law of contradiction）、排中律（Law of Excluded middle）與充足條件（Sufficient Condition），以及「推類辨物」、「辨明析理」等推理方法。〔註23〕

〔註20〕「假言三段論」的定義是：「已知若 P 真則 Q 真，又知道 Q 真則 R 真，我們可以斷定若 P 真則 R 真。」參看：林正弘，《邏輯》（1994），頁84～85。
〔註21〕容肇祖，《魏晉的自然主義》（北京：東方出版社，1996），頁49～53。
〔註22〕許抗生，《魏晉思想史》（1992），頁144～233。
〔註23〕戴璉璋，《玄智、玄理與文化發展》（2002），頁122～134。

　　根據這些研究成果，可以更加肯定嵇康推論的嚴謹態度。如此，再回到內文中，嵇康藉由論證說明管、蔡不是兇惡之人，而是忠賢善良之士。那麼可以進一步思考，忠賢善良的二叔又怎麼會起兵謀反呢？據嵇康考察認為二叔起兵的原因，在於懷疑周公對於周氏年幼皇帝可能別有用心；而且嵇康指出這樣的懷疑，在當時不僅僅只由管、蔡二叔，就連召公也曾經對周公有過懷疑。因此，二叔懷疑周公的態度，恰恰反映了二叔對於周王的忠心。不過，後來二叔起兵謀反已是事實，因此周公也有不得不殺二叔的理由。由此解析，嵇康推翻傳統以來認為管、蔡為兇惡之人的傳言，認為他們是忠賢之人，只是不知道權宜變通而已。這也正如多數學者評論嵇康，具有卓越的推理能力，在〈管蔡論〉中嵇康同樣展現高度的批判和推論的能力。

　　如果結合嵇康成長的背景來看，自嵇康十八歲以來（正始元年），司馬氏與曹氏的政治爭鬥從未停歇。〔註 24〕司馬氏靠著兵權與謀略，逐漸地取得政治的主導權，並且一步一步地消除反對的勢力。司馬氏在消滅異己的過程中手段十分兇殘，常常誅連三族（包含父、母、妻）。所以，當嵇康在〈管蔡論〉申辯謀反之人未必有錯，甚至企圖證明謀反之人可能是忠良的想法，倘若對照著當時政局，司馬氏平定多次所謂的叛亂，而這些叛亂者多是因為反對司馬家族當權，其中仍有不少人還是忠心於魏王。這種狀況幾乎有如同管叔、蔡叔反對周公攝政，卻忠誠於周王的史實一般。這麼恰巧的類比，讓人很難堅決地斷定〈管蔡論〉不具諷刺司馬氏的意義。所以，如果〈管蔡論〉確實是嵇康因應時論而發的作品，同時也可能是嵇康暗諷時政的論述，那麼，我們雖然無法僅由〈管蔡論〉理解嵇康思想的全貌，但也不致於如岑溢成將〈管蔡論〉視為不具有理解嵇康思想的積極意義。或許正如岑溢成所說：「嵇康的思維與表達方式，即使未能超出老、莊思想的牢籠，他的思想內容的核心和範圍，即使沒有直接關聯於『本末有無』的魏晉玄學的基本問題，由於表達上的、思辨上的曲折，使他處理問題的方式，充分展現了魏晉玄學在思維上的特色，從而使他所提出的特殊見解，顯出與別不同的哲學趣味，成為兩晉著名的論題。」〔註 25〕

　　根據上述的分析，〈管蔡論〉作為嵇康的一篇應時之作，並隱含諷刺時政

〔註 24〕 正始元年，嵇康約十八歲時，魏曹芳即位，曹爽、司馬懿共同輔政。自此之後曹氏與司馬氏的政治鬥爭便從未停歇。參見論文附錄：「嵇康年表」。

〔註 25〕 參看：岑溢成，〈嵇康的思維方式與魏晉玄學〉，（1992），頁 38。

的意義，應該是較為可靠的推論。正如莊萬壽說到：

> 曹髦在太學懷疑周公姬旦殺兄管叔姬鮮及弟蔡叔姬度，本身負有責
> 任未盡的過失，但太學博士庾峻不敢作答，嵇康乃對這個歷史事件
> 加以評論，立場是支持曹髦的。本篇（〈管蔡論〉）也是他後來在〈與
> 山巨源絕交書〉中所說『又每非湯、武，而薄周、孔』的作品，對
> 司馬昭所謂『以孝治天下』（《世說新語・任誕篇》何曾的話）加以
> 揭露其虛偽的面目。……顯然，都說管蔡是頑凶的『時人』是指司
> 馬家的觀點，『時論』是指曹髦在太學的爭論，而引起學術界對此事
> 的討論，則嵇康只是對當時社會討論管蔡的一篇而已。〔註26〕

這也就是說，理解嵇康〈管蔡論〉，主要是由嵇康對於「時論」的反思，正如
「每非湯武而薄周孔」，反省了司馬氏以「孝治天下」的虛偽。

嵇康勇於對「時論」的批判，如以「越名教而任自然」突出自然與名教
之爭的議題，以「自然」來反思當時被推崇的「名教」，其中很難斷定嵇康反
對所有傳統的「名教」，可以確定的是嵇康一定會反對已經變異、司馬氏所宣
揚的「名教」；由此，嵇康提出「每非湯武而薄周孔」，雖然不能作為斷定嵇
康反對所有儒家思想的基本立場，不過，似乎可以說明嵇康的思想是較為傾
向道家思想，尤其是傾向於接近《老》、《莊》思想的。根據這樣的分析，筆
者不僅不同意岑溢成的看法，反而認為正因為〈管蔡論〉是議論時論之作，所
以具有以此理解嵇康思想的積極意義。因為〈管蔡論〉中，嵇康展現出對於時
論的反思與推論，能與「越名教而任自然」、「每非湯武而薄周孔」的看法相呼
應，處處關懷個體對於實存現況，如對「自然」的追求和對「不自然」的反思。

綜合地來說，〈管蔡論〉具有三種特色：第一，〈管蔡論〉一開始即對傳
統給予管、蔡的評價提出了質疑，這顯示出嵇康勇於提出問題的批判能力。
第二，嵇康透過對三聖與二叔的史料考察，論證二叔不應該是頑凶之徒，而
是對周室有功的淑善之人。整個論述的過程，嵇康展現了傑出的推理能力。
第三，嵇康提出二叔雖起兵反對周公，但這與二叔對於周王的忠心沒有抵觸，
企圖為二叔平反，改變管、蔡的歷史評價，顯示嵇康的正義感〔註27〕。進而，

〔註26〕莊萬壽先生認為〈管蔡論〉既是嵇康的應時之作，而且同時是諷刺時政的作
　　　　品，參看：莊萬壽《嵇康研究及年譜》（1981），頁164。

〔註27〕莊萬壽先生根據史料的考察，也認為傳統文獻對於周公誅殺管蔡的史料，有
　　　　較為偏向周公的立場，因此必然引發許多質疑的聲音。參看：莊萬壽《嵇康
　　　　研究及年譜》（1981），頁164。

結合史實與分析〔註28〕，整理出嵇康思維的三種特殊性：(1)擅長論理，文章
的推論過程合乎邏輯；(2)借古說今的隱射與反諷，突顯他的批判性格；(2)企
圖爲受到壓迫、誣陷的人平反，說明他「剛腸疾惡」的正義感。

第二節　嵇康對個體生命的關懷與莊學的連結

　　透過上一節關於嵇康思維特殊性的分析，可以瞭解嵇康提出的觀點不是爲
了追求政治支持或利益，而是胸懷坦蕩且無拘無束的發言，又如嵇康在〈卜疑〉
說到兵甲與猛獸都不足以使人害怕、擔心，只要心中不存有算計之心，心思坦
蕩、優游從容，就可以遺忘了喜好和厭惡。〔註29〕由此，本節仍然依循以嵇康
著眼於生命現況的反思與關懷，探討嵇康與莊學的關係：首先，由《老子》與
《莊子》對於個體實存關懷的差異，以說明嵇康思想近於《莊子》的論點；進
而，由嵇康重視個體實存現況的思想特色，說明嵇康思想對於《莊子》的承繼。

一、《老子》與《莊子》對於個體實存處境關懷的差異

　　《莊子》〔註30〕繼承《老子》〔註31〕的思想學說約是學界的共識〔註32〕，

〔註28〕當時，司馬氏靠著掌握兵權，逐漸地獲取政治的主導權，而嵇康卻說要非難伐
　　　　紂而建立周朝的周武王，甚至輕薄心存天下的周公與孔子，這即與企圖借由兵
　　　　權獲取天下的司馬氏對立。再者，曹魏篡漢的方式是逼迫漢王禪讓王位，司馬
　　　　氏本想學習這個模式也逼魏王禪讓，嵇康卻說輕賤禪讓的唐堯、虞舜，這番言
　　　　論又與司馬氏的權謀相抵觸。最後，王凌、毋丘儉和諸葛誕等陸續起兵反對司
　　　　馬氏，不僅被司馬氏剿滅並禍夷三族，而嵇康又有〈管蔡論〉表面上爲管、蔡
　　　　二叔平反，但似乎在隱射這幾位是表面上謀反，但其實是忠於朝廷的良臣。
〔註29〕〈卜疑〉：「甲兵不足忌，猛獸不足患。是以機心不存，博然純素；從容縱肆，
　　　　遺忘好惡。」參看：戴明揚（校注），嵇康（魏）撰，《嵇康集校注》（1978），
　　　　頁135。
〔註30〕關於《莊子》的原文，本論文在註解第194，標示出三個參考版本，如有引用
　　　　到註解者的翻譯，才會另外標注。特此說明。參考版本：(1)莊周（周）撰，
　　　　郭慶藩（輯），《莊子集釋》（1997）。(2)王叔岷，《莊學管窺》（1978）。(3)陳
　　　　鼓應，《莊子今注今譯》（2006）。
〔註31〕關於《老子》原文，本論文在註解第193，標示出三個參考版本，如有引用到
　　　　註解者的翻譯，才會另外標注。特此說明。參考版本：(1)王弼的〈老子道德
　　　　經注〉，收錄：樓宇烈（校釋），王弼（魏）撰，《王弼集校釋》（上、下冊）（1980）。
　　　　(2)朱謙之（釋），任繼愈（譯），《老子釋譯——附馬王堆帛書老子》（1985）。
　　　　(3)陳鼓應（注譯），《老子今注今譯》，（2003）。
〔註32〕雖然錢穆先生曾在《莊老通辨》提出莊子在前、老子在後的想法，說到：「據
　　　　筆者意見，莊子內篇成書，實應在老子五千言之前。」不過，隨著近代出土

不過，《老子》、《莊子》中的思想還是存在著些許的差異。扼要地來看，《老子》似乎偏重於對於理論的、形上學的道論的探究；《莊子》則多著重人生哲學的論述。〔註33〕不過，《老子》雖重視道論在形上學的開展，同時也有許多由君主改變治國的方式與心態，以達到治世之效的論述。因此，為了避免太過龐大的比較，而模糊了焦點，在此以關懷個體實存現況的研究進路，分析《老子》與《莊子》思想的差異。

首先，《老子》具有推天道以明人事的思想〔註34〕，《老子》的思想雖然由「道」論開展而來，但他從未放棄對人事的關懷，以及聖人治世的可能。這在通篇《老子》中多次出現關於治人事、治國的道理即可看到端倪，如「治人事天莫若嗇」（〈第五十九章〉）、「治大國若烹小鮮」（〈第六十章〉）、「大國者下流」（〈第六十一章〉）、「知常容，容乃公，公乃全。」（〈第十六章〉），以及〈第四十九章〉：「聖人無常心，以百姓心為心。善者，吾善之；不善者，吾亦之；德善。信者，吾信之；不信者，吾亦信之；德信。」《老子》由萬物根源性問題的探究，進而論述生命如何適當的發展，以及聖人如何治理國家讓百姓安居樂業；因而，提倡「守柔」、「守雌」、居後不爭與容公的精神，強調聖人治世要能有肚量、包容萬物的胸襟，不強自妄為去騷擾百姓，使每個個體生命免除災禍的迫害。綜合來說，面對當時人人都要爭強、搶先機的狀況，《老子》提倡守雌、虛心、居後不爭的精神；面對大家都在玩弄心機、追求官位時，《老子》主張立身行事徐緩、不費損精神、自然無為而笑機巧；當

文獻的研究、學者的考證論述，傳統以來認為老子活動於春秋年間、莊子出現於戰國時代的記載，還是較為符合史實的推論。因此，在此從傳統以及多數學者的看法，道家思想的發展脈絡為老子在先、為開創者，莊子在後。錢穆，《莊老通辨》，（台北：東大出版社，1990），頁 114。

〔註33〕徐復觀認為《老子》的思想是偏重於理論的、形上學的；《莊子》則多著重人生哲學的論述。參看：徐復觀，《中國藝術精神》（台北：學生出版社，1988年），頁 48。

〔註34〕蕭振邦老師以「體驗論」的研究進路，指出詮釋人如何能夠把握天道的可能，說到：「由『人』開始起論是要點，也有其深意，是以，本句中的『法』可以解為『定立規範』、『定立法則』，也就是通同於『給出『式』』的意思，簡言之，即人由自己的體悟、領會、把握，而為人自己定立『對待地（大地、實然之天下）』的規範，再由這個規範推定對待天者，再由天者推定對待道者（凡不違反『遠曰反』的原則），最後，由道推定人所能把握的總原則，就是自然。」在此，筆者沒有針對個人如何把握天道的問題進行詳細的論述，而是鎖定在討論《老子》對於個體面對困境時，所提出相應處置的看法。參看：蕭振邦，〈《老子道德經》思想的文化衝浪〉（2013），頁 29。

大家皆在求富貴時，《老子》卻認爲要委曲求全，只是爲了「免除禍害」。這是因爲《老子》認爲堅強的就容易損毀，尖銳的就容易拙鈍（「柔弱勝剛強」），要人們寬容待物、不爭強好勝。〔註35〕統整來說，在面對現實困境時，《老子》提出個體守柔、不爭的修養態度，而這個修養之道同時涵蓋了《老子》懷有聖人治世的期待，期望一位能包容萬物、居後不爭的聖人，爲天下帶來太平盛世。

再者，《莊子》不像《老子》尚存著聖人治世對天下有益的想法，而具有「獨與天地精神往來，而不敖倪於萬物」的性格。〔註36〕《莊子》對於身在亂世之中的處世之道，可以依〈人間世〉顏回問孔子任官於衛國的寓言，進行理解：顏回因爲看到推滿山澤的死者，以及人民無所依歸的慘狀，因此萌生了出任官職協助衛君治理國家，以改善百姓的生活的想法。〔註37〕《莊子》借孔子之口說到：

> 譆！若殆往而刑耳！夫道不欲雜，雜則多，多則擾，擾則憂，憂而不救。古之至人，先存諸己，而後存諸人。所存於己者未定，何暇至於暴人之所行！……德蕩乎名，知出乎爭。名也者，相軋也；知也者，爭之器也。二者凶器，非所以盡行也。且德厚信矼，未達人氣，名聞不爭，未達人心。而強以仁義繩墨之言術暴人之前者，是

〔註35〕 《莊子‧天下》：「老聃曰：『知其雄，守其雌，爲天下谿；知其白，守其辱，爲天下谷。』人皆取先，己獨取後，曰：『受天下之垢。』人皆取實，己獨取虛，無藏也故有餘，歸然而有餘。其行身也，徐而不費，無爲也而笑巧。人皆求福，己獨曲全，曰：『苟免於咎。』以深爲根，以約爲紀，曰：『堅則毀矣，銳則拙矣。』常寬容於物，不削於人，可謂至極。關尹、老聃乎！古之博大眞人哉！」

〔註36〕 出自《莊子‧天下》對莊周的評價，原文：「芴漠無形，變化無常，死與生與！天地並與！神明往與！芒乎何之？忽乎何適？萬物畢羅，莫足以歸，古之道術有在於是者。莊周聞其風而悅之。以謬悠之說，荒唐之言，無端崖之辭，時恣縱而不儻，不以觭見之也。以天下爲沈濁，不可與莊語；以卮言爲曼衍，以重言爲眞，以寓言爲廣。獨與天地精神往來，而不敖倪於萬物，不譴是非，以與世俗處。其書雖瑰瑋而連犿無傷也，其辭雖參差而諔詭可觀。彼其充實不可以已，上與造物者遊，而下與外死生、無終始者爲友。其於本也，宏大而辟，深閎而肆；其於宗也，可謂稠適而上遂矣。雖然，其應於化而解於物也，其理不竭，其來不蛻，芒乎昧乎，未之盡者。」

〔註37〕 《莊子‧人間世》說到：「回聞衛君，其年壯，其行獨，輕用其國，而不見其過，輕用民死，死者以國量乎澤，若蕉，民其無如矣。回嘗聞之夫子曰：『治國去之，亂國就之，醫門多疾。』願以所聞思其則，庶幾其國有瘳乎！」

> 以人惡有育其美也，命之曰菑人。菑人者，人必反菑之，若殆爲人
> 菑夫！且苟爲悅賢而惡不肖，惡用而求有以異？若唯無詔，王公必
> 將乘人而鬥其捷。而目將熒之，而色將平之，口將營之，容將形之，
> 心且成之。是以火救火，以水救水，名之曰益多。順始無窮，若殆
> 以不信厚言，必死於暴人之前矣。且昔者桀殺關龍逢，紂殺王子比
> 干，是皆脩其身以下傴拊人之民，以下拂其上者也，故其君因其脩
> 以擠之。

孔子反對顏回任官，認爲顏回應學習古時候的「至人」，先充實自己然後再去扶助別人。倘若自己都還無法穩定，又如何去糾正暴人的行爲！孔子提出「德」的失眞是由於好名，「智」所以外露是因爲爭勝。「名」是人們互相較量的原因；「智」是人們相互競爭的工具。所以「名」和「智」都是凶器，不該盡行於人世間。而且，德性純厚信譽著實，不能作爲了解別人的條件，即使不和他人爭奪名聲，別人也不能明白你的心態。所以，強用仁義規範在暴人面前言論，這是以別人的惡來炫耀自己的美德，會被認爲在害人。害人的人，別人必定會被他人反過來相害，那麼則將會被人所害！因此，如果衛君喜愛賢才，而厭惡不肖之徒，那麼爲何會需要你前去相勸？倘若你不進諫，或者除非你不進諫，否則衛君將乘機和你爭鬥思想言論的敏捷。這時你將眼目昏眩，即使你可以保持表面上面色的平和，但口裡的回答只顧得營救自己；因爲這種形勢的遷就，心裡也只能成全衛君的想法。這是以火救火，以水救水，稱之爲幫兇。而且，一旦態度改爲依順則更加無窮無盡，因爲倘若之後衛君還是不相信厚言進諫，那麼你必將會死於暴人面前。正如歷史上夏桀殺了關龍逢、商紂王了殺王子比干一樣，關龍逢、王子比干皆是修身蓄德愛護人民的大臣，但他們正是因爲良好的名聲已經威脅到上位者而遭到殺害。

在這一段推論中，《莊子》以夏桀殺關龍逢、商紂王殺王子比干的歷史，說明臣子即使努力修養德性，也不一定見容於亂世之中。因此，《莊子》奉勸士人不要想像可以改變那些處事專斷、不重視人命的君主。因爲，身爲臣子，無論企圖用什麼方法去說服或感化君主，不過都是太執著於自己的「師心」、成見而已。〔註38〕由此來看，《莊子》認爲亂世之中出任官職，反而是危險的行爲，而認爲亂世裡最適合的修養工夫是「心齋」與「坐忘」。「心齋」出自

〔註38〕《莊子‧人間世》：「大多政，法而不諜，雖固，亦無罪。雖然，止是耳矣，夫胡可以及化！猶師心者也。」

〈人間世〉，意指清虛的心境，不執著於自己的成見〔註39〕，《莊子》認爲如能做到不受名位的引誘，對於能接納意見的人就進行勸說，不能接納意見的人就不進行勸說，不固守己見、不招搖暴躁，心靈凝聚不強意妄爲，那麼就接近心齋的狀態了。「坐忘」則出自〈大宗師〉，文中說到：

> 顏回曰：「回益矣。」仲尼曰：「何謂也？」曰：「回忘禮樂矣。」曰：「可矣，猶未也。」他日復見，曰：「回益矣。」曰：「何謂也？」曰：「回忘仁義矣。」曰：「可矣，猶未也。」他日復見，曰：「回益矣。」曰：「何謂也？」曰：「回坐忘矣。」仲尼蹴然曰：「何謂坐忘？」顏回曰：「墮肢體，黜聰明，離形去知，同於大通，此謂坐忘。」仲尼曰：「同則無好也，化則無常也。而果其賢乎！丘也請從而後也。」

《莊子》以爲相忘於禮樂或相忘於仁義，都還未到達坐忘的境界。坐忘是能夠不再在意自己的肢體，罷黜自以爲是的聰明，不再受到形體與智巧的束縛，融通於大道之中。因爲，同於大道之中，則沒有偏私；參與了萬物的變化，則不再偏執或滯泥於常理。

由當代學者的研究成果來看，王叔岷指出《莊子》從逍遙無待的精神出發〔註40〕，由心所發揚稱爲「遊心」，「遊心」乃是「神遊」之意；王叔岷認爲「神遊」就是「至人」所象徵可以跳脫外物限制、通同於道的境界。〔註41〕徐復觀也有相近的看法，徐先生以爲如以《莊子》所處的時代背景去思考，當時動盪不安的環境將人禁錮，所以，人的自由必須往精神中追求，徐先生一再地強調精神自由的可行性，在於每個個體從心去求、去修養、去提升，心的提升是精神性的轉換，一種心境的轉變，從被物影響的狀態中跳脫，轉換到不再隨物搖動的狀態，即是靈府、靈台，而能成爲自己眞正的主人、眞

〔註39〕《莊子·人間世》：「若能入遊其樊而無感其名，入則鳴，不入則止。無門無毒，一宅而寓於不得已，則幾矣。」

〔註40〕王叔岷先生以爲《莊子》的思想可以歸結於「遊」一字，說到：「莊子言雖宏緯，旨雖玄遠，而睹凡可以得要，窺顯可以入微。咸能得其環中，固可以一以貫之也。」王叔岷先生在書中的〈莊子通論〉中，以十四個小節加以說明：（1）遊與無待；（2）遊與遊心；（3）遊與方外；（4）遊與方內；（5）遊與道；（6）遊與寓；（7）遊與因；（8）遊與無業；（9）遊與無用；（10）遊與無知；（11）遊與天均（天倪）；（12）遊與天樂；（13）遊與懸解；（14）遊與坐馳坐忘。參看：王叔岷，《莊學管窺》（台北：藝文印書館，1978），頁179。

〔註41〕王叔岷，《莊學管窺》（1978），頁181。

宰。〔註42〕《莊子》這種由現實的困境，謀求精神超脫的思想，具有一個修養的進程，如蕭振邦提到《莊子》是揭露人生底層的悲哀感，為化解悲哀感而有所調適上遂〔註43〕，因此，蕭振邦認為《莊子》具有從「認命」轉而「安命」的轉折，進而從生命有涯的困境，到把握「道樞」的真諦達到「生命的轉境」，開出「以遊無窮」、「乘物以遊心」的無限遼闊。〔註44〕因此，可說《莊子》是在人之實存於現實世界的真實感中，祈嚮無待的精神境界。〔註45〕

由此來說，《莊子》無論在論述「心齋」或是「坐忘」，重點不再著眼於為官適任的政治活動，而將個人的精神修養視為最重要的課題。《莊子》一再地提醒人們，權利、名位只是生命中的誘惑，因為個人生命的價值，不需要外在的規範來定義，而個人道德生命的實踐，也僅僅只需要通過個人的修養來落實。由此，《莊子》一種「無窮開放的精神空間」，尤其在〈逍遙遊〉中鯤鵬展翅呈現那開闊的視野，可說是形象化地描繪放開一切束縛後的無窮無盡的精神開放空間〔註46〕，並發展出悠遊於人間世的人生態度。而且，《莊子》

〔註42〕 徐復觀說到：「我覺得莊子的意思，是認為心的本性是虛是靜，與道、德合體的。但由外物所引起而離開了心原來的位置，逐外物去奔馳，惹是招非，反而淹沒了它的本性，此時的人心，才是可怕的。但若心存於自己原來的位置，不隨物轉，則此時的人心，乃是人身神明發竅的所在，而成為人的靈府靈台；由靈府靈台所直接發出的知，即是道德的光輝，人生精神生活的呈現，是非常可貴的。」參看：徐復觀，《中國人性論史》（上海：華東師範大學出版社，2005），頁233～34。

〔註43〕 由於蕭振邦老師這個觀點，有助於《莊子》音樂觀的論述，因此在此僅簡單附註，之後在進行詳細說明。蕭老師說：「看《莊子》如何揭露人生底層的悲哀感，又如何化解悲哀而有所調適上遂。」參看：蕭振邦，《深層自然主義：《莊子》思想的現代詮釋》（2009），頁297。

〔註44〕 《莊子》這個精神同時表現在他的音樂觀裡，蕭振邦老師在《深層自然主義：《莊子》思想的現代詮釋》中，重構了《莊子》這種由揭露人生的悲哀感轉而調適上遂的音樂觀。蕭老師這個重構的思想模式，有助於說明嵇康的音樂觀，以及嵇康與莊學音樂觀的關係。本論文將於第四章中詳細討論。參看：蕭振邦，《深層自然主義：《莊子》思想的現代詮釋》（2009），頁295～321。

〔註45〕 《莊子》這股對個體之生命的關懷，亦如葉海煙直接以「生命哲學」作為《莊子》研究的主要課題，說到：「他（《莊子》）注意情感意識的感通、消解與超化，他融洽了宇宙人生各種層次，並在此無窮的生命系統中，確立了人性的尊嚴與崇高。」葉海煙，《莊子的生命哲學》（台北：東大出版社，2003），頁10。

〔註46〕 陳鼓應先生於《老莊新論》中說到：「〈逍遙遊〉提供了一個心靈世界——一個廣闊無邊的心靈世界；提供了一個精神空間——一個遼闊無比的精神空間。人可以在現實存在上，開拓一個修養境界，開出一個精神生活領域，在這領域中，打通內在重重的隔閡，突破現實種種的限制網，讓精神由大解放

無論是描寫山林、濠梁之間的悠遊，或是以批判眼光看待那些違反自然生活
的人們，《莊子》的遊世精神，總是表達一種身歷其境的眞實感，並以「與造
物者同遊」的目標，開創出遼闊的心靈世界，以享受無拘束、自由自在的精神
之境，作爲跳脫現實困頓的出路。

　　最後，關於探討《老子》與《莊子》思想之不同的研究，當代學者的研
究成果也相當豐富，如陳榮捷所說：「老子仍然強調榮辱、強弱等等區別，也
主張柔弱之德，莊子卻一體等同視之。老子意在改革，莊子卻寧願『遊方之
外』。」〔註47〕《老子》中有許多是對君主勸說的篇章，他相信透過好的君主
治理國家，百姓會有更好的生活；《莊子》則多著墨個體的生命，認爲人們通
過「心齋」、「坐忘」的修養，不再拘泥於表象的差異，不再陷溺於自我的主
觀成見，以達到精神與大道相通的境界。又如陳鼓應分析《老子》、《莊子》
的差異，說到：

> 老子很重視治世之道，《老子》五千言基本上講的是「治道」，莊子卻
> 反對任何形式的統治，是個「無治主義」者，這一點在〈應帝王〉中
> 表現得很明顯。其次，老子是入世的，其入世的方式和儒家有很大的
> 不同。儒家強調用倫理的力量來維繫人與人之間的關係，特別是上下
> 尊卑的關係，以穩定政治局面；而老子認爲這種由上而下的道德力和
> 政治力，對於人民恰好是一種束縛力，因此他希望人們能收斂自己侵
> 占的衝動，特別是要求當權階級消解他們的權力意欲，讓人民發揮更
> 多的自主性、自由性。莊子處在人間世則表現爲一種與現實保持一定
> 距離的藝術性的遊世態度。莊子的生活環境比老子的境遇更爲慘烈，
> 特別是他對知識份子的危疑處境，有著更爲痛切地感受。莊子所處的
> 社會環境，很像存在主義者在經歷了世界大戰的普遍災難感所描繪的
> 人類「極端情境」（extreme situation）。在戰禍綿延的戰國時代，危機
> 感是普遍存在的，像莊子這樣的知識份子對這種「極端情境」有更爲
> 深刻而敏銳地感受，這是形成他避世態度的根本原因。由於莊子處於
> 這危機四伏的環境中，因而如何避免「中於機辟，死於網罟」，就成
> 爲他所憂慮的一個核心問題。面對不幸的現實雖然莊子追求著「逍遙
> 遊」的境界，然而他的逍遙遊卻是寄沈痛於優閒的——表面上看起來

　　而得到大自由。」參看：陳鼓應，《老莊新論》（2005），頁145。
〔註47〕陳榮捷編著，《中國哲學文獻選編》（南京：江蘇教育出版社，2006），頁164。

優閒自適，但內心卻充滿著處世的憂患感。〔註48〕

在此，將陳先生的觀點整理爲三點：其一，治世與無治——《老子》還是相信治世之道的可行性；陳先生則稱《莊子》爲「無治主義」，因爲《莊子》反對任何形式的統治。其二，入世與遊世——《老子》的思想是入世的，他希望透過當權階級的自我約束，可以讓百姓擁有更多的自主空間；《莊子》藝術性的遊世態度，在於《莊子》經常透露出一種既存在人間，又優游方外的精神境界。其三，面對「極端情境」的感受——《老子》、《莊子》雖然皆處於動盪不安的時代，不過，《老子》並沒有產生面對「極端情境」後的危機感；《莊子》的時代更爲動亂不安，許多大國併吞小國的戰爭不斷發生，面對這樣危機四伏的「極端情境」，《莊子》產生了避免「中於機辟，死於網罟」的危機感。

由此，可說《莊子》思想的特色在於對個體生命的重視，如葉海煙指出：「莊子十分重視個體生命，這也是他與老子不同的一大特色。」〔註49〕以及，蕭馳也說到：「棄形上學、而轉至自生命境界立論以論自然之道的開顯，正是莊子區別於老子的思想特色。」〔註50〕這說明《莊子》更著重於個體之人生哲學的論述，以個體的修養工夫落實自然之道，尤其著重於排除成見、分別與差異等現象表象的束縛，以達無分別、無差異的大道境界。

統整地來說，關於《老子》與《莊子》對於個體生命之關懷的差異：《老子》中涵蓋天道與人事兩大部分的闡釋，具有推天道以明人事的思想，概括性地說明作爲萬物根源的道論，並且以天道運行的規則與道理，作爲人事修養依循的準則；《老子》並且相信通過至虛守柔的聖人治世，天下尚有「小國寡民」、安貧樂道的可能。《莊子》則十分在乎個人生命的處境，他以爲亂世之際，爲官治世的想法只可能帶來遭禍，甚至死亡，因而鼓勵人們放棄世俗的名利，追求個人精神的自由、自在。《莊子》的修養工夫是自覺的（self-consciousness），意即是由個體自身自發性的意識到現實情狀的困頓，通

〔註48〕陳鼓應先生的分析，參看：陳鼓應，《老莊新論》（台北：五南圖書，第二版，2005），頁319。

〔註49〕葉海煙，《莊子的生命哲學》（2003），頁22。

〔註50〕蕭馳簡潔地指出老子與莊子思想的差異爲：「棄形上學、而轉至自生命境界立論以論自然之道的開顯，正是莊子區別於老子的思想特色。」參看：蕭馳，〈嵇康與莊學超越境界在抒情傳統中之開啓〉，《漢學研究》第25卷第1期（2007），頁110。

過「心齋」、「坐忘」的自修工夫,以達到內在心靈的跳脫,逐步地超越世俗的束縛,開創一種跨越是非、對錯、死生的生命境界。

二、嵇康特殊的思維模式與魏晉莊學思潮的關係

經由考察《老子》與《莊子》對於個體實存之關懷的差異,發現一個相當有趣的對照:從春秋時代的《老子》,到戰國時代的《莊子》,戰國的動亂情況較春秋時更為慘烈;正始時期的名士們,因為司馬家族為了圖謀篡位的剷除異己,而相繼落難身亡,造成名士的思想與處境越來越艱難,如竹林七賢一方面越來越受到注意;另一方面,也越來越受到司馬家族的忌憚。由此對照可以發掘思潮流變的相似性,當社會狀況變得更加混亂動盪時,先秦有《莊子》承繼《老子》,開展出以關懷個體生命為主軸的思潮;魏晉之時,王弼提出「崇本息末」可說是《老子》思想進一步延伸;嵇康雖然自稱「託好老莊」、「老子莊周,吾之師也」,不過,根據他對於個體生命處境的關懷,可以發現嵇康思想較傾向於發揚莊學。

當前學界已有許多關於王弼之學近於《老子》、嵇康思想多源自《莊子》的研究成果,如湯一介於〈論魏晉玄學學中的內在性與超越性的問題〉[註51]的分析:

> 王弼哲學,一方面論證了由超越而內在,即以無名無為的「道」為超越性本體,而聖人有「則天之德」,故有與「道」同體的內在本性;另一方面又論證了由內在而超越,即以聖人智慧自備,通遠慮微,應變神化,故可反本復命,以達到與超越性的「道」同體。「道」無名無為故不是一外在的超越力量,而聖人亦只須依其內在之品德即可超越有限、相對,以通無限、絕對的「道」。……如果說王弼思想多為老子思想之發揮,嵇康阮籍思想則是多來源於莊子。莊周所追求的是精神上的絕對自由,即逍遙游。嵇康阮籍所追求的也正是這樣一種精神上的絕對自由。雖然他們的路徑並不完全相同。……他(嵇康)所追求的是一種超越相對以達絕對、超越有限以達無限的精神境界。這種境界不僅要超越社會的限制,而且要超越自然界的

[註51] 湯一介,〈論魏晉玄學學中的內在性與超越性的問題〉,收錄:國立成功大學中文系編,《魏晉南北朝文學與思想學術研討會論文集》(臺北:文史哲出版社,1991),頁414〜429。

限制，以達到「並天地而不朽」的境界。〔註52〕

湯一介先生由內在性與超越性的問題進行探討，歸結出王弼發揮《老子》的「道」，認為聖人通過「則天之德」、反本復命與超越的「道」本體，建構由超越而內在、內在而超越的雙向思想。嵇康、阮籍則追求《莊子》所提示的精神上的絕對自由，這種絕對的自由是超越相對、超越有限、超越社會限制，而達到「並天地而不朽」的精神境界。從湯一介的分析，可以發現這是延續湯用彤的觀點。湯用彤先生曾說：

> 嵇康、阮籍之學說非自老子而來自莊子，得到莊子逍遙、齊物之理論，而用文學家之才華極力發揮之。他們雖也主張秩序，但偏於奔放，故其人生哲學主逍遙。其人生哲學之要點：(1)超越世界之分別；(2)既超越分別，故得放任；(3)逍遙為放任之極（神游於無名之境）。
> 〔註53〕

湯用彤指出嵇康、阮籍思想是發揮了《莊子》逍遙與齊物的理論，並且以逍遙的思想作為人生哲學的主軸，主張要超越一切的分別，因為超越分別，所以放任自適，而逍遙即是放任的最高境界。

根據湯一介、湯用彤的看法，他們同樣注意到嵇康思想重視人生哲學的特點。在王弼哲學中，可以說王弼承繼《老子》的思維模式，以「崇本息末」的概念，詮釋超越的道與現實世界的關係；而在竹林玄學，特別是嵇康、阮籍，他們將思考的焦點放在每個個體生命上，將超越的「道論」轉化為個體精神追求的境界，由個體生命的逐步提升，由超越相對、超越分別、超越社會制度、超越一切的限制，以達到精神上的自由自在。

不過，由於許多學者多將嵇康、阮籍並稱而進行論述〔註54〕，因此，如要深究嵇康思想與魏晉《莊子》思潮的關係，可能需要進一步分析嵇康與阮籍思想的差異。〔註55〕根據史書的記載與文本思想，可以初步整理出嵇康與

〔註52〕 湯一介，〈論魏晉玄學中的內在性與超越性的問題〉，《魏晉南北朝文學與思想學術研討會論文集》（1991），頁419。

〔註53〕 湯用彤，《魏晉玄學論稿》（2001），頁151。

〔註54〕 如上述的湯一介與湯用彤先生的論述。

〔註55〕 嵇康與阮籍在行事作風上有相當大的不同：面對魏晉時期的政局變故，在司馬家族把持朝政後，嵇康便強硬地拒絕任何官職的引誘，如《晉書·嵇康傳》記載親近司馬昭的名士鍾會親自去探訪嵇康，嵇康卻依然故我的鍛鐵完全不加以理睬，以至於得罪了鍾會；嵇康堅持拒絕為官，甚至不惜與推薦他的友人絕交，如嵇康寫〈與山巨源絕交書〉的背景就是因為山濤舉薦嵇康，嵇康

阮籍兩個主要的差異：

第一，嵇康具有批判儒家的言論——嵇康、阮籍思想上同樣尊崇道家思想。然而，嵇康一句「又每非湯、武而薄周、孔」，批判了所有儒家尊崇的重要人物商湯、武王、周公，甚至孔子；又說要「越名教而任自然」，大聲疾呼地勸告大家要跳脫名教的束縛。當然，經由針對〈釋私論〉的分析，可以理解嵇康批判的名教已經是扭曲的禮教，而他批判儒家推崇的人物也不代表他絕對地反對儒家思想，不過，可以確定的是，在嵇康的思想裡，融合儒、道的想法是薄弱。然而，阮籍則是尊《老》、《莊》而不批儒家，如〈通易論〉稱「黃帝、堯、舜應時當務」，並認爲大禹、商湯、文王等著的經典在歷史上具有重大的影響（「禹、湯之經皆在，上古之文不存」和「至乎文王，故係其辭，于是歸藏氏逝而周典經興」）。〔註56〕

第二，阮籍之作較偏向文學性，嵇康之作則偏向論理——正如《文心雕龍》的評語：「嵇志清峻，阮旨遙深。」〔註57〕阮籍著作多是文學性敘事，嵇康則以清晰的論理著稱。

根據第二個差異，突顯了嵇康思想在魏晉玄學中的重要性。如牟宗三先生指出：「阮籍有一浪漫之文人生命，復有一古典之禮樂生命。而嵇康則是一道家養生之生命，（不縱情於酒色），復有一純音樂之生命。阮籍比較顯情，而嵇康比較顯智。故一屬文人型，一屬哲人型。因較顯智，故能多方持論，往復思辯。故本傳稱其『善談理』也。」〔註58〕何啟民比較阮籍、嵇康、向

辯稱他自己有九種不適合做官的原因（「九患」），其中還說到「又每非湯、武而薄周、孔」，更是觸怒了司馬昭。阮籍的態度則與嵇康不同，阮籍原本懷有濟世的志向，面對政局的混亂，他沒有強硬地拒絕任官職，常常以酒醉或病痛來躲避災禍，當躲避不過時，他也只會消極地敷衍順從，如據《晉書·阮籍傳》記載，阮籍常常「又以病免」、「因以疾辭」、「酣飲爲常」，甚至「醉六十日」，不過，當公卿大臣強要阮籍幫司馬昭的「禪讓」寫勸進辭，阮籍發現即使大醉也躲不掉便消極地完成。《晉書·阮籍傳》記錄說：「會帝讓九錫，公卿將勸進，使籍爲其辭。籍沈醉忘作，臨詣府，使取之，見籍方據案醉眠。使者以告，籍便書案，使寫之，無從改竄。辭甚清狀，爲時所重。」參看：許嘉璐主編，《晉書》（第二冊）（2004），頁1107～1110。

〔註56〕阮籍（魏）撰，陳伯君（校注），《阮籍集校注》（北京：中華書局，2004），頁108。

〔註57〕這個評論多數學者皆有引述，出自《文心雕龍·明詩》，關於《文心雕龍》的原文，在此參考「中國哲學書電子化計劃」的內文：URL=http://ctext.org/wenxin-diaolong/ming-shi/zh。

〔註58〕牟宗三，《才性與玄理》（2000），頁319。

秀的思想後，也有相近的看法。〔註 59〕以及，岑溢成除了認爲阮籍爲文學性
的表達方式，嵇康是「辨名析理」的思維特色，更從而突出嵇康的思辨能力〔註
60〕，並且歸納出嵇康有時參與論辯時的態度是「吾怯於專斷，進不敢定禍福
於卜相，退不敢謂家無吉凶也」（〈難宅無吉凶攝生論〉），也就是說，岑溢成
認爲嵇康有些論著單純就是爲了論辯，不沒有想要提出另外一套看法，進而
以「心無所措於是非」來說明嵇康的思維特色：

> 我們寧願把嵇康看成是帶著「心無所措於是非」的態度或傾向去參
> 加論辯的，他的目標不再提出主張，而是在於瓦解對方的立場。依
> 照這個詮釋方式，這些論辯都是嵇康這種一貫的態度或傾向的表
> 現，於是這些論辯在內容上的不一致、不聯貫，都可以在這種一貫
> 的態度或傾下之下得到解釋。從這個角度來說，嵇康所以樂於參與
> 這些從魏晉玄學的主要課題地表準來看無關重要的論辯，以及他在
> 論辯中利用分析的方法以瓦解對立論點的立場，其實都可說是莊子
> 「齊物論」精神的具體實踐和表現。莊子「齊物論」的精神，也可
> 以說是一種「無」的精神。嵇康不僅在行爲上，更在論辯上、思維
> 上體現了這種「無」的精神。〔註61〕

岑先生認爲嵇康的擅長論理的思維模式，更是《莊子》思想的實踐與發揮，

〔註59〕 何啓民先生說到「阮籍，有通易、通老、達莊三論，是其於易、老、莊皆有
涉足，然各成單元，各求其通。此爲通也、達也，不過裁削字句，騁辭潤意，
求其文可誦，其說可通，雖亦謀於儒道間尋其異同，初未能貫穿三書，而有
所發明也。而嵇康則頗有異，其養生論、聲無哀樂論、釋私論、明膽論，……
或創義以利說，或難問以抒見，混融儒道，組織論體，……雖何晏之徒，使
盛玄論，而玄論實至康而完密謹慎，格局可觀，非如籍之鬆弛，而但爲文論
者也。……然嗣宗以文、叔夜以意、子期以理，用此立論，用此立說，用此
處世，雖趨向不異，精神固自不同矣！」參看：何啓民，《竹林七賢研究》
（1966），頁 161～163。

〔註60〕 岑溢成先生區分阮籍、嵇康在寫作方式上極大的差異，指出阮籍文學性的表
達方式，而嵇康則是「辨名析理」的思維特色：「從思維和表達方式來看，阮
籍的《達莊論》和《大人先生傳》大抵上只是把莊子思想作一種獨特的文學
性表現，不但內容上沒有新的意思，對既定內容的意義也沒有新的詮釋或發
揮，在表達方式上並不能表現出魏晉思想的特色。嵇康的表達方式就大不相
同。他的論文在內容上不一定有甚麼開創，但表達上卻無一不顯出高度的抽
象性和分析性，對於討論的課題，大都提出了一些新的概念區分來加以澄清
或解決，充分表現了魏晉玄學在這一方面的特點。」參看：岑溢成，〈嵇康的
思維方式與魏晉玄學〉，（1992），頁 37。

〔註61〕 岑溢成，〈嵇康的思維方式與魏晉玄學〉，（1992），頁 51。

這與阮籍的思想有很大的不同。〔註62〕嵇康將《莊子》思想的思維模式，落實在他的論辯之中，將《莊子》思想與魏晉時期流行的清議的論述型態結合，更在論辯的過程中展現莊學的齊物精神。

　　根據岑溢成的論點，我們可以重新給予嵇康犀利的推論能力的意義，這是說當嵇康致力於推翻論敵的立場時，嵇康並不是要炫技或炫耀自己的推理能力，而是著重在破除對方的私心成見；因此，我們可以將著力於破除個人的私心、成見，作爲《莊子》思想的落實與發揮。由此來說，我們可以說這是嵇康將《莊子》思想，落實在個體生命的態度之一。從而，我們來看羅宗強稱嵇康是「第一個把莊子的返歸自然的精神境界變成人間境界的人」〔註63〕的論述，羅宗強在書中說到：

> 莊子多次提到生之如夢，夢亦如夢，都說明這種純哲理的境界之難以成爲可捉摸的實在的人生。在莊子，是要以這樣的精神境界去擺脫人間的一切痛苦，是一種悲憤的情緒走向極端之後的產物，其實是對現實的一種回避。……莊子所追求的人生境界，並不是一個實有的人間境界。嵇康的意義，就在於他把莊子的理想人生境界人間化了，把它從純哲學的境界，變爲一種實有的境界，把它從道的境界，變成詩的境界。〔註64〕

羅宗強指出《莊子》哲學著重於思考以精神境界去擺脫人間的一切苦痛，不過，他認爲此種精神境界是悲憤的情緒走到極致後的產物，是純哲理且不可捉摸的，甚至是一種對現實的回避。由此，羅先生認爲嵇康的重要性，在於他將《莊子》存哲理的精神境界人間化，變成一個實有的境界，並通過嵇康詩文的描繪，將《莊子》的哲思轉化爲可以捉摸的詩化境界。〔註65〕

　　筆者同意羅宗強對於嵇康重要性的說明，不過，關於羅宗強對於《莊子》思想的評論，則認爲可以再行考察。羅宗強認爲《莊子》純哲理的境界是「難

〔註62〕我們相信不同的思維，即使只是些微的差異，亦可能形成不同的人生觀；因此，嵇康與阮籍思想上既然存在著些微的差異，同樣可能形成他們不同的人生觀。關於人生觀的討論，將於下一節進行分析。

〔註63〕羅宗強，《玄學與魏晉士人心態》，（1992），頁110。

〔註64〕羅宗強，《玄學與魏晉士人心態》，（1992），頁112。

〔註65〕羅先生在書中逐步的論述嵇康將《莊子》純哲理的人生境界，變成了具體的真實人生，經由如詩如畫的描繪，《莊子》的哲思正式進入文學的領域。所以，羅先生又稱嵇康是「第一個把莊子詩化了」。參見：羅宗強，《玄學與魏晉士人心態》，（1992），頁112～118。

以成為可捉摸的實在的人生」的支持點，在於羅宗強以為《莊子》思想雖然是企圖「精神境界去擺脫人間的一切痛苦」，但是，《莊子》是「一種悲憤的情緒走向極端之後的產物」，所以，《莊子》的精神境界其實是「對現實的一種回避」；因而羅宗強歸結「莊子所追求的人生境界，並不是一個實有的人間境界」。此處，羅宗強質疑《莊子》的論點，似乎必須先說明一個先在的問題——亦即羅先生認為什麼是「實在的人生」？「可捉摸的實在的人生」又是什麼？

倘若，以每一個個體生命來說，每一個身體存在、精神可正常運作的日子，是不是可以稱為「實在的人生」？如果，羅宗強認為每個個體經歷精神與身體皆可正常運作的每個日子，不能稱之為「實在的人生」或「可捉摸的實在的人生」，那麼這將可能走向虛無主義（nihilism）〔註66〕，以為人生的活動將不具有任何的價值或意義；亦或傾向懷疑主義（skepticism）〔註67〕，一直處於懷疑一切的狀態。另外，若羅先生認為每個個體經歷精神與身體皆可正常運作的每個日子，可以稱之為「實在的人生」或「可捉摸的實在的人生」，那麼當然不能稱《莊子》的思想是「對現實的一種回避」，更不能說明《莊子》所追求的人生境界「不是一個實有的人間境界」。當然，筆者不可能代替羅先生回答這個問題；不過，可以根據《莊子》文本回應這個問題。

筆者由《莊子》對於精神境界的描繪來說，《莊子》假借神人來說明精神超脫世俗困境的典範，如藐姑射山上的神人是「肌膚若冰雪，淖約若處子，不食五穀」（〈逍遙遊〉），神人的不食人煙；又如以木材比喻無用才能成大的道理；〔註68〕亦如「上神乘光，與形滅亡」（〈天地〉）的神人。或如〈天下〉

〔註66〕虛無主義（nihilism）就形上學來說：「這種理論人為：(a)世界是無意義和沒有目的的；(b)人生及其活動不具有任何價值和意義；以及(c)沒有什麼值得存在的。」參看：段德智、尹大貽、金常政譯，安傑利斯（Peter A. Angeles）著，《哲學辭典》（The Harper Collins dictionary of Philosophy）（1999），頁294。

〔註67〕懷疑主義（skepticism）：「(1)一種懷疑的狀態。(2)一種懸置判斷的狀態。(3)一種不相信或無信仰的狀態。懷疑主義的範圍從完全的、總體的不相信每件事物到在達到確定性的過程中的暫時性懷疑。」參看：段德智、尹大貽、金常政譯，安傑利斯（Peter A. Angeles）著，《哲學辭典》（The Harper Collins dictionary of Philosophy）（1999），頁404。

〔註68〕無用之為大用的典故出自〈人間世〉：「南伯子綦遊乎商之丘，見大木焉有異，結駟千乘，隱將芘其所藾。子綦曰：『此何木也哉？此必有異材夫！』仰而視其細枝，則拳曲而不可以為棟梁；俯而見其大根，則軸解而不可為棺槨；咶其葉，則口爛而為傷；嗅之，則使人狂酲三日而不已。子綦曰：『此果不材之

由君子、聖人、至人、神人到天人，描述修養的境界：不離宗本、不離道，稱爲天人，是最高的境界；不離精微的稱爲神人；不離眞實地稱爲至人；而以天爲宗本，以德爲根本，以道爲門徑，能預見變化的徵兆，稱爲聖人；以仁施行恩惠，以義作爲條理，以禮爲行動的準則，以樂調和性情，薰養慈和仁愛，稱爲君子。〔註 69〕《莊子》以這些修養精神境界有功的典範，給予每個個體面對困厄環境時，可以依循的精神脫困之道。由此觀點來說，可以說《莊子》是「一種悲憤的情緒走向極端之後的產物」，但絕對不是「對現實的一種回避」。因爲，《莊子》是基於平等的對待每個人，在乎每個個體的生命的處境，而有的深刻反思。《莊子》對於生命的關懷是自覺的，《莊子》在看見天下已是無道混亂時，勸告人們不要想要當官，也不要受到名利的誘惑，甚至不要接近強權。《莊子》這樣勸告眾人，不是爲了回避現實，反而是對現實環境有深層的理解後而有的醒悟。於是，《莊子》認爲無需眷戀世俗的價值，應該將關懷焦點置於如何安頓自己生命的問題上。

接著，由嵇康擅長論理、批判性格與正義感的特殊思維模式，可以發現嵇康同樣是自覺地關懷個體生命的問題，他以「自然」與「名教」的矛盾，突顯當時逐漸崩壞的名教制度，並認爲面對殘暴無道的強權，應該捨棄名利與權位的引誘（「養生有五難，名利不滅，此一難也」〈答難養生論〉），而追求恬淡平靜的生活。〔註 70〕我們同樣可由〈與山巨源絕交書〉的描述，看出嵇康對於恬靜生活的嚮往，說到：「今但願守陋巷，教養子孫，時與親舊敘離闊，陳說平生。濁酒一杯，彈琴一曲，志願畢矣。」嵇康訴說自己希望可以在鄉野之間，平靜地教養子孫，偶而能與好友或親戚飲酒、彈琴聊聊往事敘舊，便是嵇康的志願了。

如上述的分析，根據嵇康擅長論理、「非湯武而薄周孔」的批判性和「剛腸疾惡」的正義感，可以整理出四處與莊學相近的觀點：其一，對無道當權

木也，以至於此其大也。嗟乎！神人以此不材！』」
〔註 69〕 〈天下〉説到：「不離於宗，謂之天人。不離於精，謂之神人。不離於眞，謂之至人。以天爲宗，以德爲本，以道爲門，兆於變化，謂之聖人。以仁爲恩，以義爲理，以禮爲行，以樂爲和，薰然慈仁，謂之君子。」
〔註 70〕 這如同蕭馳指出在政局壓力變化下，玄學的中心課題由探討無爲政治而轉向個體自由，此即學術由老學、易學轉向莊學的歷史脈絡2，蕭馳以爲嵇康受莊學思想的影響發展出：「藉生命中心性的修養而歸返自在自如的逍遙境界，並輔以游世哲學和養生之術以全身。」參看：蕭馳，〈嵇康與莊子超越境界在抒情傳統中的開啓〉（2007），頁 107。

者的憤恨；其二，拒絕任官，喜好優游山林；其三，思考個體生命如何安頓
的問題；其四，追求精神放達的境界。

第三節　釋私任心的人生觀

　　探究嵇康人生觀的起因，在於《晉書・嵇康》〔註71〕的記載：「康早孤，
有奇才，遠邁不群。身長七尺八寸，美詞氣，有風儀，而土木形骸，不自藻
飾，人以為龍章鳳姿，天質自然。恬靜寡欲，含垢匿瑕，寬簡有大量。學不
師受，博覽無不該通，長好《老》《莊》。……常修養性服食之事，彈琴詠詩，
自足為懷。」記載上形容嵇康姿質聰穎，博覽群書而能無師自通，而且別人
以為他有龍鳳那樣的風姿，他自己卻恬靜少欲，彈琴吟詠詩詞便足以自娛。
接著說到：「戎自言與康居山陽而十年，未嘗見其喜慍之色。」還有記載：「游
山澤，觀魚鳥，心憨樂之。一行作吏，此事便廢，安能舍其所樂，而從其所
懼哉！」由此看來嵇康待人和善、氣質不凡，喜好山水自然，並且能怡然自
得。不過，接下來的記載，出現了嵇康不同的面向：「登曰：『君性烈而才雋，
其能免乎！』」記載中孫登形容嵇康是性情剛烈、才氣縱橫，因此為嵇康感到
憂慮，擔心他無法逃過災禍。然而，根據史書的記載，嵇康確實之後受到呂
安案的牽連，四十歲就被殺身亡了。由《晉書》裡描繪的嵇康來看，可以發
現他是氣宇不凡、才氣縱橫的名士，待人和善但同時因為性情剛烈而得罪權
貴。由此，促使筆者思考嵇康究竟有什麼人生觀？才會包含了和善和剛烈，
兩種截然不同的人格特質。

　　在探究嵇康的人生觀之前，可能需要先思考一個先在的問題——如何界
定什麼是人生觀？在此，藉由張君勱分析人生觀與科學的不同來說明人生觀
的界定問題。張君勱指出「人生觀的中心點是『我』，與我對待者即非我，而
此非我之中就有種種的區別。」〔註72〕張先生並且說到：「科學為客觀的，人

〔註71〕《晉書・嵇康》參看：許嘉璐主編，《晉書》（第二冊）（2004），頁 1116～1121。
〔註72〕十九世紀的二十年代，因為科學與玄學論戰，「人生觀」由張君勱先生提出。
　　　　張先生反對胡適先生所說「科學人生觀」，認為人生觀的界定是為了說明科學
　　　　無法解決關於人生的種種問題。關於「科學與玄學論戰」張君勱先生有《科
　　　　學與人生》、《人生觀之論戰》兩書。由於，此一論戰的詳細內容以偏離本論
　　　　文的主軸，因此暫且擱置。關於張君勱先生的觀點，可參考《中國哲學大辭
　　　　典》的「人生觀」、「人生觀與科學」、「《人生觀之論戰》序」、「人生觀論戰之
　　　　回顧」等條目的整理。參見：方克立主編，《中國哲學大辭典》（上冊）（1991），

生觀爲主觀的；科學爲倫理學爲方法所支配，而人生觀則起於直覺；科學可以從分析方法下手，而人生觀則爲綜合的；科學爲因果律所支配，而人生觀則爲自由意志的；科學起於對象之相同現象，而人生觀起於人格之單一性。因此，『科學無論如何發達，而人生觀問題之解決，絕非科學所能爲力，惟賴諸人類之自身而已。』」〔註73〕由此可說，人生觀是主觀的、綜合的，而且是起於直覺、自由意志和人格的單一性，也就是說人生觀意指個人由主觀直覺與自由意志呈現出的生命態度。

在初步界定人生觀的意義之後，經由上述分析嵇康主要承繼莊子關壞個體生命的思維模式，可以進一步推論嵇康的人生觀是以「思考個體生命如何安頓的問題」爲主軸，由這個主軸在此將以三個層面進行說明：其一，個體面對自我的人生觀；其二，在社會關係之中的人生觀；其三，超越世俗約束的天地視野所呈現的人生觀。

一、釋私任心的人生觀在個體面對自我層面的呈現與落實

所謂的「釋私任心」的人生觀，意指個體面對自我層面的落實，也就是說個體與自我的內在互動，此一互動包括對自我的了解、自我反思與反省。嵇康〈釋私論〉中提出人們追求「越名教而任自然」、「越名任心」的生活，然而，「越名任心」並不是漫無目的的任意妄爲，也不是故意違背法律、禮教的瘋狂行爲，而是個人基於主體的思維，祈求跨越「名教」的束縛，過著順任自然本性的生活。然而，要如何做到「釋私任心」的生活？

首先，嵇康認爲任「自然」或任「心」，就是順任人之自然本性的生活狀態，說到：「夫民之性，好安而惡危，好逸惡勞，故不擾則其願得，不逼則其從志。洪荒之世，大朴未虧，君無文於上，民無競於下，物全理順，莫不自得，飽則安寢，饑則求食，怡然鼓腹，不知爲至德之世也。」（〈難自然好學論〉〔註74〕）嵇康將自然本性的狀態稱爲「大朴（樸）未虧」，他認爲在後人稱爲「至德之世」的時代，根本無需法律條文的制約，人民不懂得相互競爭，過著不受干擾、安逸自得的生活，這就順應自然之性的理想生活。不過，隨

頁16～17。
〔註73〕此爲「人生觀」條目中的整理。參見：方克立主編，《中國哲學大辭典》（上冊）（1991），頁16～17。
〔註74〕〈難自然好學論〉，參看：戴明揚（校注），《嵇康集校注》（1978），頁259～264。

著大道的衰落，百姓的生活不再自在自得，從而說到：「乃始作文墨，以傳其意，區別群物，使有類族，造立仁義，以嬰其心，制定名分，以檢其外，勸學講文，以神其教；故六經紛錯，百家繁熾，開榮利之塗，故奔騖而不覺。」（〈難自然好學論〉）嵇康指出在「至德之世」的沒落之後，人們不再過著素樸的生活，榮利的引誘遮蔽人們的自然本性，所以，才需要以文辭表達意思，以仁義約束人心，以名分限制人的外在行為。

接著，嵇康要人們追求自然本心、自然本性，然而人的本性、本心是什麼？在此，引用何啓民先生的考察，何先生將嵇康所言的「性」分為三義〔註75〕：第一義，以「性」當作「生」解釋，「性理」亦作「生理」，如生理情慾；第二義，將「性」當作「天性」，意指與生俱來、不可以變化，如個人的脾氣、才性（「賦受有多少，故才性有昏明」〈明膽論〉）；第三義，「未動前之氣象」，何先生解釋說：「嵇康倡循性以動，糾之以和，雖為儒統，實摻合老氏去智無欲、知足神默、去累除害之說矣。」〔註76〕意指「性」具有「致中和」，可以用以修養生命之義，也是最重要的一義。

接續著何啓民先生的論述，曾春海先生做了進一步的解析。曾先生認為何啓民所說第一義的「性」，作為生理情慾之性的涵義，需要說明「情」與「性」的關係，認為「性」雖生而有之，卻因「情」而得見〔註77〕；並認為何啓民指出第三義的「性」，具有「致中和」的「性」之所以能夠作為修養生命的要素，在於「自然之『性』及『心』對性的修保作用」〔註78〕，因為曾春海認為嵇康將人的原始自然之性，視為「人之真性」，而且是將人性問題與宇宙本體問題聯繫起來；關於何啓民的第二義之「性」說明「由世人稟氣之殊異言個人才性之不同」〔註79〕，曾春海以為嵇康是由稟氣殊異，說明人的才性各有不同，所以，推論嵇康是主張「才性離」，如「稟之自然，非積學所能致也」。由此，曾春海稱嵇康所謂的人性，即是個別差異的「性」。曾先生認為「修性以保神」的工夫關鍵在於「心」，「心」以自覺、自清、自照、自養的修養工

〔註75〕參見：何啓民，《竹林七賢研究》（1966），頁 86～90。

〔註76〕何啓民，《竹林七賢研究》（1966），頁 90。

〔註77〕曾春海先生說到：「對嵇康而言，生理的需求世人情欲生命的基本要求。」參看：曾春海，《嵇康》（2000），頁 77～78。

〔註78〕曾先生對於「自然之『性』及『心』對性的修保作用」的說明。參看：曾春海，《嵇康》（2000），頁 80～85。

〔註79〕曾先生關於「由世人稟氣之殊異言個人才性之不同」的說明。參看：曾春海，《嵇康》（2000），頁 86～95。

夫去執以化境觀物，既是吸收先秦道家的思想，也隱含了儒家的思想成分，如：「君子行其道，忘其為身。任心無窮，不識於善而後正也。」說明嵇康以為真正道德上的善，是不計較利害關係。〔註80〕曾春海認為嵇康的修養工夫，同時包含「虛其心」（《老子‧第三章》）、「唯道集虛」（《莊子‧人間世》）的意涵，曾先生說到：「主旨在於以虛靜修心工夫，使心有所自覺，超越物欲心之的侷限，回歸於心之真實本性，照射出道心的智慧光芒。」〔註81〕

綜合來說，魏晉時期的名士多數對於儒道思想皆有涉略，嵇康引用君子形象來象徵修養的典範，並不是特例，但也不足以證明嵇康的「君子」即是儒家式的「君子」。由嵇康的修養工夫來看，嵇康以「心」為修養的主體，並且以虛心、任心作為個體的修養工夫，相信心靈的放任，便能跳脫俗世的束縛；然而，跳脫世俗的過程即是釋私，也就是要要求放下一切成見、私慾，才能獲得真正的逍遙自在。重要的是，嵇康認為「心」不是被動的、受制約的心，而是具有主動性，如〈琴賦〉中「心憺慷以忘歸」、「思假物以託心」、「心閑手敏」、「誠可以感盪心志，而發洩幽情矣」，「心」具有主動去追求超越世俗束縛的能動力。因此，「任心」即是由個體的內在之心為起點，坦然地面對自我，主動地追求精神的脫困之道。由此可說，「釋私任心」的人生觀在自我層面的作用，涉及個人的反思與內省，同時包含了個體的內在修養工夫。嵇康以虛心、任心作為修養工夫，表面上看來同時承接了老莊的修養工夫論，不過，由於嵇康「釋私任心」的人生觀，具有超越名教束縛、要求回歸自我本心的態度，較為傾向發揚《莊子》關懷個體生命的精神。在此精神中，釋私任心講究的是個體一種跨越現實約束，回歸自然本心、本性的生命態度，同時也是一種找回自然本心的修養進程。這是個體通過內在精神自覺的反思，經由超越外在物欲如是非的牽絆、名分利益的誘惑，以順任大樸未虧的本我，表露出回歸本心的純真，以及瀟灑放達的風骨。

二、釋私任心的人生觀在社會層面的呈現與落實

釋私任心的人生觀在社會層面的呈現與落實，意指個體在與他者的互動關係，以及個體在人所組成的社會之中，如何落實「越名任心」的人生觀。因此，可說此一層面的討論，著重於嵇康對於在不安定的時局裡，人們要如

〔註80〕曾春海，《嵇康》（2000），頁95～97。
〔註81〕曾春海，《嵇康》（2000），頁85。

何自處的問題，由此，可以根據嵇康在〈卜疑〉〔註82〕中，借宏達先生、太史貞父的對話，提出多種處世的方式，約可分為：積極入世、消極入世與避世隱居等三大類。以下分別解析如下：

第一類，積極入世。在這一類中，嵇康又分為兩種行事態度，其一，願意出任官職或為智囊；其二，不擔任官職，勇於批判時務的名士。根據不同的行事態度，如：(1)仕官或為掌權者之智囊——如「將傲倪滑稽，挾智任術，為智囊乎？」、「將進伊摯而友尚父乎？」、「將慷慨以為壯，感慨以為亮，上干萬乘，下凌將相，尊嚴其容，高自矯抗，常如失職，懷恨怏怏乎？」、「寧如伯奮、仲堪，二八為偶，排擯共鯀，令失所乎？」、「寧如夷吾之不□（含）束縛，而終立霸功乎？」、「將如魯連之輕世肆志，高談從容乎？」、「寧如市南子之神勇內固，山淵其志乎？」、「將如毛公、藺生之龍驤虎步，慕為壯士乎？」等；〔註83〕嵇康以為這一種行事態度是藉由任官職或成為君主王侯的智囊，如管仲、毛遂或藺相如一般，發揮才智以剷除社會上的不義。(2)勇於批判時務的名士——「吾寧憤陳誠，謹言帝庭，不屈王公乎？」、「寧斥逐凶佞，守正不傾，明臧否乎？」、「將激昂為清，銳思為精，行與世異，心與俗反，所在必聞，恆營營乎？」等；〔註84〕嵇康指出這一種行事態度是善盡知識份子的批判精神，勇於提出質疑，敢於對抗社會上的不公不義。

第二類，消極入世。相關文獻如：「將卑懦委隨，承旨倚靡，為面從乎？」、「將進趣世利，苟容偷合乎？」、「將崇飾矯誣，養虛名乎？」、「寧外化其形，內隱其情，屈身隨時，陸沈無名，雖在人間，實處冥冥乎？」，以及「寧寥落閒放，無所矜尚，彼我為一，不爭不讓，遊心皓素，忽然坐忘，追羲農而不及，行中路而惆悵乎？」，還有如：「寧聚貨千億，擊鍾鼎食，枕藉芬芳，婉

〔註82〕已有諸多學者考察〈卜疑〉的寫作形式是依照《楚辭·卜居》的寫作風格。莊萬壽先生推論嵇康此篇文章著作於正元二年，這一年發生了毌丘儉政變，因而文中弘達先生對於當時政治灰暗、時局動蕩，心裡的徬徨不安，正是嵇康的自我寫照。參考文獻：(1)戴明揚先生於〈卜疑〉之後，有關於此文的寫作形式的考證，是根據《漢魏名文乘》記載：「張運泰曰：『機軸胎于屈平《卜居》，而玄致素衷，沖靜閒放，則如《廣陵》一曲，聲調絕倫。』」參考：戴明揚（校注），《嵇康集校注》（1978），頁 134～142。(2)莊萬壽，《嵇康研究及年譜》（1981），頁 153～156。

〔註83〕這些原文皆出自〈卜疑〉。參看：戴明揚（校注），《嵇康集校注》（1978），頁134～142。

〔註84〕這些原文皆出自〈卜疑〉。參看：戴明揚（校注），《嵇康集校注》（1978），頁134～142。

變美色乎？」、「將如季札之顯節義，慕爲子臧乎？」等；〔註85〕嵇康提出此
種生活態度爲入世退讓的處事態度，低調不與人相爭或經商維生，隱藏心中
的想法依循社會風氣的生活。

第三類，避世隱居。相關文獻如：「寧隱居行義，推至誠乎？」、「寧與王
喬、赤松爲侶乎？」、「寧隱鱗藏彩，若淵中之龍乎？」、「將苦身竭力，翦除
荊棘，山居谷飲，倚岩而息乎？」、「寧如泰伯之隱德潛讓而不揚乎？」、「將
如箕山之夫，穎水之父，輕賤唐、虞，而笑大禹乎？」、「寧如老聃之清淨微
妙，守玄抱一乎？」、「將如莊周之齊物，變化洞達而放逸乎？」等；〔註86〕
嵇康舉出這種生活方式是隱藏自己鋒芒、與世無爭的生活態度，如仙人王子
喬、赤松子、隱士許由悠遊山林，或如老聃隱世而居，或如莊周洞察天地萬
物而逍遙放逸。

通過嵇康在〈卜疑〉提出二十八種處事方式，可以發現嵇康透露出對於
如何在世道衰敗的環境中生活的不安全感。政局的不安定，不僅是嵇康覺得
備受威脅，當時已有許多名士牽連受害，就連阮籍都感到擔心受怕，如《晉
書‧阮籍傳》說到：「籍本有濟世志，屬魏晉之際，天下多故，名士少有全者，
籍由是不與世事，遂酣飲爲常。」〔註87〕這段文獻深刻地說明阮籍原本是懷
有濟世的志向，只是在魏晉之時在政局混亂的世道下，名士的處境十分艱難、
危險，因此阮籍只能以醉酒來躲避災禍。然而，具有忌惡如仇的性格與正義
感的嵇康，其實無法忍受消極的入世生活，如《晉書‧嵇康傳》中說：

> 吾每讀《尚子平》、《臺孝威傳》，慨然慕之，想其爲人。加少孤露，
> 母兄驕恣，不涉經學。又讀《老》《莊》，重增其放，故使榮進之心
> 日頹，任逸之情轉篤。阮嗣宗口不論人過，吾每師之，而未能及。
> 至性過人，與物無傷，惟飲酒過差耳，至爲禮法之士所繩，疾之如
> 仇讎，幸賴大將軍保持之耳。吾以不如嗣宗之資，而有慢弛之闕；
> 又不識物情，暗於機宜；無萬石之慎，而有好盡之累；久與事接，
> 疵釁日興，雖欲無患，其可得乎！〔註88〕

〔註85〕 這些原文皆出自〈卜疑〉。參看：戴明揚（校注），《嵇康集校注》（1978），頁
134～142。

〔註86〕 這些原文皆出自〈卜疑〉。參看：戴明揚（校注），《嵇康集校注》（1978），頁
134～142。

〔註87〕 許嘉璐主編，《晉書》（第二冊）（2004），頁1108。

〔註88〕 參看：許嘉璐主編，《晉書》（第二冊）（2004），頁1118。

《晉書》這段記載出自嵇康的〈與山巨源絕交書〉，其中文字有稍加簡略，不過內容大要一致。〔註89〕嵇康自述仰慕如尚子平、臺孝威那樣的隱士，受到母親、長兄的溺愛，未涉略儒家經典之學，又因爲閱讀《老》《莊》而更加的放任，使得爲官榮利的進取心日漸減少，放縱任性之情則越來越明顯。嵇康說自己學不會阮籍不議論他人過失的德性，並認爲自己天資不如阮籍，行事謹愼不如漢代萬石君父子，而且還有怠慢的缺點，又不通人情、不懂時機變化，卻還喜好盡興直言。嵇康盤點這些缺點後，都覺得自己想要在這亂世中，平安無事恐怕很難！

根據嵇康的自述，筆者認爲嵇康對於自己的性格與時局，皆有很深的理解。嵇康雖說自己放縱任性，卻很了解自己性格上喜好分明、直言不諱、不通人情的特徵，而且嵇康其實也很明瞭自己的處境，認爲自己應該學習阮籍少批評別人，學習萬氏父子謹愼的行事。嵇康除了讚許阮籍不會任意批評別人的優點，又說出「吾以不如嗣宗之資」，然而，嵇康究竟覺得自己哪裡不如阮籍的天資？

筆者整理關於阮籍的記載，〔註90〕關於阮籍的處世行爲，約可整理出五種特色如下：

其一，「口不論人過」（嵇康對阮籍的形容）、「喜怒不形於色」、「口不臧否人物」（《晉書·阮籍傳》）〔註91〕——阮籍的處事行爲表面上雖然放蕩不羈，但他從不隨意批評別人，也就不容易得罪別人。

〔註89〕〈與山巨源絕交書〉原文：「吾每讀《尚子平》、《台孝威傳》，慨然慕之，想其爲人。加少孤露，母兄驕恣，不涉經學，性複疏嬾。筋駑肉緩，頭面常一月十五日不洗，不大悶癢，不能沐也。每常小便而忍不起，令胞中略轉乃起耳。又縱逸來久，情意傲散。簡與禮相背，懶與慢相成，而爲儕類見寬，不攻其過。又讀《莊》、《老》，重增其放，故使榮進之心日頹，任實之情轉篤。此由禽鹿，少見馴育，則服從教制，長而見羈，則狂顧頓纓，赴蹈湯火，雖飾以金鑣，饗以嘉肴，逾思長林而志在豐草也。阮嗣宗口不論人過，吾每師之而未能。乃至性過人，與物無傷，唯飲酒過差耳。至爲禮法之士所繩，疾之如讎，幸賴大將軍保持之耳。吾不如嗣宗之資，而有慢弛之闕。又不識人情，暗于機宜，無萬石之愼，而有好盡之累。久與事接，疵釁日興，雖欲無患，其可得乎？」

〔註90〕關於阮籍的事蹟、思想，主要參考《晉書·阮籍傳》和《阮籍集校注》。(1)《晉書·阮籍傳》出處：許嘉璐主編，《晉書》（第二冊）（2004），頁1107～1110。(2)陳伯君（校注），《阮籍集校注》（2004）。

〔註91〕許嘉璐主編，《晉書》（第二冊）（2004），頁1107。

其二，「性至孝」(《晉書・阮籍傳》) 〔註92〕——阮籍十分孝順，因爲孝順合乎當時司馬氏所倡導的名教，因此司馬昭對阮籍很包容。

其三，思想融通儒家、道家——阮籍不像嵇康因爲年少喪父，因此兄長與母親都對他很溺愛，所以嵇康「不涉經學」。阮籍就像《晉書》上形容的「籍本有濟世志」，他原本是懷抱著濟世的志向，更融通儒、道思想，如〈樂論〉、〈通易論〉，陳伯君甚至認爲阮籍的〈達莊論〉是以《易》說《莊》。〔註93〕

其四，對儒家君子典範的稱讚——阮籍對於儒家推崇的君子典範頗爲讚賞，如〈通易論〉說：「黃帝、堯、舜應時當務，各有攸取，窮神知化，述則天序。庖犧氏布演六十四卦之變；後世聖人觀而因之，象而用之。禹、湯之經皆在，上古之文不存；至乎文王，故係其辭，于是歸藏氏逝而周典經興。上下無常，剛柔相易，不可爲典要，惟變所適，故謂之『易』。」〔註94〕阮籍對儒家尊崇的皇帝、堯、舜、禹、湯等皆是讚譽，稱皇帝、堯、舜的治理是順應天地自然之序而有所變化，而禹、湯、文王的著作甚至足以取代上古之文。阮籍對於君子的描述也比較傾向儒家，說到：「君子者何也？佐聖扶命，翼教明法，觀時而行，有道而臣人者也。因正德以理其義，察危廢以守其身。故經綸以正盈，果行以遂義，飲食以須時，辯義以作事，皆所以章先王之建國，輔聖人之神誌也。見險慮難，思患豫防，別物居方，愼初敬始，皆人臣之行，非大君之道也。」〔註95〕

其五，飲酒、稱病以避禍——《晉書》裡記載阮籍多次藉酒醉或佯稱生病來躲避災禍的事蹟，如「及曹爽輔政，召爲參軍，籍因以疾辭。」又如：「鐘會數以時事問之，欲因其可否而致之罪，皆以酣醉獲免。」

〔註92〕《晉書・阮籍傳》記載：「籍雖不拘禮教，然發言玄遠，口不臧否人物。性至孝，母終，正與人圍棋，對者求止，籍留與決賭。既而飲酒二斗，舉聲一號，吐血數升。及將葬，食一蒸肫，飲二斗酒，然後臨訣，直言窮矣，舉聲一號，因又吐血數升，毀瘠骨立，殆致滅性。裴楷往弔之，籍散髮箕踞，醉而直視，楷弔唁畢便去。或問楷：『凡弔者，主哭，客乃爲禮。籍既不哭，君何爲哭？』楷曰：『阮籍既方外之士，故不崇禮典。我俗中之士，故以軌儀自居。』時人歎爲兩得。」參看：許嘉璐主編，《晉書》(第二冊) (2004)，頁1108。

〔註93〕陳伯君先生在〈達莊論〉題目後有一段注解，說到：「《晉書・阮籍傳》：『博覽群籍，尤好莊老。』張溥題辭見《樂論》題下注。阮氏以《易》說《莊》，但《莊子》書中亦有易，如《天道篇》言尊卑、先後即是。」參看：陳伯君 (校注)，《阮籍集校注》(2004)，頁133。

〔註94〕陳伯君 (校注)，《阮籍集校注》(2004)，頁108。

〔註95〕陳伯君 (校注)，《阮籍集校注》(2004)，頁128。

　　由此來說，阮籍雖然也崇尚悠游方外的「大人」〔註96〕，也有諷刺僞君子的言論「假廉而成貪，內險而外仁」（〈大人先生傳〉），不過，阮籍的人生態度正如同他的著作一般，具有一種浪漫的文人的風格〔註97〕，他不會強烈去衝撞權貴，也不會任意地批判社會上的人事物，只是隨波逐流地看待世事的潮起潮落，壓抑眞實情緒的生活。關於阮籍思想的評論，如辛旗《阮籍》指出「竹林名士的選擇一言以蔽之，入世與出世的問題」〔註98〕，進而指出阮籍的人生觀是：

> 阮籍於理想的道德境界中，追求「大人先生」的逍遙但他從沒有忘卻現實的險惡痛苦。他的自我意識業已上昇到一個更高的層面：絕對的倫理不僅是爲了反抗現實虛僞的「名教」，更是爲了抵禦生命欲念中對死亡的恐懼，爲了心靈在時世的流變和亙古的孤寂中尋找安歇。〔註99〕

辛旗認爲阮籍醉酒避事的態度，部分還是因爲擔心生命的安危，因此大人先生的形象，可以作爲心靈孤寂的安歇。

　　不過，阮籍的人生觀有爲他找到心靈的安歇嗎？羅宗強稱阮籍爲「苦悶的象徵」，直言阮籍的人生觀始終徘徊在高捷與世俗之間，依違於政局內外，在矛盾中度日，在苦悶中尋求解脫。〔註100〕蔡忠道也有相近的觀點，認爲阮籍一生在仕與隱之間掙扎，對時局的變化感受敏銳，卻無力改變外在的世界，〔註101〕進而說到：「阮籍在混濁的現實中，生命遭遇極大的困境，欲隨俗而不願，欲自適而不能，生命極爲掙扎，因此其詠懷詩晦澀難懂，難以索

〔註96〕阮籍說到：「大人者何也？龍德潛達，貴賤通明，有位無稱，大以行之，故大過滅示天下幽明，大人發輝重光，繼明照於四方，萬物仰生，合德天地，不爲而成，故大人虎變，天德興也。」陳伯君（校注），《阮籍集校注》（2004），頁128。

〔註97〕牟宗三先生如此形容阮籍，引文上述已經在文中羅列，在此僅以註腳說明。參看本論文頁54。牟先生的原文請參閱：牟宗三，《才性與玄理》（2000），頁319。

〔註98〕辛旗，《阮籍》（台北：三民出版社，1996），頁60。

〔註99〕辛旗，《阮籍》（1996），頁108。

〔註100〕羅宗強說到：「與嵇康不同，阮籍的一生，不是處於與名教完全對立的地位，不是以己之高潔，顯示俗之污濁，不是採取一種完全超越世俗的人生態度。他的一生，始終徘徊在高捷與世俗之間，依違於政局內外，在矛盾中度日，在苦悶中尋求解脫。」參看：羅宗強，《玄學與魏晉士人心態》，（1992），頁137。

〔註101〕蔡忠道說到：「阮籍一生在仕與隱之間掙扎，他對時局的變化感受敏銳，卻無力改變外在的世界：欲隱山林，縱放自由，卻求之不得。」參看：蔡忠道，《魏晉處世思想研究》，（台北：文津出版社，2007），頁223。

解；然而，其生命在掙扎沈吟中，又展現強大的生命深度，而散發迷人的魅力。」〔註102〕

　　由這些研究成果來看，多數學者皆認為阮籍一直猶豫在入世、出世之間糾葛。綜合來說，阮籍具有口不論人過、孝順、稱讚儒家君子典範，和尊老、莊而不批周、孔，以及飲酒、稱病以避禍等五種處世的特色，表面上看起遊走於入仕與隱居、名教與自然之間，實則在動盪的社會中為了保全性命，表面上過著隱藏心中真正的情緒與想法的處世之道，卻在理想與現實之間擺盪，心中充滿的抑鬱與苦悶。這樣苦悶的心境，亦可在阮籍著名的詠懷詩裡看到：「嘯歌傷懷，獨寐寤言。臨觴拊膺，對食忘餐。」〔註103〕詩中沒有說明為了什麼傷懷，沒有說清楚什麼事情讓他難以忘懷的憂思，卻道盡阮籍壓抑的人生觀。

　　據此來看，嵇康與阮籍的人生觀有著很大的差異。嵇康借太史貞父對宏達先生的評語自許，期望自己像宏達先生一樣，成為心中明亮、平凡樸素的人，不會對不起自己的內心、外在行為也不庸俗、不為利益而交友、仕官不謀求利祿，而且又能通曉古今、洗滌過多的欲望。〔註104〕嵇康認為如果能像宏達先生這樣，那麼在任何地方都能怡然自得，無論是在瀑布游泳，或是在太陽洗澡的地方也能沐浴，就像南海的大鵬鳥一樣，無須憂慮人世間的曲折變化。因此，即使身處於大道衰落的年代，面對強權與壓迫，嵇康縱然充滿不安，他仍然選擇釋私任心的態度去生活，透過宏達先生的氣質品德，說明自己有所為有所不為的志向。

　　由此，對於嵇康釋私任心的人生觀在社會層面的落實，可以說是依循著「越名教而任自然」、「越名任心」的思路發展而成的。這可說是接續著馮友蘭先生的看法，馮友蘭認為「越名教而任自然」，就是在個人與社會的關係上說的，馮友蘭指出：「這就是說一個人應該順著他的自然本性生活下去，不管社會上的清規戒律、條條框框。要這樣做，就不要理會社會上的批評和讚揚，這就叫『心無挫乎是非』。」〔註105〕筆者同意馮友蘭的論述，認為嵇康的人生

〔註102〕蔡忠道，《魏晉處世思想研究》，（2007），頁237。

〔註103〕陳伯君（校注），《阮籍集校注》（2004），頁203。

〔註104〕如〈卜疑〉：「吾聞至人不相，達人不卜，若先生者，文明在中，見素表璞，內不愧心，外不負俗，交不為利，仕不謀祿，鑒乎古今，滌情蕩欲，夫如是呂梁可以遊，湯谷可以浴，方將觀大鵬於南溟，又何憂於人間之委曲！」

〔註105〕馮友蘭，《三松堂全集（第九卷）》（2001），頁385。

觀在社會層面上，確實是依著「越名教而任自然」的理念去生活，追求跳脫
世俗的約束、心中不會存有是非的成見，這正是筆者以釋「私」、任「心」的
來說明嵇康之人生觀的原因。釋「私」，意即不隱匿心中的想法、坦誠心中的
情感；任「心」，由於個體是依順自然之心、自然之性，保障了個體個體心中
所想不會受到是非、成見的影響。

　　不過，由於嵇康太過強調追求個人自然、自由的人生觀，在社會層面上，
很容易引起當權者的注意，讓正在集中權力的當權者感到威脅，這也是嵇康
後來受冤落難的原因之一。由此，羅宗強稱嵇康為「悲劇的典型」，說到：

> 玄學理論本身是在現實需要中產生的，它是個性解放之後的產物，
> 它的特質是返歸自然。但是這些玄學家還沒能把這個返歸自然的理
> 論變為一種人生觀。把它變為一種人生觀的，是嵇康。這個人生觀
> 的本質是把人性從禮法的束縛中解放出來，是追求個性的自由。……
> 這樣一個玄學人生觀，作為維繫個性自由來說，他是意義重大的；
> 但是由於它沒有解決個人對社會承擔的責任，它之注定為社會所摒
> 棄，也就是在必然。……嵇康的人生悲劇，也可以說是玄學理論自
> 身的悲劇；從現實需要中產生而脫離現實，最後終於為現實所拋
> 棄。……嵇康的強烈反名教的言行，作為玄學人生觀的典型代表，
> 它顯然代表著當時崇尚玄風的激進的士人的情緒傾向。〔註106〕

羅宗強認為嵇康的玄學思想過於要求個人的自由，因此，以此思想落實的人
生觀，對個人而言具有重大意義，但是，因為缺乏說明個人對社會的責任，
因此終究會被社會所拋棄。這也就是嵇康注定悲劇的人生觀。

　　蔡忠道先生也有相近的觀點，蔡先生以「現實與理想的矛盾」和「內心
矛盾」，來說明嵇康現實處境的悲劇，蔡先生稱嵇康是「一個正直、坦蕩而內
心充滿矛盾的人」〔註107〕，說到：

> 嵇康在現實的出處上，以生命換取原則的堅持，在學說方面，則有
> 「越名教而任自然」的主張，然而，學說的高遠理想並未能完全落
> 實在嵇康的處世之中。他追求的境界其實是非常明確的，但是，他
> 一方面鄙棄現時虛偽的名教，再加上自己理智與感情的衝突，使得
> 自己與社會、自己與自己時時處在矛盾之中，這種矛盾與掙扎在生

〔註106〕羅宗強，《玄學與魏晉士人心態》，（1992），頁135～136。
〔註107〕蔡忠道，《魏晉處世思想研究》，（2007），頁267。

命結束前或教育子女上，特別凸顯。而妥協與堅持之間的掙扎徘徊，
也形成嵇康特立的歷史形象，這形象總是召喚著後來的知識分子，
在名教的世界中，保有眞樸沖靜的自然之性，實踐名教與自然合一
的理想。〔註108〕

蔡忠道認爲嵇康在現實處境上面臨「越名教而任自然」難以落實的困境，因
此他充滿了矛盾。嵇康因爲「越名教而任自然」，所以鄙棄名教；但嵇康爲了
教育子女而作的〈家誡〉，多次叮囑子女行爲要小心謹慎。由此，蔡忠道先生
認定嵇康在妥協與堅持之間掙扎徘徊、內心矛盾。

　　根據羅宗強先生與蔡忠道先生對於嵇康的討論，筆者進一步的思考，人
生觀的形成除了個人的主觀思想之外，同時亦可能是個人在面對某些時代問
題時，逐漸形成的看法。如此來說，那麼嵇康的人生觀，究竟想要處理什麼
疑惑？解決什麼問題？

　　由上述對於時代議題的探究，嵇康提出「越名教而任自然」具有的時代
意義，是將名教與自然之爭，由未顯題化到顯題化；將王弼以自然爲本、名
教爲末的觀點，轉向名教與自然已經產生矛盾的探討。再者，由於嵇康重視
思考個體如何安頓的問題，因此由「越名教而任自然」發展而成的釋私任心
的人生觀，在社會的層面，即是在思考個體如何在名教已經變質的環境中，
尋求安身立命的問題。如此來說，筆者以爲即使嵇康特別在〈家誡〉中教育
子女需要立定志向（「人無志非人也」），並詳細的叮囑子女爲人處世的道理，
似乎也無法直接證明這與釋私任心的人生有所矛盾。〔註109〕猜想或許蔡忠道
太過注意〈卜疑〉中羅列各式各樣的處世之道，誤以爲嵇康總是在入世與避
世之間徘徊。然而，對嵇康來說，〈家誡〉是一篇由嵇康的子女如何安頓生命
的角度完成的文章，這與他關懷每個個體生命如何安生的思路仍是一致；而
且，嵇康追求的是「越」名教，並不是「去」名教，嵇康並不是主張完全不
要知道或了解「名教」，而是主張要跳脫「名教」的束縛，所以，可以說「越
名教而任自然」，也就是能在知道「名教」的意涵後，又能不受到「名教」的
約束，順任自然本心、自然本性的生活態度。

〔註108〕蔡忠道，《魏晉處世思想研究》，（2007），頁270。

〔註109〕關於嵇康中〈家誡〉教育子女的方式，戴明揚先生在〈家誡〉文末附錄前人
　　　　對於本文的評述，其中張溥說：「嵇中散任誕魏朝，獨家戒恭謹，教子以禮。」
　　　　參閱：戴明揚（校注），《嵇康集校注》（1978），頁324。

關於仕官或是隱居，對嵇康來說從來就不是一個徘徊不定的問題，嵇康承繼《莊子》的思維，認爲亂世之中出任官職非但不能安生保命，還隨時可能有性命之虞，所以，嵇康毅然而然地選擇偏居山林鍛鐵維生。由此，同樣可以推論嵇康居住山林鑄鐵維生，並非單純選擇避世隱居的態度，而是《莊子》逍遙精神的延伸，釋私任心的人生觀在社會層面的落實。釋私任心的人生觀，在認清個人的能力有所侷限，在面對現實困境已經無法改變時，企圖去改變他人就只是個人的師心妄想，因此選擇全身保生修養自己，釋私是要求去除是非之心、禮教的制約，因此，鍛鐵維生就是不再在乎別人的看法、自在的生活。如此來反省嵇康悲劇的死亡，只能說是嵇康太過重視友情，插手了朋友的私事，讓想要加害他的人，有了殺他的機會。仔細的分析這個歷史事件，想殺嵇康的心，不在嵇康本身；能殺嵇康的權力，也不在嵇康本身。所以如果要將嵇康被殺的悲劇，怪罪在嵇康身上，只能說嵇康忌惡如仇的言論，早就讓當權者動了想殺他的心思；然而，嵇康許多直言不諱、挑戰權貴的言論，只是落實了釋私任心的人生觀，卻發生的遺憾。

三、釋私任心的人生觀在天地視野層面的呈現與落實

嵇康重視個體生命的思維特質，形成了釋私任心的人生觀，講求個人自主、自覺的修養，並認爲在面對無道的時局，仕官任職極可能招致災禍，因此，只好回歸自身，尋求自己生命的安頓，此時，釋私任心的人生觀將從個體面對自我修養的層面，逐漸提升到更高的視野，以跨越世俗一切紛擾，如〈述志詩〉第一首言：

> 潛龍育神軀，濯鱗戲蘭池，延頸慕大庭，寢足俟皇羲，慶雲未垂景，
> 盤桓朝陽陂，悠悠非吾匹，疇肯應俗宜，殊類難徧週，鄙議紛流離，
> 轗軻丁悔吝，雅志不得施，耕耨感寗越，馬席激張儀，逝將離羣侶，
> 杖策追洪崖。焦朋振六翮，羅者安所羈，浮游太清中，更求新相知，
> 比翼翔雲漢，飲露湌瓊枝。多念世間人，夙駕咸驅馳，沖靜得自然，
> 榮華安足爲。〔註110〕

在此，可以看到嵇康在詩文以潛龍自稱，宣稱因爲原在等待大道治世並沒有來臨，因而難以找到志同道合的同伴，又因爲流言毀謗、志向難以施展，因此決心離開那些庸俗的人，去追隨離世隱居的高士。最後以焦明鳥展翅高飛，

〔註110〕〈述志詩〉，參看：戴明揚（校注），《嵇康集校注》（1978），頁35～37。

打開一幅「浮游太清」、「比翼翔雲漢」、「飲露滄瓊枝」，翱翔於天空之中、天河之間的天地視野，自此以瓊枝上的清露為食，自在自得，不再受人世間俗世所羈絆。

　　筆者認為嵇康以遨遊天地之間的廣闊視野，意喻隨順自然的寬廣胸襟，這即是釋私任心的人生觀所開出的天地視野。這個觀點在〈述志詩〉第二首中更為突出：

> 斥鷃檀蒿林，仰笑神鳳飛，坎井蜋蛙宅，神龜安所歸。恨自用身拙，
> 任意多永思，遠實與世殊，義譽非所希，往事既已謬，來者猶可追，
> 何為人事間，自令心不夷？慷慨思古人，夢想見容輝，願與知己遇，
> 舒憤啟其微，巖穴多隱逸，輕舉求吾師，晨登箕山巔，日夕不知饑。
> 玄居養營魄，千載長自綏。〔註111〕

嵇康借《莊子》「大鵬展翅」、「坎井之蛙」的寓言，將狹隘之人比喻為斥鷃和坎井之蛙，自己則以神鳳、神龜自稱，說明狹隘小人就如同斥鷃和坎井之蛙一樣自以為是、目光短淺，因此無法理解神鳥與神龜所看到的廣大視野。因此來說，自己不從企求世俗間的讚譽，也勉勵自己不要再為流言蜚語影響，期望遠離煩擾、遙想古人，向知己好友抒發憤懣後，嚮往山林的隱逸生活，修養精神追求心中的安定。

　　如此可說，嵇康由寬廣的天地視野，象徵心靈解放之後展現出開放、自在的狀態。在抵達這個狀態之前，人心難免受到流言鄙意的影響而感到不平靜，因此要釋「私」，排除匿情為私、俗世的紛擾，認清斥鷃、坎井之蛙與神鳳、神龜、焦明鳥的不同；接著，重回如同潛龍般明鏡的本心，順任自然本心的發展，開拓視野不再拘泥於是非、名教的牽引，便能讓心靈展翅高飛。因此，在天地視野的層面，探究釋私任心的人生觀，其實是在說明一種個體內在心境的修養。因為，「心」既有知的功能，能產生主觀意念，如果「心」與「欲」連結，便會形成有執之欲；所以，要「任心」，意即回歸自然之性的心，放下心中的是非、物欲，心靈便能自由自在不受約束。因此說「任心無窮」（〈釋私論〉）即是個體從心的修養，透過虛心使心中無所欲，則不會違背自然本性的發展，依循天真自然的性情生活，心情便是開闊的，因而能體會宇宙的視野，呈現開放的心靈境界。此精神境界亦如同〈琴賦〉中說到「遯世之士」心中羨慕山的恢弘而忘了歸去，並在性情舒暢登高眺望中，領

〔註111〕〈述志詩〉，參看：戴明揚（校注），《嵇康集校注》（1978），頁37～38。

略軒轅黃帝時代的律呂遺音（「羨斯嶽之弘敞，心愷慷以忘歸；情舒放而遠覽，接軒轅之遺音」）；在冬夜中，若能輕妙且心靈神會、隨心所欲地彈琴，則如同是遨遊於天而怡然自得了（「于是器冷弦調，心閑手敏，觸批（攦）如志」）。

　　然而，這種自由自在的心靈無需外求，也無需遺世獨立，而是透過個人的自我修養、自我提升，開闊了視野與胸襟，因而獲得的心靈的安寧與平靜，這可說是通過「任心」而達到「安心」的修養進程。因為，精神安定了，個體便不需外求而能獲得安身立命的理由，這即是在人世間的「放任」之道。此一思路，主要受到馮友蘭先生的啟發，馮先生認為嵇康這種由個體思索人生問題，其實是企圖解決人與宇宙的問題。

　　馮友蘭先生認為人是存在於社會之中，同時存在於宇宙之中，因此人生中的問題，有些因為個人與社會的關係而有的，更多的是因為個人與宇宙的關係而有的，由此指出嵇康在處理個人與宇宙的關係而有的人生問題時，提出「情不繫於所欲」、「審貴賤而通物情」的方法。馮先生說到：

> 嵇康論精神境界的要點，就是超越。琴歌說：「齊萬物兮超自得。」萬物本來是不齊的，不其就任其不齊，這就是所謂「以不齊齊之」。如果一個人能夠這樣齊萬物，這就超了。能超就能自得，就能在社會中「越名教而任自然」，在宇宙間「超萬物得自得」，這就是最高的精神境界。要達到這種精神境界，就要超越一個個體所受的限制，用嵇康的話說，那就是「釋私」。嵇康這一套理論和《莊子》是相合的。……「舉世而譽之而不加勸，舉世而非之而不加沮」，這就是「心無挫乎是非」。能夠這樣，就可以在社會中得到逍遙。……這幾句講的就是「情不繫於所欲」。「所欲」就是「有待」。如果情繫於所欲，那就不能無所待。「若夫乘天地之正」那一段說的是完全的超越，最大的逍遙。……《逍遙遊》說：「至人無己，神人無功，聖人無名。」主要的是「無己」，「無己」就是「釋私」。〔註112〕

馮友蘭以嵇康「釋私」的概念說明嵇康對於莊學的繼承，藉由個體超越社會中的限制，以達到精神的超越。「釋私」在社會的層面，就是要屏除是非的侷限；「釋私」在宇宙的層面，則是莊學「無己」概念的繼承，也就是在超越社會中的限制之後，進而跳脫自我執念、成心的禁錮，而達到完全的超越，精

〔註112〕馮友蘭，《三松堂全集（第九卷）》（2001），頁391～392。

神的絕對逍遙。

　　相對於馮友蘭先生的看法，牟宗三先生則認爲嵇康比較重視「當身」的觀點。牟先生指出道家眞正的用心所在是「如何消化此人爲造作而達至自由、自在、自我解脫之自然無爲之境界」，而且這僅屬於有主觀的聖人個人的事，並無客觀的普遍意義。因此，牟先生認爲道家自處之道有三方向：

> 一、如西方之哲學然，作純哲學談。二、向帝王個人用，無爲而治。
> 三、道家當身之本質，乃是服食養生，轉爲道教。徹底消化一切人
> 爲造作而達至自由、自在、自我解脫之至人、眞人之境。王弼、向、
> 郭是哲學家型之道家，而嵇康則兼向養生之路走。阮籍則是文人式
> 之道家。〔註113〕

牟宗三認爲嵇康承繼道家，重視「當身」，由個人「如何消化此人爲造作而達至自由、自在、自我解脫之自然無爲之境界」的思維模式，並且重視此思維模式在生命之中的落實。不過，牟先生也指出道家缺乏將這種個人的修養，形成普遍客觀的概念的可能。

　　此處，筆者以爲牟宗三先生對嵇康的批判，反而點出了嵇康人生觀的特質。嵇康人生觀的主軸一直都環繞在個體生命如何安頓的問題，因此，嵇康或許沒有思考過要將這種人生觀普遍化、客觀化的問題。在鵬鳥與斥鷃中，嵇康毫不猶豫的如同莊子一般，選擇鵬鳥得以展翅高飛的生活。嵇康是以一種獨具藝術的眼光看待人世，他所思考的是，當現實困境無法改變時，不如尋求精神的脫困之道。正如羅宗強先生的論述，說到：

> 嵇康所追求的人生境界充滿著莊子精神，從莊子受到啓示，其中包
> 含著莊子理想人生的意蘊。……但是，他到底是改造了莊子了。他
> 的游心太玄，他的求之於形骸之內，求意足，已經不是空無，不是
> 夢幻，不是不可捉摸的道，而是實實在在的人生，是一種淡泊樸野、
> 閒適自得的生活。……「目送歸鴻，手揮五弦」，是一種體驗，在無
> 拘無束的悠閒自得的情景中，忽有所悟，心與道合，於是我與自然
> 融爲一體。〔註114〕

羅宗強說嵇康的「目送歸鴻，手揮五弦」是一種體驗，在欣賞鴻鳥高飛離去時撫琴自娛，顯現出一種無拘束的情景，此時心靈與大道自然融合爲一。因

〔註113〕牟宗三，《才性與玄理》（1993），頁359～361。
〔註114〕羅宗強，《玄學與魏晉士人心態》，（1992），頁114～115。

此，羅宗強認爲嵇康是第一個把《莊子》詩化的人，將《莊子》的純哲理的人生境界，變成了具體的眞實人生。

由上述的分析，筆者以爲統整嵇康釋私任心的人生觀在宇宙視野的層面，可以說是，當個體面對無法改變的現實困境時，透過內在「釋私」的工夫，排除私心、雜念，引領精神超越現實的約束，回歸自然本心，讓精神自由的發展，以此現實的困頓不再構成阻礙與困擾，此時，個體由心境的提升，向天地宇宙的境界邁進，而獲得在現世中心靈的安頓，故曰「故修性以保神，安心以全身」（〈養生論〉）。

小結

本章首先整理嵇康思維的三種特殊性，擅長論理、批判性格與正義感；嵇康思維的特殊性，突顯嵇康重視個體實存現況的特色，並由此來說明嵇康思想對於《莊子》思想的承繼與發揮。綜合來說，嵇康將《莊子》思想落實於生命之中，一方面思考個體生命如何安頓的問題；另一方面，追求精神放達的境界。

經由嵇康承繼莊學關壞個體生命的思維模式，可以說嵇康的人生觀是以「思考個體生命如何安頓的問題」爲主軸。由這個主軸，筆者將其稱爲「釋私任心」的人生觀，「釋私任心」闡揚一種個體跨越現實約束，回歸自然本心、本性的生命態度，同時也展示了一種找回自然本心的修養工夫。這是個體通過內在精神自覺的反思，經由超越外在物欲，如是非的牽絆、名分利益的誘惑，以順任大樸未虧的本我，表露出回歸本心的純眞，以及瀟灑放達的風骨。嵇康「釋私任心」的人生觀，並非單純選擇避世隱居的態度，而是《莊子》逍遙精神的延伸。「釋私任心」在個體層面的討論，是要求個體在認清個人之能力的有限性，在面對現實困境已經無法改變時，明瞭企圖去改變他人，只是個人的師心妄想，因此，選擇全身保生、修養自己的人生態度。「釋私任心」在面對他人或社會層面的討論，釋「私」是要求去除是非之心、禮教的制約，也就是不再過分在乎別人的看法，而能自由、自在的生活；尤其是當個體面對無法改變的現實困境時，透過內在「釋私」的工夫，排除私心、雜念，引領精神超越現實的約束，回歸自然本心，讓精神自由的發展，所以，現實的困頓不再構成阻礙與困擾。最後，「釋私任心」在天地視野層面的討論，主要

是說明個體如何透過「任心」而達到「安心」的修養進程；這也就是說個體由心境的提升，向天地宇宙的境界邁進，而獲得在現世中心靈的安頓，故曰「故修性以保神，安心以全身」。

第三章　「神須形以存」——嵇康對莊學養生觀之繼承與轉化

前言

　　「養生」，作爲魏晉時期主要的論述議題之一，[註1] 至今保存的最爲完善的論辯，以嵇康與向秀的論辯爲主。[註2] 嵇康崇尚道家思想，他的養生觀除了深受道家養生之道的影響，同時取材漢代以來黃老之學、陰陽家、道教等思想學說，融合成其獨特的觀點。接續著前兩章關於嵇康思想的時代意義與人生觀的討論之後，進而思考與人生觀最有緊密關聯的養生思想，本章的研究動機爲：(1)嵇康爲什麼要討論養生觀？(2)嵇康爲什麼要和向秀論辨養生觀？(3)嵇康與向秀論辨養生觀，對於魏晉時期《莊子》學興起有什麼關係？(4)嵇康如何說明《莊子》養生觀與服食丹藥的關聯？

　　目前學界中直接以嵇康與《莊子》養生觀爲題的研究，以高柏園之〈論莊子與嵇康的養生論〉[註3] 最爲著名，在這篇文章中，高先生以「境界」與「實有」兩種型態爲研究進路，論述嵇康養生思想的特色。以期學說的並陳

〔註1〕《世說新語・文學》說：「舊云：王丞相過江左，止道聲無哀樂、養生、言盡意，三理而已。然宛轉關生，無所不入。」楊勇著，劉義慶（南朝宋）撰，《世說新語校箋》，（1999），頁251。

〔註2〕今本《嵇中散集》中完整保存嵇康所著的〈養生論〉、〈答難養生論〉，以及向秀之著〈黃門郎向子期難養生論〉。原文參看：戴明揚（校注），嵇康（魏）撰，《嵇康集校注》（1962）。

〔註3〕高柏園，〈論莊子與嵇康的養生論〉（《鵝湖月刊》第15卷4期，台北市：鵝湖出版社，1989），頁11～18。

發展，本章以嵇康思考個體如何安頓的問題，探討嵇康與《莊子》養生觀的關聯，希望在原有的學術成果之基礎上尋求突破。根據論題主軸，本章以《莊子》與嵇康專論養生思想的篇章爲主要研究對象。依循研究動機，將由整理《莊子》養生觀的要義、嵇康養生觀的要義，進而分析莊學與嵇康養生觀的異同，以突顯嵇康對於莊學養生思維的繼承以及轉化。

第一節　《莊子》養生觀要義

　　《莊子》十分重視個體的生命，〔註4〕著力於思索生命如何安頓的問題。由此，首先以保身、全生的概念，探討《莊子》如何論述個體養生的三個層次；進而，由「庖丁解牛」的寓言，分析《莊子》如何兼顧形體與精神的養生，達到「安時而處順」境界。

一、全生與保身所展現的養生概念

　　莊子在〈養生主〉〔註5〕中，認爲養生的重點有什麼？根據陳鼓應先生的觀點，陳先生認爲是「順任自然」，說到〔註6〕：

> 他（莊子）認爲要做到「保身」、「全生」，就必須擺脫「善」、「惡」的傳統習俗的束縛，從這個道德價值的規範中跳出來，順任自然，這便是〈養生主〉的總綱——「緣督以爲經」。……「緣督以爲經」，指的就是人應否定傳統禮教的束縛，順任自然之道作爲「養生」的根本原理。〔註7〕

在此，陳鼓應將無涯之「知」解釋爲外在知識，或是心智〔註8〕，並引用清代著名的解莊專家宣穎的註解「心思逐物無邊」，來說明人們受到傳統習俗觀念

〔註4〕　本論文之前已有引用，葉海煙先生的看法：「莊子十分重視個體生命，這也是他與老子不同的一大特色。」葉海煙，《莊子的生命哲學》（2005），頁 22。

〔註5〕　關於《莊子》原文的引用，本論文已在之前的註腳中有詳細解釋，在此多數參考郭慶藩的注本，因爲目前的研究成果豐富，如有特別引用其他學者的註解，將在另外註解。參考：莊周（周）撰，郭慶藩（輯），《莊子集釋》，（1997）。

〔註6〕　陳鼓應先生認爲「緣督以爲經」可以作爲〈養生主〉的總綱。陳先生在《莊子今注今譯》亦有一樣的觀點：「首章提出『緣督以爲經』，是爲全篇的總綱。」參看：(1)陳鼓應，《老莊新論》（2005），頁 163。(2)陳鼓應注譯，《莊子今注今譯》（2009）頁 103。

〔註7〕　陳鼓應，《老莊新論》（2005），頁 163～164。

〔註8〕　陳鼓應，《老莊新論》（2005），頁 163。

的禁錮，使得心思不能安定。由此，以推論出人們跳脫傳統禮教的束縛，順任自然之道的養生觀。

高柏園在〈論莊子與嵇康的養生論〉，提出生命的困結不在「生」與「知」的對反，而在「無涯」與「有涯」的對反，因而認為〈養生主〉所論的養生，是以「緣督以為經」為主要指標，以「無善無近名，無惡無近刑」為綱要〔註9〕，說到：

> 此「緣督」乃是心之順中而為常，工夫乃是在心上做，此即不重積極改造外在現實之種種，吾人即可以此而謂莊子之養生論乃為一主觀之境界形態。易言之，養生不在積極地對此現實生命之綦養，而在心上之虛靜無執，順而不傷，此乃真正之養生。〔註10〕

「境界形態」的用語，由牟宗三先生所創，他認為道家的形上學為「境界形態」的形上學，是從人的主觀建構的形上學〔註11〕。在此，高先生以為莊子養生的工夫是從心上著手，而不在於改造外在的現實狀況。因此，高先生將莊子的養生論稱為「主觀之境界形態」，即虛靜、無執的修養工夫都在心上修練，是一種由主觀內在進行提升的修養進程。

李凱恩也有關於《莊子》中面對死亡問題的探究，他在〈莊子死亡觀評論〉〔註12〕以「死乃不可避面的現象」、「齊一生死」與「貴死輕生」等三大進路解析《莊子》中關於死亡的問題。首先，關於《莊子》將「死乃不可避面的現象」的思想進度，李凱恩認為在邏輯上是可以成立。〔註13〕再者，李凱恩將「齊一生死」的進路分為：「存有論式的齊一生死」與「境界式的齊一生死」。李凱恩認為「存有論式的齊一生死」的進路，在理論上有不足之處，故沒有採取；而李凱恩「貴死輕生」的進路有理論上的缺失，所以也沒有採

〔註9〕高柏園，〈論莊子與嵇康的養生論〉（1989），頁13。

〔註10〕高柏園，〈論莊子與嵇康的養生論〉（1989），頁13。

〔註11〕關於牟先生的此一觀點，可參看：(1)牟宗三，《才性與玄理》（台北：學生書局，1993），「才性與玄理」三版自序，頁1～2。(2)牟宗三，《中國哲學十九講》（台北：學生書局，1983），頁102～106。

〔註12〕李凱恩，〈莊子死亡觀評論〉，《新竹教育大學人文社會學報》，第2期（新竹：新竹教育大學人文學院，2008），頁3～14。

〔註13〕李凱恩先生在文中以邏輯分析：「一、『死亡』乃不可避免的現象。二、一般而言，我們對於其它（不可避免的）現象，如：『日出日落』、『春去秋來』等等，並不會感到懼怕。三、故一般而言，我們亦不宜對『死亡』感到懼怕。」參閱：李凱恩，〈莊子死亡觀評論〉（2008），頁8。

取；最後，關於「境界式的齊一生死」的進路，李凱恩認為這是《莊子》生死觀的精神所在，說到：「生死得以齊一，生死為一。這是一種主觀式的修養進路，是一種境界的進路，也是一種智慧的進路。它充分地展現出中華文他極其高明、充滿智慧的生命特色。」〔註14〕

統整來說，無論是「順任自然」、「緣督以為經」，或是「齊一生死」，都是在莊子將人視為一個個體，由個體面對現實狀況，如何安頓的立場，進行思考。筆者認為以〈養生主〉中「保身」、「全生」的概念，可以更清楚的概括《莊子》的養生觀。

〈養生主〉開篇便提出「保身」、「全生」的重要性。《莊子》首先說到：「吾生也有涯，而知也無涯。以有涯隨無涯，殆已；已而為知者，殆而已矣。為善無近名，為惡無近刑。緣督以為經，可以保身，可以全生，可以養親，可以盡年。」以「生也有涯」和「知也無涯」，即生命是的有限與知識的無限所形成的對比，說明人們以有限的生命，去追求無限的知識，就已經很疲困了；若已經知道這樣做的困難，還要汲汲營營的去追求，那便會使得自己更加疲累不堪。因此，要在世間安頓自己的生命，做到「全生」、「保身」，甚至可以「養親」、「盡年」的方法，在於依順著自然之道，即「緣督以為經」。由此，我們要進一步思索，何謂自然之道？〈養生主〉說到：「天也，非人也。天之生是使獨也，人之貌有與也。以是知其天也，非人也。澤雉十步一啄，百步一飲，不蘄畜乎樊中。神雖王不善也。」《莊子》以為若一個生下來就只有一隻腳，那麼他自然、天然的狀態就是如此，他必須接受這個天然的形體；如同沼澤裡的野雞，牠的天性就是生活在叢野之中，即使牠在野外生活辛苦，卻不會祈求被畜養在牢籠裡。

由此可說，《莊子》以為「全生」、「保身」的第一個層次是要認清自己，並且接受自己最原初的狀態，這包含了個人對於個體本身的形體與內在心性的完全理解與接受。因為，倘若我們不願意接受自己有限的事實，而經常去做違反身體與本性的行為，那麼長久下來，必定會損害自身。在接受自己的形貌與樣態之後，《莊子》進一步地要人們破除對外在形體殘全的執著，《莊子》藉由一位形體殘缺的人（申徒嘉）與一位執政大臣（鄭子產）作為寓言的主角，故事的開始他們兩位同時求教一位老師（伯昏無人），子產因為瞧不起身有殘缺的申徒嘉，不願與他同時出入，於是申徒嘉對子產說：

〔註14〕李凱恩，〈莊子死亡觀評論〉（2008），頁8。

> 自狀其過，以不當亡者眾；不狀其過，以當存者寡，知不可何而安
> 之若命，唯有德者能之。遊於羿之彀中，中央者，中地也；然而不
> 中者，命也。人以其全足笑吾不全足者眾矣，我怫然而怒；而適先
> 生之所，則廢然而反。不知先生之洗我以善邪？吾與夫子遊十九年
> 矣，而未嘗知吾兀者也。今子與我遊於形骸之內，而子索我於形骸
> 之外，不亦過乎！（〈德充符〉）

在此《莊子》藉由一位形體殘缺的申徒嘉，說明有德之人是能做到「知不可何而安之若命」，就是在面對不可能改變的事實，而能安心、平靜地接受。因為申徒嘉的形體殘缺並非天生的，他也曾經因此憤懣，但他師從伯昏無人以來，因為伯昏無人從來不將他視為身形殘缺的人，他也就接受了自己身體殘缺，並且能安心地看待這個事實，這才是修養德性的功效。

在此寓言中，我們可以理解「全生」、「保身」的第二層次，在於破除對外在形貌的執著，「全生」、「保身」不是僵化的追求形體的完好無缺，而是著重於內在精神的修養，通過心境的轉念，以達「安之若命」的態度；並且藉由鄭子產與伯昏無人待人態度的不同，警示人們不可以貌取人，不要執著於外在樣態來看待他人，而要注重人們內在的德性。由此看來，《莊子》重視「全生」、「保身」，其重點在於內在心靈的修養，只要德性修養充足，不需在意外在形貌的殘全、美醜。

由於，《莊子》認為既然外在形貌可以跨越，更近一步來說，生死的概念也是可以被跨越，言及：「死生，命也，其有夜旦之常，天也。人之有所不得與，皆物之情也。彼特以天為父，而身猶愛之，而況其卓乎！人特以有君為愈乎己，而身猶死之，而況其真乎！泉涸，魚相與處於陸，相呴以濕，相濡以沫，不如相忘於江湖。與其譽堯而非桀也，不如兩忘而化其道。」（〈大宗師〉）我們可以由《莊子》將死與生比喻為晝夜一樣，都是自然的規律；即然有晝、有夜，那麼有生、有死只是必然現象。《莊子》要人們認清很多事情是人力所不能干預或改變的，並以兩隻魚進行比喻，《莊子》說兩隻魚或許可以在死亡之前互相依靠，但不如在可以平安生活的環境，彼此不相干係；又如同人們與其一直讚譽堯的功業，非議桀的暴虐，倒不如生活在大道之時彼此忘卻。由此，可以歸結出《莊子》「全生」、「保身」的第三個層次，即是認清生命的限制，追求合於大道的生命狀態；如死亡是必然會發生的事情，因此，與其花心思擔心必然會發生事情的來臨，不如在現實情況之中，尋求生命的

安頓。統整《莊子》關於「全生」、「保身」的三個層次：

第一，認清並接受自然的自己——這包含對於理解且接受自己形體與本性，同時接受自己是有限制的事實。

第二，「知不可何而安之若命」——這一方面是要求人們破除對於外在形貌的執著，不僅是對待自己，或是對待他人，都不要因爲外表而忽略了內在德性的修養；另一方面，在面對任何已經發生的事實，人們都應該學習接受，並且安心平靜地看待。

第三，放下生、死的執著——生與死都是必然存在的事實，這是人們無法干預變化的自然之理，因此，無須過於擔心死亡，應該在還活著的時候好好珍惜，思索生命的安頓之道。在此，根據三個層次分析《莊子》關於全生、保身的觀點，可以發現是全生、保身基於生命的實存狀況而提出的養生觀，認爲通過內在心性的修養，可以放下外在形體的執念，尋求生命的安頓。而生命的安頓之道，即是要順應自然之道的生活。

然而，這三個層次，究竟哪一個層次更爲關鍵呢？

由此，全生、保身可說是立基於生命實存狀況而提出的養生觀，可說是通過內在心性的修養、放下執念，以尋求生命的安頓。由這三個層次說明全生、保生的概念，不僅可以涵蓋高柏園所說的「主觀之境界形態」的養生觀，亦可以涵蓋李凱恩所提的「境界式的齊一生死」的思想進路。而且透過這三個層次的說明，並且可以突顯《莊子》著重於思索生命如何安頓的特色，因爲《莊子》總是不厭其煩的提醒世人生命的有限，要人們不要在汲汲營營於無窮盡的知識（「以有涯隨無涯殆已」），也不要再受到外在執著的約束，便能找到「安之若命」所說心靈的平和。

二、「庖丁解牛」——以技進道的修養哲思

《莊子》「庖丁解牛」的寓言，以一場「遊刃有餘」近似於舞蹈的表演作爲開場：

> 庖丁爲文惠君解牛，手之所觸，肩之所倚，足之所履，膝之所踦合，
>
> 砉然嚮然，奏刀騞然，莫不中音。合於桑林之舞，乃中經首之會。

《莊子》將庖丁解牛的過程，形容成優美的如同舞蹈（「桑林之舞」），無論庖丁的手或肩的動作，以及腳步的移動、膝蓋與牛的倚靠，都是那麼的順暢悠遊，同時庖丁在解牛的過程中所發出的聲響，竟合於音調的節奏（「經首之

會」)。整個解牛的過程,如同一場近乎於道的樂舞表演。

這麼優美的解牛過程不僅吸引了文惠君的好奇,同時也吸引了讀者的眼光。通過這場解牛舞蹈的演出,我們要好奇,庖丁是如何做到的?又為何在聽完庖丁述說自己學習解牛的經歷,文惠君認為他得到了養生的啟發?

關於庖丁幾乎以舞蹈的方式解牛,庖丁說:「臣之所好者道也,近乎技矣。」這是什麼意思呢?這是意指練習的時間不是重點?還是學習的方法?如果我們由庖丁學習的過程來說:「始臣之解牛之時,所見無非全牛者。三年之後,未嘗見全牛也。」這表示庖丁起初在學習解牛時,應該是遭遇和大多數人一樣的困難,然後,在逐步練習之後,提升到新的境界。《莊子》形容庖丁目前解牛的狀態時,說到:

> 方今之時,臣以神遇而不以目視,官知止而神欲行。依乎天理,批大郤,導大窾,因其固然。技經肯綮之未嘗微礙,而況大軱乎!良庖歲更刀,割也;族庖月更刀,折也。今臣之刀十九年矣,所解數千牛矣,而刀刃若新發於硎。彼節者有間,而刀刃者無厚;以無厚入有間,恢恢乎其於游刃必有餘地矣。是以十九年而刀刃若新發於硎。雖然,每至於族,吾見其難為,怵然為戒,視為止,行為遲。動刀甚微,謋然已解,如土委地。提刀而立,為之四顧,為之躊躇滿志,善刀而藏之。

《莊子》在說明庖丁技藝的高超,同時舉出良庖與族庖作為對比,而他們可以同時拿來比較的是他們的工具──刀。對照庖丁用了十九年卻一樣鋒利的刀,良庖的刀刃必須一年換過一把,族庖則是一個月就要更換一把。《莊子》說這是因為良庖是在割牛的筋肉,而族庖是用刀子去砍骨頭。由此對照,可以發現良庖的刀刃保持鋒利的原因在於,一方面是因為庖丁了解牛的結構;另一方面,庖丁選擇依順著牛的結構去肢解牠,讓刀能優游於牛的筋骨、骨節的間隙之間(「以無厚入有間」),所以庖丁的刀刃不會磨損。而且,由於庖丁對牛之結構的深刻理解,因此即使有時候遇到筋骨盤結的地方,只要稍加留神,將動作放緩,牛隻同樣迎刃而解。於是,庖丁對於自己能夠完成這樣的技藝,也感到心滿意足。

筆者以為《莊子》以「庖丁解牛」意喻養生之道,庖丁、良庖、族庖、牛與刀刃分別象徵:庖丁,意喻一位善於養生之道的典範;良庖、族庖,意喻一些尚未學會養生之道的人們;牛隻,意喻現實的環境;刀刃,意喻人們

身體。因此，整體來說，養生最好的方法，當然就是依順於道的生活（「臣之所好者道也，近乎技矣」）。《莊子》以刀刃磨損的速度，象徵人們與外在環境的融洽層度，如族庖每月要換一把刀刃，是因為族庖總是用刀砍牛的骨頭，象徵總是以強硬手段的生活，因為總是與外在環境形成衝突，所以身體時常磨損。良庖的狀況雖然較族庖進步，但還是沒有依順著外在環境的變化生活，因此偶而會與環境相衝突，還是會造成身體的損傷。如此說明，唯有如庖丁一般，精準地了解身處環境的全貌，依順著環境的變動去調整自己的生活，才能外物無傷，過著游刃有餘的生活。在這個修養的進程，同時突顯出《莊子》對於生命面對現實處境的關注，以及內在精神的主動性，在通過精神的自我提升，表現出一種優游於現世困境的美感。

　　陳鼓應同樣認為《莊子》是「從宰牛之方喻養生之理，由養生之理喻處世之道」，說到：

> 莊子以牛的筋骨盤結比喻處世之繁複；以庖丁在實踐中領悟的宰牛
> 得「因其固然」的道理，啟迪我們處世不能強行妄為，要遵循客觀
> 規律；以庖丁遇到筋骨盤結的難為之處所採取的「怵然為戒」，凝神
> 專注的心態，告誡我們遇到困難，行事更應戒惕、專注；又以庖丁
> 成功後「躊滿志」的喜悅和「善刀而藏之」的謹慎，教導我們凡事
> 應內斂，不宜過於張揚。〔註15〕

此處，陳先生是以「牛的筋骨盤結」比喻客觀的環境，將「庖丁解牛」的過程，解釋為人們如何在客觀環境之中，強調「不能強行妄為」的態度，謹慎、專注的處理複雜的情勢，以達隨世逍遙的心境。林明照也有相近的論述，他近一步的拆解「庖丁解牛」中「刀」、「牛」與「庖丁」所隱喻的對象，認為刀子隱喻「生命或生命之核心」，牛則隱喻與刀子構成緊張關係的「人的在世處境」，而庖丁則喻指「一個在人間世能游刃有餘，善於護養本性與精神的理想人格」。〔註16〕以此，林明照認為「庖丁解牛」隱喻的養生意義為：

> 庖丁解牛的過程，意謂的正是個人於人間世中，與物「相刃相靡」
> （〈齊物論〉）的在世處境；而庖丁的解牛之道所意謂的，也即是個
> 人如何適意自在地在世間生存與生活的方法。若換個方式說，庖丁

〔註15〕陳鼓應，《老莊新論》（2005），頁164。
〔註16〕林明照，《先秦道家的禮樂觀》，（台北：五南出版社，2007），頁156。

解牛所喻顯的正是人生實存的理想生命情境。〔註17〕

解牛的過程，刀與牛必然有緊密的接觸，意喻了人與外物「相刃相靡」的在世處境。「庖丁」即是能游刃於人間世中，保全自身的理想人格，從庖丁解牛的過程，來說明人如何在在世的處境中尋求生存之法，最終以達適意自在的理想情境。

本節藉由「庖丁解牛」的寓言，透過庖丁描述鍛鍊解牛的過程，從生疏到熟練，從「所見無非全牛」到「未嘗見全牛也」，人經由外在技藝的修練，以技進道，達到精神內在的提升，以改善自己的在世處境。「庖丁解牛」所意喻的處事之道，不在於改善外在的環境，而在於本身技藝的精進，如庖丁所解的牛不論經過多少歲月一樣是牛，能讓「庖丁」不同於「良庖」與「族庖」之處，即是以「神遇」與「目視」差別。通過研究成果的並陳，筆者以為「庖丁解牛」的寓言具有兩個重要性：

其一，養生首要在於內在精神的提升，如從「目視」到「神遇」的晉升，或「薪盡而火傳」的道理，乃是一種頓知天理、因其固然的修養進程。

其二，養生除了「養神」之外，還需要兼顧人的現實處境，意即思想概念的落實，也就是「以技進道」的觀點落實在實踐活動之中，即是「以無厚入有間」，將精神的優游落實於生命實存之中修養工夫。

由此，莊子的養生觀不僅重視主觀精神的提升，亦在外在行為的實踐修煉中，以達到「安時而處順」、與外物無傷的理想境界。

第二節　嵇康養生觀要義

關於嵇康的養生觀，在《晉書‧嵇康傳》有扼要的簡介：「學不師受，博覽無不該通，長好《老》《莊》。與魏宗室婚，拜中散大夫。常修養性服食之事，彈琴詠詩，自足於懷。以為神仙稟之自然，非積學所得，至於導養得理，則安期、彭祖之倫可及，乃著《養生論》。」〔註18〕史料記載中說明嵇康的養生思想，不僅深受先秦道家思想的影響，同時受到服食丹藥與道教神仙思想等風氣的影響，以為適當的導養心性可以延年益壽。這樣的思維在嵇康的詩文中多有提及，有學者認為這是因為嵇康受到漢代以來「元氣說」的

〔註17〕林明照，《先秦道家的禮樂觀》，（2007），頁156。
〔註18〕許嘉璐主編，《晉書》（第二冊）（2004），頁1116。

影響。〔註19〕

　　嵇康善於辨名析論，〈養生論〉〔註20〕中使用自問自答的寫作方式，然而，無論是特意或是隨意，嵇康的〈養生論〉引起向秀的注意，向秀因此作〈黃門郎向子期難養生論〉〔註21〕提出反駁；之後，嵇康根據向秀提出的問題，再著〈答難養生論〉〔註22〕進行回應與反駁。由此，形成以魏晉名士熟悉的論辯的方式談論養生觀，將《莊子》養生的思想置入魏晉論談的議題之中。在此，由兩個面向來說明嵇康的養生論：其一，服藥風氣與神仙思想的影響；其二，以個人現實處境發展而成的養生觀。

一、服藥風氣與神仙思想的影響

　　魏晉之時，何晏開啟服藥的風氣，《世說新語・言語》記載：「何平叔云：『服五石散，非唯治病，亦覺神明開朗。』」〔註23〕「五石散」原名為「寒食散」，基本的藥材約是五種：石鐘乳、石硫黃、石白英、赤石脂。何晏之後，許多名士皆有服食五石散的習慣〔註24〕，嵇康也相信服食丹藥的益處，不過，關於服食「五石散」的論述不多，直接提到的只有〈答難養生論〉：

> 豈若流泉甘醴，瓊蘂玉英。金丹石菌，紫芝黃精。皆眾靈含英，獨發奇生。貞香難歇，和氣充盈。澡雪五臟，疏徹開明，吮之者體輕。又練骸易氣，染骨柔筋。滌垢澤穢，志凌青雲。若此以往，何五穀之養哉？且螟蛉有子，果蠃負之，性之變也。橘渡江為枳，易土而變，形之異也。納所食之氣，還質易性，豈不能哉？故赤斧以練丹頳髮，涓子以朮精久延，偓佺以松實方目，赤松以水玉乘烟，務光

〔註19〕 這個觀點最早由湯用彤先生提出，湯用彤先生認為嵇康、阮籍皆接受「元氣說」，如嵇康的〈太師箴〉和阮籍〈答莊論〉。在此先簡要註解，之後再論述。參看：湯用彤，《魏晉玄學論稿》（2001），頁148。

〔註20〕 〈養生論〉收錄：戴明揚（校注），嵇康（魏）撰，《嵇康集校注》（1962），頁143～160。

〔註21〕 〈黃門郎向子期難養生論〉收錄：戴明揚（校注），嵇康（魏）撰，《嵇康集校注》（1962），頁161～167。

〔註22〕 〈答難養生論〉收錄：戴明揚（校注），嵇康（魏）撰，《嵇康集校注》（1962），頁168～195。

〔註23〕 楊勇，劉義慶（南朝宋）撰，《世說新語校箋》（上、下冊）（1999），頁63～64。

〔註24〕 魯迅曾針對魏晉時期飲酒、服藥的發展進行整理。參看：魯迅，〈魏晉風度及文章與藥及酒之關係〉，收錄於《魏晉風度二十講》（2009），頁188～190。

以蒲韭長耳，邛疏以石髓駐年，方回以雲母變化，昌容以蓬蔂易顏，
若此之類，不可詳載也。〔註25〕

這部分的言論是嵇康回應向秀的難說，向秀認為葷菜糧食對於身體的功效是顯而易見的（「餚糧入體，益不逾旬，以明宜生之驗」），但嵇康卻持不同的看法。嵇康首先由自己服食泉水、靈芝、金丹、黃金的效用，說明葷菜、五穀等食物，對養生的效果不如上好的丹藥；上好的丹藥可以洗滌內臟，再通過吸納吐氣修養形骸，可以去除身體的汙垢穢氣，這種效果甚至可以讓身體返歸本質、改變性能；並由赤斧、涓子、偓佺、赤松、務光、邛疏、方回、昌容等仙人，因為服食上好丹藥甚至可以改變身體外型的例子加以佐證。

　　由此看來，嵇康是肯定服食丹藥對於身體的效用，不過，五石散只是眾多藥補的其中一項選擇而已。嵇康由榆樹莢仁、合歡、萱草等食物對身體直接的影響，說明《神農本草》上記載草藥對於養生的觀點是正確的〔註26〕，又如〈答難養生論〉說到：「至當歸止痛，用之不已；秦稑墾闢，從之不輟；何至養命，蔑而不議。此殆玩所先習，怪於所未知。且平原則有棗栗之屬，池沼則有菱芡之類，雖非上藥，猶於黍稷之篤恭也。」同樣的觀點又如〈遊仙詩〉說：「王喬棄我去，乘雲駕六龍。飄颻戲玄圃，黃老路相逢。授我自然道，曠若發童蒙，採藥鍾山隅，服食改姿容。」〔註27〕嵇康肯定靈芝、當歸、菱芡等食補對身體的好處，並提出配合呼吸吐納的修練，對身體的修養有更好的效果，這在〈養生論〉中，說到：「呼吸吐納，服食養身；使形神相襯，表裡俱濟。」〔註28〕嵇康認為綜合藥補、食補以及呼吸吸納，各種對於身體有益養生之道，是可以幫助人們修養身體、延年益壽的。又如〈養生論〉指出：「至于導養得理，以盡性命，上獲千餘歲，下可數百年，可有之耳。」以及：「然後蒸以靈芝，潤以醴泉，晞以朝陽，綏以五弦，無為自得，體妙心玄，

〔註25〕　戴明揚（校注），《嵇康集校注》（1962），頁184～186。
〔註26〕　本段原文之後論述需要引用，因此，此處以註解表示：「且豆令人重，榆令人瞑，合歡蠲忿，萱草忘憂，愚智所共知也；薰辛害目，豚魚不養，常世所識也；虱處頭而黑，麝食柏而香，頸處險而癭，齒居晉而黃。推此而言，凡所食之氣，蒸性染身，莫不相應。凡所食之氣，蒸性染生，莫不相應。豈惟蒸之使重而無使輕，害之使暗而無使明，薰之使黃而無使堅，芬之使香而無使延哉？故《神農》曰：上藥養命、中藥養性者，誠知性命之理，因輔養以通也。」戴明揚（校注），嵇康（魏）撰，《嵇康集校注》（1962），頁147～150。
〔註27〕　據戴明揚先生的考察，「玉英」應是靈芝，鍾山在崑崙山的西北。參看：戴明揚（校注），《嵇康集校注》（1962），頁39～40。
〔註28〕　戴明揚（校注），嵇康（魏）撰，《嵇康集校注》（1962），頁146。

忘歡而後樂足，遺生而後身存，若此以往，庶可與羨門比壽、王喬爭年，何爲其無有哉！」〔註29〕特別的是，嵇康雖然肯定靈芝、甘泉水對於身體益處，不過他同時指出彈琴保持心情的愉悅，也同樣具有延年益壽的效用。

由此來說，嵇康愛好《老》、《莊》因此相信內在心靈的修養，同時他也受到當時各種養生風氣的影響，認爲藥補、食補和丹藥，對身體也有一定的功效。而這樣的養生觀，需要進一步地說明爲什麼外在的草藥、食物、丹藥可以對身體產生作用？

學者認爲嵇康是因爲受到漢代以來「元氣說」的影響，認爲人與萬物皆由元氣所造的緣故。嵇康思想受到「元氣說」影響的論點，當代由湯用彤先生首先提出：

> 元氣說。嵇康、阮籍把漢人之思想與其浪漫之趣味混成一片，並無作形上學精密之思考，而只是把元氣說給以浪漫之外裝。他們所講的宇宙偏重於物理的地方多，而尚未達到本體論之地步。……嵇康之《太師箴》說宇宙：「浩浩太素，陽曜陰凝，二儀陶化，人倫肇興」；《明膽論》：「夫元氣陶鑠，眾生稟焉」宇宙爲一浩浩元氣，人生一切皆元氣所造，元氣衍而爲陰陽五行，人乃或有「明（智）」或有「膽（勇）」以其他種種分別。〔註30〕

湯用彤認爲嵇康受到元氣說的影響，以爲人的本質是元氣，人由元氣所塑，萬物也是皆由元氣所造。湯先生的觀點影響甚遠，其後湯一介、許抗生皆從此思路。

湯一介先生採用湯用彤的研究思路，將嵇康、阮籍受「元氣說」的自然觀思維，分爲三點：(1)「自然」是一混沌狀態的無邊無際之整體。(2)「自然」是一有秩序的統一整體。(3)「自然」是一和諧的有秩的統一體。〔註31〕然而，「自然」如何既是有秩序、又是混沌狀態，看似矛盾、又未表達清楚，是因爲湯一介先生和湯用彤先生一樣，認爲嵇康、阮籍只是使用了「元氣說」的思想，沒有進行形上學的精密思考。

許抗生先生也接續著湯用彤的看法，進一步指出嵇康所指的「太素」即是「元氣」，多到：「嵇康認爲世界的本質是物質性的元氣，人和世間萬物都

〔註29〕戴明揚（校注），嵇康（魏）撰，《嵇康集校注》（1962），頁156。
〔註30〕參看：湯用彤，《魏晉玄學論稿》（2001），頁147～148。
〔註31〕湯一介，《魏晉玄學論講義》（2006），頁126～127。

是由元氣生成的。魏晉時期，哲學的自然觀的主要潮流是本體論，人們已經逐漸對漢代的元氣說和生成論失去了興趣。」〔註32〕

　　曾春海先生則認為嵇康養生觀同時受到秦漢以來方士煉藥養生、服食導引、占卜問卦，以及道教神仙思想綜合的影響，分析到：「嵇氏的養生理論擬植基於探究人天生自然的性命之理，承順因循性命之理而輔養、導養之。就整體的性命而言，係由形軀和精神結合而成。因此，瞭解人之生理保健的方術與蓄養精神的修養法為養生理論的兩大課題。」〔註33〕

　　根據這些研究結果，筆者認同嵇康的養生理論，立基於「元氣說」而來的自然觀，不過，卻不限於「元氣說」的觀點，可說是《莊子》思想、「元氣說」和道教思想融通而成的。

　　在嵇康的詩文中，除了肯定服藥的功效風氣之外，也可以看到他對於許多修養得當的仙人或長壽之人的推崇，如上述羨門、王喬、彭祖、安期、劉根，以及仙人赤斧、涓子、偓佺、赤松、務光、邛疏、方回、昌容等，可以得知嵇康受到神仙思想的影響，甚至「神仙雖不目見」還是有所嚮往，所以曾春海認為嵇康服藥、成仙的思維是受到道教養形之術的影響。嵇康文中，也有指出只有少數人能成仙、長壽的原因，在於：「夫悠悠者既以未效不求，而求者以不專喪業，偏恃者以不兼無功，追術者以小道自溺。凡若此類，故欲之者，萬無一能成也！」〔註34〕嵇康認為很多人因為沒有看到食補或藥補的功效，而不去嘗試；或者嘗試了一段時間又放棄；這都是因為自我的偏執，不能內外兼顧，而無法等到食補或藥補的功效發生；還有一些追求方術的人，可能因為偏執於小技巧而自我沈溺。這就是想養生延年益壽，卻只有少數人能夠成功的原因。依此可以看到，嵇康受到道教修養成仙，以及食補、藥補影響的部分。

　　再者，嵇康接受「元氣說」的原因，可說是因為嵇康似乎必須先肯定人與萬物之間能有互通的可能，那麼草藥、食物、丹藥才有可能對人的身體造成影響。因此，嵇康必須先肯定人與萬物一般，皆為「元氣」生成而來的。由此，因為人與萬物、與宇宙有了互通的基礎，如自然、元氣，因此，呼吸吐納的過程，人們才可能通過氣的流通，讓身體的狀況越來越好。由此，「元

〔註32〕許抗生，《魏晉玄學史》（1989），頁194～199。
〔註33〕曾春海，《嵇康》（台北：萬卷樓圖書，2000），頁129～134。
〔註34〕戴明揚（校注），嵇康（魏）撰，《嵇康集校注》（1962），頁155～156。

氣說」（或「自然觀」）似乎成爲嵇康養生理論的基礎。

然而，筆者也同意湯用彤所說，嵇康並沒有將「元氣說」進行細緻的理論分析。嵇康確實繼承了「元氣」的概念，也融入在他對於自然、本性的瞭解，不過，嵇康沒有想要將「元氣說」或「自然觀」系統化的企圖，正如許抗生的考察，不只是嵇康，魏晉時期的名士已逐漸失去以「元氣說」探索宇宙本體論或生成論的興趣；所以，可說嵇康繼承「元氣」的概念，卻沒有以「元氣」討論形上學，亦或宇宙生成論的傾向。例如嵇康僅在《太師箴》和一些片段中，提到人們和萬物皆是由「太素」所構成的，這只是爲了作爲佐證草藥、丹藥或呼吸吐納的修養工夫，對於形骸可以造成助益的支持。在嵇康的養生觀中，總是思索著個體生命面對困境時的解脫之道，正如他提示養生之術的學習要全面，切忌偏執於某一種方法或急功近利，而必須經由長時期的全面修養，才能使人延年益壽。

二、「形恃神以立，神須形以存」——形神並重的養生觀

嵇康〈養生論〉的一開始即針對養神、養形，以及外物對於身體的影響分別進行申述。他首先以「國君」與「國家」，來類比「精神」與「形體」的關係，說到：「精神之於形骸，猶國之有君也。神躁於中，而形喪於外，猶君昏于上，國亂於下也。」〔註35〕嵇康強調養生的重點在於精神的修養，「精神」對比於「形體」，就如同「國君」與「國家」的關係，國君作爲國家的領導地位，倘若國君昏庸，國家就容易混亂；「精神」與「形體」的關係也是如此，精神是主導養生的關鍵，因此，避免精神過多的躁動，才不會危害形體。由此來看，嵇康認爲在養生的問題上，「精神」佔有重要的地位，不過，這並不表示嵇康只是重視「精神」而不重視「形體」，如嵇康指出「形恃神以立，神須形以存」，強調精神、形體皆崇尚自然的養生觀，說到：

> 是以君子知形恃神以立，神須形以存。悟生理之易失，知一過之害
> 生。故修性以保神，安心以全身。愛憎不棲於情，憂喜不留於意。
> 泊然無感，而體氣和平。又呼吸吐納，服食養身；使形神相親，表
> 裏俱濟也。〔註36〕

此段不僅突顯了養生必須兼顧神與形的觀點，繼承了莊學養生觀追求「保

〔註35〕戴明揚（校注），嵇康（魏）撰，《嵇康集校注》（1962），頁145。
〔註36〕戴明揚（校注），嵇康（魏）撰，《嵇康集校注》（1962），頁143～160。

神」、「全身」的主張。嵇康提出要「保神」、「全身」的要點，在於「修性」與「安心」，兩者皆是針對內在精神修養而論的，亦即指出「養神」的重要性；而「呼吸吐納，服食養身」即是側重身體保養的論述。嵇康認為透過形體的調息、飲食或食用丹藥，使得身體與精神相近，以達到內外兼修的狀況。〈養生論〉緊接著提出身體會受到外在環境的影響，並舉出許多實例：

> 且豆令人重，榆令人暝，合歡蠲忿，萱草忘憂，愚智所共知也；薰辛害目，豚魚不養，常世所識也；虱處頭而黑，麝食柏而香，頸處險而癭，齒居晉而黃。推此而言，凡所食之氣，蒸性染身，莫不相應。……神農曰上藥養命，中藥養性者，誠知性命之理，因輔養以通也。〔註37〕

嵇康認為飲食習慣、生活步調皆會對人體產生直接的作用，因此他相信服藥的養生之術，認為性命雙修，亦即性命的道理是可以通過輔助、調養而通達的。人們會因為「所食之氣」的不同，身體而有不同的反應，例如體重增重、齒黃或長瘤等現象，甚至會影響人的情緒反應。

嵇康認為外在環境會透過「氣」對人體產生直接的影響，在此，似乎有漢代以來氣化宇宙論的思想色彩，不過，嵇康沒有在他的養生觀中，針對宇宙萬物進行探源性的論述，而是由人們的現實處境中，說明人的形體受到氣的流轉變化，而形成的相對應的改變。例如嵇康提到人無法長壽的原因時，說到：

> 而世人不察，惟五穀是見，聲色是耽，目惑玄黃，耳務淫哇。滋味煎其府藏，醴醪鬻其腸胃，香芳腐其骨髓，喜怒悖其正氣，思慮銷其精神，哀樂殃其平粹。夫以蕞爾之軀，攻之者非一塗，易竭之身，而外內受敵，身非木石，其能久乎？其自用甚者，飲食不節以生百病，好色不倦以致乏絕。風寒所災，百毒所傷，中道夭於眾難。世皆知笑悼，謂之不善持生也！至於措身失理，亡之於微，積微成損，積損成衰，從衰得白，從白得老，從老得終，悶若無端。中智以下，謂之自然，縱少覺悟，咸歎恨於所遇之初，而不知慎眾險於未兆，是由桓侯抱將死之疾，而怒扁鵲之先見，以覺痛之日為受病之始也。害成於微，而救之於著，故有無功之治。馳騁常人之域，故有一切之壽。仰觀俯察，莫不皆然。以多自證，以同自慰，謂天地之理，

〔註37〕戴明揚（校注），嵇康（魏）撰，《嵇康集校注》（1962），頁148～150。

盡此而已矣。(〈養生論〉) 〔註38〕

嵇康認為人無法長壽的原因，可以分為兩個層面來說：

其一，「不善持生」──有些人沉溺於口腹、聲色的滿足，如「飲食不節」、「好色不倦」，因而無法長壽。

其二，「天地之理，盡此而已矣」──指出「中智以下」的人，對許多小處都不注意導致傷身，卻以為生老病死是自然的規律，而不知道防患於未然。

根據這兩層原因，嵇康進而指出人們對於養生常有的錯誤態度：

> 縱聞養生之事，則斷以所見，謂之不然；其次孤疑，雖少庶幾，莫知所由；其次自力服藥，半年一年，勞而未驗，志以厭衰，中路復廢。或益之以畎澮，而泄之以尾閭，欲坐望顯報者；或抑情忍欲，割棄榮願，而嗜好常在耳目之前，所希在數十年之後，又恐兩失，內懷猶豫，心戰於內，物誘於外，交賒相傾，如此覆敗者。夫至物微妙，可以理知，難以目識，譬猶豫章生七年然後可覺耳。今以躁競之心，涉希靜之塗，意速而事遲，望近而應遠，故莫能相終。夫悠悠者既以未效不求，而求者以不專喪業，偏恃者以不兼無功，追術者以小道自溺。凡若此類，故欲之者，萬無一能成也！〔註39〕

嵇康認為人們對養生，經常會出現的錯誤態度，可以分為三類：

其一，「斷以所見，謂之不然」──聽到養生的事，根據主觀的想法，覺得是不對的。

其二，「孤疑，雖少庶幾，莫知所由」──第二種態度是狐疑，雖然有點期盼，卻不知道從何做起。

其三，「自力服藥，半年一年，勞而未驗，志以厭衰，中路復廢」──勉強自己服藥，可能才服藥半年、一年，還沒有看見效用，便失去興趣半途而廢了。

嵇康由養生的反面例子進行反省，仔細的說明無法長壽的原因，以及人們對於養生經常會出現的錯誤態度。嵇康不僅討論這些反例，在兼重形體與精神的保養，〈養生論〉指出正確的養生觀，說到：

> 清虛靜泰，少私寡欲。知名位之傷德，故忽而不營，非欲而強禁也；識厚味之害性，故棄而弗顧，非貪而後抑也；外物以累心，不存神

〔註38〕戴明揚（校注），嵇康（魏）撰，《嵇康集校注》(1962)，頁150～153。
〔註39〕戴明揚（校注），嵇康（魏）撰，《嵇康集校注》(1962)，頁153～156。

氣，以醇白獨著，曠然無憂患，寂然無思慮，又守之以一，養之以
和，和理日濟，同乎大順。然後蒸以靈芝，潤以醴泉，晞以朝陽，
綏以五弦，無爲自得，體妙心玄，忘歡而後樂足，遺生而後身存，
若此以往，庶可與羨門比壽、王喬爭年，何爲其無有哉！〔註40〕

嵇康認爲養生的要義，在於清心寡慾，少煩憂慮。嵇康認爲「抑情忍欲」是
錯誤的養生觀念，例如知道功名對於德性的損害，所以忽視不去追求，而不
是強行的禁止；辨識美味會傷害性命，所以捨棄不顧，而不是貪食後才加以
抑制。這個意思是說，嵇康認爲眞正有效的養生之道，是能夠做到不再爲身
外之物勞心費神，精神因而純白顯明，豁達而沒有憂患，淡泊而沒有思慮。
特別的是，嵇康認爲透過音樂的彈奏，具有養生的功效（「綏以五弦，無爲自
得，體妙心玄」）。

　　由此，可以進而思考嵇康也曾提出「聲無哀樂」，那麼嵇康爲何還會認爲
彈奏音樂可以達到「無爲自得」、「體妙心玄」的狀態？

　　由此，筆者認爲可以由嵇康提出「抑情忍欲」的反省來加以說明。嵇康
指出「抑情忍欲」是養生的錯誤觀念，那麼難道嵇康會認爲「任情順欲」是
養生的正確觀點嗎？依循著前兩章對於嵇康「越名教而任自然」、「越名任
心」，以及釋私任心的人生觀來看，可以了解「抑情忍欲」與「任情順欲」的
主要差異。

　　首先，無論是「抑情忍欲」或「任情順欲」，皆涉及「情」與「欲」的討
論，正如嵇康的「公私之理」，認爲匿情爲「私」、顯情爲「公」，對嵇康來說，
「情」不一定就是不好的，「欲」也如此。出自於自然的「情」與「欲」，例
如爲了生存而有吃東西的欲求、爲了生存而有呼吸的欲求等，這些欲求是出
自於人的天性自然，同時是爲了個體的生存所必須的行爲。而出自於天性自
然的「情」，通過依循「審貴賤而通物情」來理解，意指個體的提升可以通同
於萬物的「情」；因此，嵇康認爲個人可以通過彈奏樂器抒發情感，獲得自己
內在的滿足，體會天地自然在個體中的落實，這也正是嵇康所提「綏以五弦，
無爲自得，體妙心玄」的意義。筆者認爲嵇康在養生觀，將要處理「欲」的
問題，轉化爲由「情」的問題的解題，透過情感在彈奏樂器上適宜的抒發，
同時處理關於「欲」的問題。

〔註40〕戴明揚（校注），嵇康（魏）撰，《嵇康集校注》（1962），頁156。

關於「情」、「欲」的問題，向秀針對嵇康的觀點提出了批判，在〈黃門郎向子期難養生論〉〔註41〕提到：「夫嗜欲，好榮惡辱，好逸惡勞，皆生於自然，……或睹富貴之過，因懼而背之，是猶見食之有噎，因終身不飡耳。」向秀同意「欲」是天生自然的，不僅如此人的本性也是喜好榮華、厭惡恥辱、好逸惡勞，容易擔心受怕、膽怯逃跑，正如看見有其人吃某一樣食物噎到了，他可能就再也不敢吃那樣東西了。向秀又接著說到：

> 若夫節哀樂，和喜怒，適飲食，調寒暑，亦古人之所修也，至於絕
> 五穀，去滋味，寡情欲，抑富貴，則未之敢許也。何以言之？夫人
> 受形於造化，與萬物並存，有生之最靈者也。異於草木，草木不能
> 避風雨，辭斤斧。殊於鳥獸，鳥獸不能遠網羅，而逃寒暑。有動以
> 接物，有智以自輔，此有心之益，有智之功也。若閉而默之，則與
> 無智同，何貴於有智哉。有生則有情，稱情則自然。若絕而外之，
> 則與無生同，何貴於有生哉。〔註42〕

向秀認為人雖然與萬物共存在天地之間，不過，人是較其他萬物更有靈性的，所以人們懂得避雨、避禍，懂得狩獵為生，懂得在天寒或酷暑時保護自己，這都是因為人有「心」，可以思考、認識外物，可以想方法來照顧自己。向秀認為正如「欲」是人天生就有的，「心」、「情」也都是生而有之的，所以，向秀認為或許沒有人敢說可以做到嵇康對養生的要求，如絕五穀、去滋味、寡情欲、抑富貴。向秀甚至強烈的以為嵇康的養生觀難以達成，說到：

> 夫人含五行而生，口思五味，目思五色，感而思室，飢而求食，自
> 然之理也。但當節之以禮耳。今五色雖陳，目不敢視；五味雖存，
> 口不得嘗；以言爭而獲勝則可；焉有勺藥為荼蓼，西施為嫫母，忽
> 而不欲哉？苟心識可欲而不得從，性氣困於防閑，情志鬱而不通，
> 而言『養之以和』，未之聞也。〔註43〕

向秀認為人生於天地之間，人能夠嚐到五味、看見五色，所以餓了想吃或想看到漂亮的顏色，都是自然而然的道理。向秀認為既然人的欲求都是自然本性，只需要依「禮」來規範、節制人們的欲求即可。向秀認為如果像嵇康的

〔註41〕 向秀所著〈黃門郎向子期難養生論〉收錄《嵇康集校注》。參看：戴明揚（校注），嵇康（魏）撰，《嵇康集校注》（1962），頁161～167。

〔註42〕 見向秀的〈黃門郎向子期難養生論〉，參看：戴明揚（校注），嵇康（魏）撰，《嵇康集校注》（1962），頁161～162。

〔註43〕 戴明揚（校注），嵇康（魏）撰，《嵇康集校注》（1962），頁164～165。

養生論，要求人們眼前有五色卻不能看，面前有五味卻不敢嚐，願意發表意見就可以獲勝卻不敢說，這都是違背人性，卻不容易有效果的養生之法。所以，向秀批評嵇康的養生觀是「縱令勤求，少有所獲」、「追虛徼幸，功不答勞」，向秀認為嵇康的養生之法既要辛苦的修練，卻難有功效。

關於嵇康與向秀養生觀的主要差異，在此引用許抗生先生的觀點。許先生認為可以兩點進行說明：

第一，關於自然本性的定義：向秀認為「人生則有情，稱情自然」，將飲食男女、天理人倫、榮華富貴皆包含其中，並且認為人與動物的區別，在於人能用智慧求得這些欲望的滿足；嵇康則反對一切嗜欲的追求屬於自然本性。〔註44〕

第二，關於節制欲望的方法：向秀主張對於人的欲望要「節之以禮」，意指要運用社會的「政治原則」、「道德規範」去限制欲望，只要欲望不違背這些原則便是合理的；嵇康則反對禮教的約束，認為去欲不能出於強迫，應是為了健康而出於自願自覺的遵守自然之理。〔註45〕

筆者認為嵇康和向秀的養生觀最大的差異，就是對於人之本性的看法，包含對於人的「性」、「欲」、「情」的界定。嵇康於〈答難養生論〉〔註46〕回覆向秀的批評，文章的一開始即指出：「夫嗜欲雖出于人，而非道德之正。」〔註47〕由於，嵇康認為合於人的自然本性的「性」，才是值得發揚的，由此來界定人的「欲」、「情」，有合於人之自然本性的「欲」、「情」，也有不合於人之自然本性的「欲」、「情」。因此，嵇康當然認為排除不合於自然本性的「欲」的養生觀是可能的，說到：「是以古之人，知酒色為甘鴆，棄之如遺；識名位為香餌，逝而不顧。使動足資生，不濫于物；知正其身，不營于外；背其所凶，向其所吉。此所以用智遂生之道也。故智之為美，美其益生而不羨；生之為貴，貴其樂和而不交，豈可疾智而輕身，勦欲而賤生哉！」〔註48〕由此，嵇康認為所謂的「益生」、「樂和」，意指保養合於人之自然本性的「欲」、「情」，盡量避免發展不合於人之自然本性的「欲」、「情」。

嵇康對於什麼是不合於人之自然本性的「欲」、「情」作出了界定，可以

〔註44〕 許抗生，《魏晉玄學史》（1989），頁213～214。

〔註45〕 許抗生，《魏晉玄學史》（1989），頁214～215。

〔註46〕 戴明揚（校注），嵇康（魏）撰，《嵇康集校注》（1962），頁168～195。

〔註47〕 戴明揚（校注），嵇康（魏）撰，《嵇康集校注》（1962），頁168。

〔註48〕 戴明揚（校注），嵇康（魏）撰，《嵇康集校注》（1962），頁169～170。

綜合在嵇康所提的「養生五難」中，說到：

> 養生有五難，名利不滅，此一難也；喜怒不除，此二難也；聲色不
> 去，此三難也；滋味不絕，此四難也；神慮轉發，此五難也。五者
> 必存，雖心希難老，口誦至言，咀嚼英華，呼吸太陽，不能不回其
> 操，不夭其年也。五者無于胸中，則信順日濟，玄德日全。不祈喜
> 而有福，不求壽而自延，此養生大理之所效也。〔註49〕

嵇康指出養生的五大阻難：名利、喜怒、聲色、滋味與思慮。嵇康認為這五
難會對人們產生不良的影響，它們會誘惑人們，使得人們的情緒、心靈處於
躁動且不能平靜的狀態，因為人們容易因為這五難的影響，促使得不合於人
之自然本性的「欲」、「情」不斷地生長，因此嵇康認為去除這五難的好處，
就是讓自己遠離不合於人之自然本性的「欲」、「情」，如嵇康所言「遠害生之
具，御益性之物，則始可與言養性命矣」。〔註50〕嵇康認為要理解如何養生，
要先由分析人之本性中的「欲」、「情」，了解哪些是合於人之自然本性的（「益
性之物」），哪些是不合於人之自然本性的（「害生之具」），進而勸說人們願意
自覺自願的遠離那些不合於人之自然本性「欲」、「情」注重養生。

　　此處關於養生五難的論述，可以說是延續所提嵇康所說「抑情忍欲」的
問題，嵇康對於解決「抑情忍欲」方式，主要還是依循著「越名教而任自然」、
「審貴賤而通物情」的思路，嵇康將「去欲」的方式，轉化為分辨人性中的
「益性之物」和「害生之具」，人們得以疏導由「害生之具」引發不合於人之
自然本性「欲」、「情」，而得以調理合於人之自然本性的「欲」、「情」。在這
樣的養生觀裡，雖然「形體」與「精神」的共養是嵇康養生的基本原則，不
過，在修養過程中，嵇康才會認為「精神」的修養佔有主導的地位，因為，
人們需要透過「精神」的分判、理解，充分理解人性當中的「欲」與「情」，
順任合於自然的「欲」與「情」，遠離不合於自然的「欲」與「情」，並且落
實在身體的修養工夫中，才是完整的養生之道。

　　正如當代幾位學者的研究，都認為嵇康的養生觀是以「精神」為主導，
並兼具形、神的修養，如牟宗三先生說到：「養生雖是生理之事，而亦必在
心上做工夫。」〔註51〕曾春海先生也有相近的觀點，指出：「嵇康得養生思

〔註49〕戴明揚（校注），嵇康（魏）撰，《嵇康集校注》（1962），頁191～120。
〔註50〕戴明揚（校注），嵇康（魏）撰，《嵇康集校注》（1962），頁180。
〔註51〕牟宗三，《才性與玄理》（台北：學生書局，2000），頁327。

相【想】既注重道家的精神養生，以援引道教的形軀之養。然而，在形神兼重的養生理論中，養神居主導養形的統馭地位。」〔註52〕又如王曉毅由社會背景來說明嵇康養生觀的特色，說到：「與正統玄學家熱衷於政治功利，追求超越生命的社會理想的傾向相比，嵇康更注重個體生命本身的價值意義，具有更多的宗教情感。即使在正始之音的有為時代，嵇康哲學的這一特質也是相當明顯的。」〔註53〕關於王曉毅的觀點，有兩個重點：其一，嵇康出生與正始之時，但他並不重視仕途的發展，而著重於個體生命的修養；其二，嵇康思想受到當時宗教風氣的影響，其養生觀顯露出近於道教的養形與神仙的思想。

綜合來說，嵇康養生觀雖然有「形體」與「精神」共養的原則，不過，因為受到《莊子》思想的影響，仍以修養「精神」作為養生的主軸。特別的是，嵇康透過對於現實情況的觀察，反省人們不能長壽的原因，將處理「欲」的問題和處理「情」的問題相融合，直接討論哪些是合於自然的「欲」、「情」，哪些是不合於人之自然本性的「欲」、「情」；而養生的目的當然是要發揮合於自然的「欲」、「情」，避免不合於人之自然本性的「欲」、「情」。因此，嵇康認為可以透過彈奏音樂的任情抒發，讓「欲」、「情」得以適當調理。

由此，可以進一步地說，嵇康的養生觀可說是《莊子》之「心齋」、「坐忘」的落實與體現。因為，嵇康所說「綏以五弦，無為自得，體妙心玄」，有如莊子所言的「心齋」（〈人間世〉），「心齋」是要求人們放下心中的成見、俗事，當心中不再存有成見、執著時，心中就有更大的空間容納天地、遙遊天地；而嵇康所說「忘歡而後樂足，遺生而後身存」，猶如莊子所言的「坐忘」（〈大宗師〉），「坐忘」是要人們忘卻人世間的種種限制，如形體的侷限，當精神跳脫形體的束縛時，精神就能有無限的想像力，甚至能與大道融通為一。

第三節 《莊子》與嵇康養生觀的異同

本章的第一節由《莊子》探討「全生」、「保身」，以及「庖丁解牛」的寓言，論述《莊子》養生觀，統整得出「全生」、「保身」是立基於生命實存狀況而提出的養生觀，可說是通過內在心性的修養，放下對於外在無窮盡知識

〔註52〕曾春海，《嵇康》（2000），頁134。
〔註53〕王曉毅，《嵇康評傳——漢魏風骨盡、竹林遺恨長》（1996），頁110。

的追求，以尋求生命的安頓，找到「安之若命」所說心靈的平和；莊子透過庖丁描述鍛鍊解牛的過程，從生疏到熟練，經由外在技藝的修練，以技進道，達到精神內在的提升，以改善自己面對外在處境時的態度。由此，《莊子》的養生觀不僅重視主觀精神的提升，亦在外在行為的實踐修煉中，以達到「安時而處順」、與外物無傷的理想境界。接著，在第二節中以「服藥風氣與神仙思想的影響」、「以個人現實處境發展而成的養生觀」討論嵇康養生觀，綜合來說，嵇康的養生理論同時受到道家、道教思想的影響，相信的草藥、丹藥，以及呼吸吐納的修養，對於形骸可以造成助益的支持。在嵇康的養生觀中，總是環繞著思考個體生命的解脫之道，正如他主張以「精神」為主導，「形體」與「精神」共養的養生觀，認為透過精神的提升與修養，再配合身體保養，才是完整的養生之道。

　　嵇康透過對於現實情況的觀察，提出人們不能長壽的可能原因，以及人們養生過程中可能會有的錯誤觀念，並且指出養生之道不能急功近利，強調清虛寡欲、持之以恆的重要性。由上述概要的整理，在此進一步的分析莊子與嵇康之養生觀的異同。根據高伯園在〈論莊子與嵇康的養生論〉分析嵇康與莊學養生觀的差異，說到：

　　　（一）莊子之養生論，乃是以主體境界之修養為主，卻不重視外在客觀世界之改造，此其為境界形態之養生論。而此亦正為道家養生第一義與文本。（二）嵇康不但肯定第一義之養生，同時也開發出對現實生命之養生。此即兼有主觀境界形態與客觀實有形態之二義，由是而豐富並極成了道家之養生義。（三）境界形態與實有形態之養生，二者乃是以境界形態為優先，至於養生義之極成，則需有實有之養生，始能充分完成。而此二種形態之區分，乃是依人知存有論性格而定，此即人之現實性與超越性。（四）類此於道家之養生，則宗教亦可有二層意義之區分，此即宗教之理想性與現實性。此中，理想性具有優先之地位，而其意義之極成，則當與其現實性相結合而後可能。〔註54〕

高伯園指出嵇康與莊學養生觀最大的差異，在於《莊子》重視養神，偏重境界形態的追求；而嵇康則加入了實有形態的討論，是境界至實有形態的發展。並且肯定嵇康豐富了道家的養生觀。

〔註54〕高柏園，〈論莊子與嵇康的養生論〉（1989），頁 16～17。

　　根據上述的考察，筆者認為嵇康與莊子同樣重視精神與形體的修養。如《莊子》「保身」、「全生」和以技進道的養生觀，全生、保身的概念：其一，理解並且接受自然的自己，以及人的限制；其二，不執著於外在形貌，面對現實狀況並且接受（「知不可何而安之若命」）；其三，放下生、死的執著。由此，全生、保身可說是立基於生命實存狀況而提出的養生觀，可說是通過內在心性的修養、放下執念，以尋求生命的安頓。

　　而且，莊子認為養生除了「養神」之外，還需要兼顧人的現實處境，意即思想概念的落實，也就是「以技進道」的觀點落實在實踐活動之中，即是「以無厚入有間」，將精神的優游落實於生命實存之中修養工夫。由此，《莊子》雖然是著重於精神層面的修養，可是仍有對於形體的關切，而且，《莊子》養生觀是以精神為主，形體為輔，尚可算是結合精神與身體的養生思想修養。由此，筆者以為《莊子》的養生觀也可算是弱義的實有形態的養生論。然嵇康重視內在心靈的修養，同時他也受到當時各種養生風氣的影響，認為藥補、食補以及丹藥對身體也有一定的功效。嵇康以修養精神作為養生的主軸，並且重視人們在現實情況中的修養狀況，可說是形體與精神共養的養生理論。綜合來說，《莊子》與嵇康的養生觀確實是結合理想性與現實性，且以理想性為優先。

　　特別的是，嵇康雖然繼承《莊子》的養生觀，卻有一些與《莊子》思想不同之處，在此，約可整理為兩個部分：

　　第一，論述修養工夫的不同，如「以技進道」與「服藥、神仙思想」。

　　《莊子》著重於思索生命如何安頓的特色，總是不厭其煩的提醒世人生命的有限，要人們不要在汲汲營營於無窮盡的知識（「以有涯隨無涯殆已」），也不要再受到外在執著的約束，便能找到「安之若命」所說心靈的平和。莊子的養生觀中，最為著名的修養方法，就是「以技進道」的修養工夫。首先，莊子重視內在精神的提升，如從「目視」到「神遇」的晉升，又如「薪盡而火傳」的道理，莊子將養生視為一種頓知天理、因其固然的修養進程。再者，養生除了「養神」之外，還需要兼顧人的現實處境，也就是關懷思想精神的落實，這就是「以技進道」的重點。因為，技藝的學習是由外而內，通過身體在實踐活動之中的學習，這個學習的過程，為精神與身體的結合；當技藝的逐漸純熟，不僅身體提升了對此項技藝的熟練程度，精神亦在這個鍛鍊的過程中，獲得提升。因此，當庖丁再次展現他純熟的技藝時，又是一次精神

與身體相結合而成的展現，庖丁可以表現出「以無厚入有間」的技藝，此時庖丁亦是將優游的精神，落實在生命實存的身體之上。《莊子》養生觀不僅重視主觀精神的提升，亦在外在行為的實踐修煉中，以達到「安時而處順」、與外物無傷的理想境界。

然而，嵇康曾自述「好《老》、《莊》」，因此相信內在心靈的修養，同時他也受到當時各種養生風氣的影響，認為藥補、食補以及丹藥對身體也有一定的功效。嵇康相信食補、服藥的功效，可說受到漢代「元氣說」的影響，在人與萬物皆由「元氣」構成的基礎上，認定人們食用外物，也必然會受到外物的影響，如由榆樹莢仁、合歡、萱草、靈芝、當歸、菱芡等食補對身體的好處。不僅如此，嵇康特別重視服食丹藥對於身體的效用，如服食當時流行的五石散，並配合呼吸吐納的修練，對身體的修養有更好的效果。在嵇康的詩文中，除了肯定服藥的功效風氣之外，也可以看到他對於許多修養得當的仙人或長壽之人的推崇，如上述羨門、王喬、彭祖、安期、劉根，以及仙人赤斧、涓子、偓佺、赤松、務光、卭疏、方回、昌容等，可以得知嵇康受到神仙思想的影響，認為「神仙雖不目見」，但根據文獻的記載，神仙應該是存在的，所以嵇康對於修煉成仙還是有所嚮往。

由此，可以看到嵇康對於養生的修養工夫，明顯與莊子有很大的差異。尤其是在「形體」的修養上，嵇康不是繼承莊子「以技進道」，以身體對於技藝熟練程度的鍛鍊為主，而是受到當時道教養生觀的影響，重視藥補、食補，甚至相信可以修道成仙的神話。

第二，論述形式的不同。

《莊子》將庖丁解牛的過程，形容成優美的如同舞蹈（「桑林之舞」），無論庖丁的手或肩的動作，以及腳步的移動、膝蓋與牛的倚靠，都是那麼的順暢悠遊，同時庖丁在解牛的過程中所發出的聲響，竟合於音調的節奏（「經首之會」）。整個解牛的過程，如同一場近乎於道的樂舞表演。這麼優美的解牛過程不僅吸引了文惠君的好奇，同時也吸引了讀者的眼光。《莊子》以刀刃磨損的速度，象徵人們與外在環境的融洽層度，如此說明，唯有如庖丁一般，精準地了解身處環境的全貌，依順著環境的變動去調整自己的生活，才能外物無傷，過著游刃有餘的生活。在這個修養的進程，同時突顯出《莊子》對於生命面對現實處境的關注，以及內在精神的主動性，在通過精神的自我提升，表現出一種優游於現世困境的美感。

　　嵇康則多以譬喻、據實推論的方式討論養生觀，如在論述身體會受到外在環境的影響時，嵇康就指出普遍來說，人們會因為「所食之氣」的不同，身體會有不同的反應，例如體重增重、齒黃或長瘤等現象；甚至還認為人們會因為「所食之氣」的不同，影響人們的情緒反應；最後又以自身的經驗，佐證服食丹藥對於身體的效用。最為特別的是，嵇康這種以論述方式說明養生觀的特色，不僅主題而且論述脈絡清晰，例如由食物對人的影響、藥物對人的影響，再說明藥物對養生的功效優於食補；而且嵇康的論述，還有正、反雙方的對辯，在養生的問題上，嵇康最主要的論敵為向秀。而這種通過對同一主題，不同立場的申述，嵇康和向秀各自表達了對於養生的觀點，正是魏晉玄學中清談的特色。

小結

　　根據前兩章對於時代議題的探究，嵇康提出「越名教而任自然」具有的時代意義，是將名教與自然的矛盾，由未顯題化到顯題化，以突顯名教與自然已經產生矛盾的事實；並由嵇康重視思考個體如何安頓的問題，說明嵇康對於《莊子》思想的繼承與發展，形成的釋私任心的人生觀。由此，本章以嵇康的養生觀，說明嵇康思索當現實困境無法改變時，轉而尋求精神的脫困之道，可說是《莊子》養生觀的繼承與發展。

　　嵇康的養生觀重視「精神」與「身體」的共養，由精神為主、身體為輔的修養工夫，以達延年益壽的功效。特別的是，嵇康將處理「欲」的問題和處理「情」的問題相融合。本章在分析嵇康與向秀對於養生觀的論辯中〔註55〕，可以看到嵇康與向秀對於人之「欲」、「情」的界定，有根本上的不同。向秀認為人的「欲」、「情」都是人的自然本性，如果依循著人之本性的發展，人們只會出現好逸惡勞、去利弊害的行為，所以需要「禮」，有「禮」才可以約束人的本性；向秀認為對整個社會來說，也需要「禮」才能達到和諧的社會狀態。嵇康反對向秀的看法，認為人之「欲」、「情」的問題上，可以區分為合於自然本性的「欲」、「情」，以及不合於自然本性的「欲」、「情」；而養

〔註55〕牟宗三認為向秀在與嵇康論辯養生觀時，所持的立場皆是世俗之情，而其後注莊之事，應在與嵇康論辯之後，且在嵇康再做〈答難養生論〉之後。參見牟宗三，《才性與玄理》（台北：學生書局，2000），頁322。

生的目的，主要在於發展合於自然本性的「欲」、「情」，避免不合於自然本性的「欲」、「情」。嵇康通過養生五難的反思，說明外物對於精神的干擾與身體的誘惑；因此，嵇康認爲通過養生的工夫，例如彈奏音樂的任情抒發，即是讓「欲」、「情」獲得適當的調理，做到發展合於自然的「欲」、「情」，跳脫不合於自然的「欲」、「情」的良好方法。再者，在嵇康與向秀的論辯中，嵇康堅持的立場始終保持一致，既致力於發揚莊學由精神跳脫現實困境的養生思維，同時融入當時的時代風潮，將神仙思維、食補、藥補的觀點融入他的養生論，乃是深具時代意義的養生觀。可說嵇康是帶著「心無所措於是非」的態度參與論辯，目的不在於駁倒對方，而是爲了破除對方的私心執念，可說是莊子「齊物論」精神的具體實踐和表現。〔註 56〕因此，可說嵇康因爲將養生的議題，以魏晉時期名士熟悉的論辨方式呈現，因而引發名士們的關注，讓養生的討論成爲魏晉時期玄談的論題之一。

〔註 56〕詳細論述請參看本論文第 54 頁，註解 310。岑溢成，〈嵇康的思維方式與魏晉玄學〉，（1992），頁 51。

第四章 「聲無哀樂」的觀點對藝文思想的開拓與貢獻

前言

　　目前關於嵇康〈聲無哀樂論〉（簡稱〈聲論〉）的研究成果豐碩，多數學者認為文中嵇康借「東野主人」的身分，對「秦客」所象徵社會教化的儒家樂論，提出質疑與批判，從八難八答的過程，逐一建構「聲無哀樂」的觀點。學者們多認同〈聲論〉主張「聲無哀樂」的貢獻，在於讓音樂由教化的依附地位中解放。〔註1〕〈聲論〉特別的是，在沒有論敵的情狀下，嵇康模擬主人與客人的對話論辨音樂思想，將雙方各自的立場營造得既鮮明且栩栩如生。

　　本章以這些研究成果為基礎，根據〈聲論〉原文的語境脈絡，從而考察嵇康宣稱「聲無哀樂」對於藝文思想的意義。再度進行深究有兩個主要的動機：(1)〈聲論〉中安排多次的問答，其中，是否真如學者們所質疑，出現了「人因聲而情動」與「聲無哀樂」自相矛盾的論點？(2)學者多以為〈聲論〉中「秦客」代表了儒家樂論的立場，然而，不停提出質疑的「東野主人」究竟想要表現出何種音樂觀呢？

〔註1〕 相關資料，可參看：(1)曾春海，《嵇康》，（2000），頁 179。(2)蕭振邦，〈嵇康〈聲無哀樂論〉探究──兼解牟宗三疏〉《鵝湖學誌》第 31 期，臺北：鵝湖雜誌社，2003），頁 3～5。(3)李美燕，〈從〈聲無哀樂論〉探析嵇康的「和聲」義〉《鵝湖月刊》第 9 期，台北市：鵝湖出版社，2010），頁 40～50。(4)曾春海，〈阮籍與嵇康的樂論〉《哲學與文化》第 37 卷 10 期，台北市：輔仁大學哲學系，2010），頁 137～158。(5)張法，《中國美學史》，（成都：四川人民出版社，2006），頁 89。

以此，本章首先談論嵇康如何由實存悲哀發展出音樂思想，以及此音樂思想與莊學音樂觀的關係；第二，說明嵇康如何透過推翻聲音與哀樂的關係，將音樂由教化的工具價值中解放，建立純音樂、純藝術的思想；第三，由「突現美學」的方法論，說明嵇康如何建構精神超脫、優游自在的藝術欣賞境界。

第一節　由實存悲哀感所觸發的音樂觀

關於嵇康對於個體生命的關懷，在上述的三個章節已多次論證，而這個思維同樣在〈聲論〉中也可看到，如在〈聲論〉的最後一段，嵇康借「東野主人」之口，描繪出太平天下的景象〔註2〕，這說明嵇康可能存在對於太平盛世的嚮往，然而，為何會將嵇康音樂觀與「實存的悲哀感」聯結呢？筆者以為需由《莊子》的音樂觀來進行說明。

《莊子》形容當時天下的狀況是有推滿山澤的死者，而且人民顛沛流離、無所依歸（「死者以國量乎澤，若蕉，民其無如矣」），面對這樣的慘狀，《莊子》認為傳統的濟世思想只會危害到自己的生命，因此，建議人們將思考的重心放在個體生命如何安頓的問題上，《莊子》認為人們修養己身才是「保身」、「全生」之道；藉由「庖丁解牛」的寓言，說明在悲慘的環境中的處世之道。不過，面對殘忍無道的人間世，《莊子》沒有淒淒慘慘的哀弔，反而以一種遊世的美感態度，去化解心中的哀愁。這樣的態度也反映在他的音樂觀中。

《莊子》以庖丁學習解牛的過程，譬喻現實情況中個體與外物的關係，

〔註 2〕由於此段原文之後論述時需進行詳細分析，因此在此以註腳索引。原文：「夫言移風易俗者，必承衰弊之後也。古之王者，承天理物，必崇簡易之教，御無為之治，君靜於上，臣順於下，玄化潛通，天人交泰。枯槁之類，浸育靈液，六合之內，沐浴鴻流，蕩滌塵垢；群生安逸，自求多福，默然從道，懷忠抱義，而不覺其所以然也。和心足於內，和氣見於外。故歌以敘志，儛以宣情。然後文以采章，照之以風雅，播之以八音，感之以太和；導其神氣，養而就之；迎其情性，致而明之；使心與理相順，和與聲相應。合乎會通，以濟其美，故凱樂之情，見於金石；含弘光大，顯於音聲也。若以往則萬國同風，芳榮濟茂，馥如秋蘭，不期而信，不謀而誠，穆然相愛；猶舒錦綵，而粲炳可觀也。大道之隆，莫盛於茲，太平之業，莫顯於此。故曰「移風易俗，莫善於樂。」樂之為體，以心為主，故無聲之樂，民之父母也。至八音會協，人知所悅，亦總謂之樂。然風俗移易，本不在此也。」嵇康（魏）撰，戴明揚校注，《嵇康集校注》，（1962），頁 221～223。

從緊張到舒緩的關過程中，庖丁通過內在精神的提升，以技進道的精神與身體一起的修養進程，最終達到「遊刃有餘」的生命態度。〔註3〕《莊子》形容庖丁解牛的動作優美如同舞蹈（「桑林之舞」），庖丁解牛時所發出的聲響，可以合於音調節奏（「經首之會」）；庖丁整個解牛的過程，展現近乎於道的樂舞表演；並以庖丁修養的方法（「臣之所好者道也，近乎技矣」）突顯個體通過內在提升，而與外物無傷的修養之道。此種修養的進程，表現出一種優游於現世困境的精神與美感。〔註4〕《莊子》沒有系統性的建構藝術精神，而是以精神境界所展現出生命態度，來說明他追求「遊刃有餘」的美的意境。這種「遊刃有餘」，與外物和平共處的美的境界，需要的是心靈的體會、領悟。在中國歷史上，不僅是哲學思想家，畫家、畫論家、書法家或詩人，他們的生命態度與現實生命通常是緊密相連的；因此，他們在藝術中所展現的意境，經常是他們自己把握到的精神體驗。這種精神層次的提升與開展，近似於莊學意欲追求的道境，乃是通過去除萬物的牽累、跳脫現實限制侷限的心靈層次。

　　本文關於《莊子》以追求精神的自由，發展出來的藝文思想，主要受到徐復觀先生的影響。徐復觀以「遊」字的意涵與象徵，說明《莊子》精神自由解放的境界。這種精神的自由解放是由自己為起點；因而，徐先生認為「遊」象徵著個體的精神自由，所展現的藝術精神。〔註5〕筆者認為「遊」所象徵的

〔註3〕在上一章論述《莊子》的養生觀已提到「庖丁解牛」的寓言。此段引文已在本論文第三章是引用，《莊子》說：「庖丁為文惠君解牛，手之所觸，肩之所倚，足之所履，膝之所踦合，砉然嚮然，奏刀騞然，莫不中音。合於桑林之舞，乃中經首之會。」

〔註4〕由此，徐復觀認為《莊子》對於中國的藝術發展有很深的影響，徐復觀先生說：「《莊子》之所謂道，落實於人生之上，乃是崇高地藝術精神；而他由心齋的工夫所把握到的心，實察乃是藝術精神的主體。由老學、莊學演變出來的魏晉玄學，他真實內容與結果乃是藝術性的生活和藝術上的成就。歷史中的大畫家、大畫論家，他們所達到、所把握到的精神境界，常不期然的都是莊學、玄學的境界。」參看：徐復觀，《中國藝術精神》（1998）第一版自序，頁3。

〔註5〕關於《莊子》這種以追求精神的自由發展出來的藝文思想，在此參考徐復觀在《中國藝術精神》的論述，提到：「莊子思想的出發點及其歸宿點，是由老子想求得精神的安定，發展而為要求得到精神的自由解放，以建立精神自由的王國。...心的作用、狀態，莊子即稱之為精神；即是在自己的精神中求得自由解放；而此種得到自由解放的精神，在莊本人來說，是『聞道』、是『體道』、是『與天為徒』，是『入於寥天一』；而用現代的語言表達出來，正是最

精神自由解放，就如同《莊子》至人、眞人、神人的象徵意義，象徵著可以跳脫外物牽累的形象。因此，徐先生認爲中國的藝術家的藝術創作，往往與他們所追求的人格價值緊密相連，這也就是徐先生認爲中國藝術思想的表現，多以能跳脫身體所受到的侷限，展現精神的自由與能動性，作爲最高藝術精神的體現。〔註6〕

筆者進而以「吾喪我」（〈齊物論〉）的概念，討論徐復觀的看法。「遊」的行爲主體爲每一個體，如果個體對於外物關心的過多，便易於陷入外物的牽累，因此要「喪」去這一「小我」〔註7〕，即是要抛去關心、抛去實用的角度，以「無用」之用看待萬物，尊重萬物的各種可能性，從而與天地同通，即「德者，成和之修也」（〈德充符〉），更是「復通爲一」（〈齊物論〉）的顯現。

由於，《莊子》認爲達到「遊」，需要一個修養的過程，在修養過程中，個體不免與外物有所接觸，如此，根據《莊子》對於當時現實狀況的說明，筆者認爲《莊子》具有由實存悲哀感而觸發的藝文思想。這一個觀點並非筆者的獨創，主要受到當代三位學者的啓發。

首先，受到陳鼓應先生的影響，說到《莊子》企求精神的自由，具有「寄沈痛於優閒」的意義。因爲戰國時期是戰亂不斷、大國併呑小國的混亂世代，所以，陳先生認爲《莊子》不願把生命耗費在立功立名，那種「不是被當權者所役，便是爲功名利祿所奴」的市場價值上。〔註8〕陳先生在解釋《莊子》具有「寄沈痛於優閒」的想法，說到：「生當亂世，多少智士英傑死於非命，面對強橫權勢的入侵，爲避『斤斧』之害，以求彷彿逍遙的心情，眞可謂寄

高地藝術精神的體現；也只能是最高地藝術精神的體現。莊子把上述的精神地自由解放的體現，以『遊』自加以象徵。莊子一書的地一篇即稱爲逍遙遊。」參看：徐復觀，《中國藝術精神》（1998），頁 61～62。

〔註6〕徐復觀論到「遊」的基本條件，他從康德對於美的判斷，論及「遊」的涵義：「康德在其大著判斷力批判中認爲美的判斷，不是認識判斷，而是趣味判斷。趣味判斷的特性，乃是『純粹無關心地滿足』。所謂無關心，主要是既不指向實用，同時也無益於認識的意思。這正是莊子思想中消極一面的主要内容，也即是形成其『遊』的精神狀態的消極條件，及其效用。」參看：徐復觀，《中國藝術精神》（1998），頁 64。

〔註7〕此一說法眾多，在此參照陳靜〈吾喪我──《莊子・齊物論》解讀〉中的解釋，她將「吾」與「我」的概念分別闡述，得出「我」爲「形態的我」、「情態的我」的意思；「吾」則爲自由的，有大我的意含。因此，「喪我」就是要消解「形態的我」、「情態的我」對於人的限制，而達自由之境。參見陳靜，〈吾喪我──《莊子・齊物論》解讀〉，《哲學研究》，第五期（2001），頁 49～53。

〔註8〕陳鼓應，《老莊新論》（2005），頁 150。

沈痛於優閒了。」〔註 9〕陳先生認為面對現實殘酷的困境，《莊子》提供了一個心靈世界與一個精神空間，讓人們能有跳脫約束的追求目標：就心靈的世界來說，《莊子》思想提出了一個廣闊無邊的心靈世界；就精神空間來說，《莊子》思想提供了一個遼闊無比的精神空間。〔註 10〕這是由〈逍遙遊〉中表現出一種「無窮開放的精神空間」，《莊子》的「至人」象徵自由的超越者，從有形象世界的束縛中解放，進而達到「無待」的境界，而在心靈無窮地開放、開闊的過程中，吾人逐漸與外物相冥合，因此，無論在任何情況，人們都能隨遇而安，自由自在。〔註 11〕

　　接著，受到蕭振邦先生的影響。蕭先生同樣從人的實然之生命境況詮釋《莊子》的核心議題，以「入世悲情」考察「看《莊子》如何揭露人生底層的悲哀感，又如何化解悲哀而有所調適上遂。」〔註 12〕蕭先生以圖表來進行說明，如下：

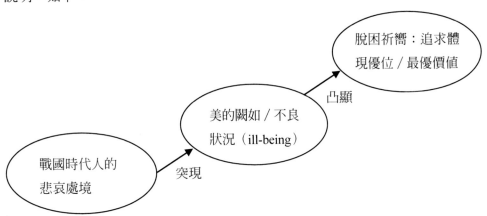

蕭先生提示《莊子》從「認命」轉而「安命」的轉折，進而從生命有涯的困境，到把握「道樞」的真諦達到「生命的轉境」，開出「以遊無窮」、「乘物以遊心」的無限遼闊。〔註 13〕蕭先生依「突現理論」分三個層次重構《莊子》的突現美

〔註 9〕陳鼓應，《老莊新論》（2005），頁 150。
〔註 10〕陳鼓應先生說：「《莊子》提供了一個心靈世界——一個廣闊無邊的心靈世界；提供了一個精神空間——一個遼闊無比的精神空間。」參看：陳鼓應，《老莊新論》（2005），頁 145。
〔註 11〕陳鼓應指出：「心靈無窮地開放，與外物相冥合，如此，則無論在任何情況，都能隨遇而安，自由自在」陳鼓應，《老莊新論》（2005），頁 146。
〔註 12〕蕭振邦，《深層自然主義：《莊子》思想的現代詮釋》（臺北：東方人文學術研究基金會，修訂版，2009），頁 297。
〔註 13〕蕭振邦，《深層自然主義：《莊子》思想的現代詮釋》（2009），頁 295～321。

學觀：「(1)基本層次──戰國時代整個人事物的實際境況；(2)突現層次──時代境況突現了美的闕如；(3)凸顯層次──在美的闕如這種突現背景下，人興起了特定的脫困祈嚮，進而追求體現相應的優位／最優價值。」〔註 14〕

第三，林明照的研究也是以人實存的角度，用以分析《莊子》的音樂思想。林先生認為《莊子》的音樂思想包含兩個層面，即「生命本真的揭顯」與「道樂──自然齊鳴之天籟」：他通過「舞樂」與「謳歌」論述莊子對於「生命本真」的揭顯，以及「命」所指出的人生的真實；由「三籟」與「吾喪我」說明《莊子》以「自然齊鳴的天籟來揭顯萬物的本體」。〔註 15〕林先生說到：

> 莊子音樂思想的深刻處，在於集中將音樂置入人生實存的層面來表現。一方面，他賦予順情適性的樂舞與發自心靈底層的謳歌以揭顯生命真實的意義；同時，他又超越了具體的音樂形式，轉向到自然齊響的天籟上，以天籟的音樂形象來直接揭露萬物本體。莊子音樂思想所內含的藝術精神，實展現了莊子生命哲學中實存關懷的美學特質。〔註 16〕

綜合來說，可以看出《莊子》對於天下無道的體認十分深刻，因此，《莊子》認為企圖說服或感化君主都只是師心自限，不如學習庖丁，誠實地面對無法改變的現狀，順著環境的變動調整心境，由是才能外物無傷，過著游刃有餘的生活。

也就是說，如果由「遊」來說明《莊子》對於精神自由的追求，可說是《莊子》藝術精神的表現；而「遊」能夠成立，必須有一個「遊」的主體；由這個主體來思考，主體要能夠達到「遊」的境界，必須通過一定的修養進程；在這個修養的過程中，個體不可避免的會與外物有所接觸，有接觸則不可避免會受到外物的影響，而「吾喪我」的修養工夫，就是要保留人之內在本性，去除不合於人之內在本性的「情」、「欲」。

筆者認為依《莊子》的論述方式，有助於說明嵇康著力於描繪太平世界的緣由，可以進一步的推論，由於嵇康繼承《莊子》對於現實生命的關懷，因此，當嵇康也面對慘忍無道的環境時，所謂的太平盛世，不過就是嵇康心

〔註 14〕 蕭振邦，《深層自然主義：《莊子》思想的現代詮釋》（2009），頁 129～130。
〔註 15〕 林明照，《先秦道家的禮樂觀》，（台北：五南出版社，2007），頁 149～169。
〔註 16〕 林明照，《先秦道家的禮樂觀》，（2007），頁 169。

中理想的一種投射。例如嵇康在許多詩文中，多次述說當時險峻的世道，如「鳥盡良弓藏，謀極身心危，吉凶雖在己，世路多嶮巇」（〈兄秀才公穆入軍贈詩十九首〉）〔註17〕、「輾軻丁悔吝，雅志不得施」（〈述志詩〉）〔註18〕，以及「理弊患結，卒致囹圄。對答鄙訊，縶此幽阻。實恥訟冤，時不我與。雖曰義直，神辱志沮。澡身滄浪，豈云能補。」（〈幽憤詩〉）〔註19〕

　　嵇康基於世道的淒涼，而將一切地美好投射於天下太平的海市蜃樓，以此，嵇康一方面用以推論音樂之移風易俗的不可行；另一方面，嵇康用以反諷當時因政治鬥爭，已然歪曲的風氣。如此，再來思考嵇康提倡「聲無哀樂」的音樂觀，其實是嵇康在面對人的現實處境，人與外物的緊張關係，通過賦予聲音脫離教化的禁錮，而寄予精神的超脫。這種意欲跳脫現實困境的思想，一直都是嵇康承接《莊子》思想的主要觀點。

第二節　「音聲有自然之和，而無係於人情」——
　　　　　賦予藝文客觀存在的意義

　　由於，有學者質疑〈聲無哀樂論〉（簡稱〈聲論〉）中出現自相矛盾的論述，提倡「聲無哀樂」的同時，又有「人因聲而情動」的觀點，如牟宗三先生在《才性與玄理》中指出：「故無論從『聲音之體』方法或從『情之應聲』方面，皆不能因『盡於舒疾』，『止於躁靜』，而限制哀樂之由聲也。」〔註20〕牟先生接著說到：

> 故云聲音只能引起躁靜，不能引起哀樂。但此並不然。當吾人心境平靜，既無哀事主於中，亦無樂事主於中，而因和聲之特殊色澤又確能引起吾人之哀意與樂情。『似姣弄，則歡放而欲惬』，此豈非因聲而樂乎？哀樂之奏，確有哀音。不惟當事人聞之而悲哭，即旁觀者亦無不悽然而吞聲。此豈非因聲而哀乎？〔註21〕

針對牟先生的論述，蕭振邦先生有做過一次相當詳細的考察與分析。蕭先生在〈嵇康〈聲無哀樂論〉探究——兼解牟宗三疏〉一文，討論牟先生指出東

〔註17〕　《嵇康集校注》，（962），頁 5。
〔註18〕　《嵇康集校注》，（1962），頁 36。
〔註19〕　《嵇康集校注》，（1962），頁 31～32。
〔註20〕　牟宗三，《才性與玄理》（台北：學生書局，2000），頁 353。
〔註21〕　牟宗三，《才性與玄理》（2000），頁 354。

野主人的論證擬似有漏洞的問題，所以牟先生質疑嵇康「限制哀樂之由聲也」的看法。〔註22〕

蕭先生透過「共性」與「殊性」的概念，指出聲音以「平和爲體」的通性（即「共性」），與「和域」，即「所和比」的對象形成的「全體範域」，意指音聲看似影響吾人情感的狀況，其實是一個特殊的場域（即「殊性」）。〔註23〕由此，蕭振邦認定：「只要理解前文（〈聲無哀樂論〉）所論『人能因聲而情動』與『聲無哀樂』兩者間並無衝突的理由，當亦能釋疑。」〔註24〕也就是說，蕭先生主張牟宗三的論點，可能是在傳統認爲音樂具有教化功能的觀點之下，牟先生才會認定音樂必然可以引起吾人的哀樂之感。蕭先生認爲引入西方哲學中，「共性」與「殊性」的討論，是可以化解牟先生對於〈聲論〉的質疑。

對於〈聲論〉是否存在矛盾的問題，接續著牟宗三先生對於〈聲論〉質疑，以及蕭振邦先生對於〈聲論〉的重新解讀。筆者認爲這個問題仍有許多可以進行討論的部分，例如根據魏晉玄談清議的風氣來說，對話的雙方極有可能是觀點完全對立的正、反兩方；當然還有一種情況是，正方提出看法，而反方提出的論辯，可能只是反對正方某一部份的觀點，卻不是全盤的反對。據此，筆者認爲可以重新考察〈聲論〉中，兩個主要對話的立場，「秦客」、「東野主人」，究竟「東野主人」是完全反對「秦客」的觀點？還是只否定了「秦客」部分的觀點？

由此思維來重新探討〈聲論〉，首先需要釐清兩者各自代表的立場，目前學界普遍同意將「秦客」代表儒家樂論的立場，「東野主人」則爲嵇康的觀點。

依此來看，筆者發現可以迅速地解決牟宗三先生對於〈聲論〉的質疑。牟先生認爲〈聲論〉中出現了自相矛盾的看法，牟先生發現〈聲論〉中「聲使我哀，音使我樂」、「遇樂聲而感也」的觀點，已經與「聲無哀樂」的觀點相矛盾了。可是，根據文脈來說，「聲使我哀，音使我樂」、「遇樂聲而感也」的論點，皆出於「秦客」；「聲無哀樂」的主張，是由「東野主人」所說。因此，〈聲論〉中，嵇康並沒有出現自相矛盾的立場，嵇康始終藉由「東野主人」堅持「聲無哀樂」的立場。

〔註22〕 蕭振邦，〈嵇康〈聲無哀樂論〉探究──兼解牟宗三疏〉《《鵝湖學誌》第 31期，臺北：鵝湖雜誌社，2003），頁33～37。

〔註23〕 蕭振邦，〈嵇康〈聲無哀樂論〉探究──兼解牟宗三疏〉（2003），頁35～37。

〔註24〕 蕭振邦，〈嵇康〈聲無哀樂論〉探究──兼解牟宗三疏〉（2003），頁36。

　　然而，在〈聲論〉中，無論是「東野主人」或是「秦客」，皆不排斥「聲、音、樂」的分判。可是「聲、音、樂」的區別可追溯至《樂記》，那麼，是不是說明嵇康的立場不堅定？

　　根據此一提問，筆者認為如果回到魏晉清談的對辨形式來思考，那麼，可以說嵇康反對了「秦客」部分的觀點，而不是全盤的否定「秦客」的思想。而且，嵇康沒有完全否定「秦客」的思想，可能更有助於說明嵇康的音樂觀。

一、《樂記》由聲、音、樂的區別建立音樂教化的功能

　　在此先說明「秦客」所代表儒家音樂觀的立場，可以追溯至《樂記》。尤其是對於「聲、音、樂」的區別，可說是《樂記》非常重要的觀點。《樂記》不僅認為聲、音、樂的意含（sense）不同，而且具有一定的順序。說到：

> 凡音之起，由人心生也。人心之動，物使之然也。感於物而動，故形於聲。聲相應。故生變；變成方，謂之音。比音而樂之，及干戚羽旄，謂之樂。樂者
>
> 音之所由生也，其本在人心之感於物也。……感於物而後動。〔註25〕

「音」與「聲」雖然都是由人心而生的，不過，「聲」是人心受到外物的影響，最原初的反應，所以「聲」只是「聲」，而不是「音」。當「聲」的起伏變化形成一定的規律，合和次序、成就文章而成為「音」（「變成方，謂之音」），「音」如歌曲也；進而，由樂器演奏「音」之歌曲，加入干戚、羽旄等工具，鼓而舞之，即稱為「樂」。

　　《樂記》對於聲、音、樂的區別，同時也是對於音樂本源性的探討，提出：「凡音者，生人心者也。情動於中，故形於聲。聲成文，謂之音。」〔註26〕《樂記》透過拆解樂、音的結構，將「聲」作為「音」與「樂」的基本元素，如：「樂者，音之所由生也，其本在人心之感於物也」。〔註27〕音樂的根

〔註25〕《樂記》原文與註釋參考：《十三學注疏》整理委員全整理，《十三學注疏》，（北京：北京大學出版社，1999），頁 1073～1150。

〔註26〕《樂記》《十三學注疏》，（1999），頁 1077。

〔註27〕蔡仲德對此分析極為詳盡，說到：「音樂不是先天就有的，而是後天產生的，但音樂表現的情感並不是外物影響後的產物，而為本性所固有，外物的作用不是使人產生感情，而只是使人固有的感情激動起來，得以表現於音樂之聲。顯然，這並出不能得出音樂是外界生活的反映的結論。相反，《樂記》認為音樂和一般認識一樣，不是外物在心中的反映，而是人的本性所固有的感情對外物的一種反應，是本性在音樂中的顯露，是天賦本性的一種外觀，音樂的

源在於人心感應外物，而有的情緒反應。如此可以推出，音樂不是先天就有的事物，而是因為人而存在的產物。《樂記》並藉由肯定「聲」由人心而生的觀點，給予了「音」與「樂」與人心在根源上的連結。由此，《樂記》在聲、音、樂的區別當中，《樂記》同時包含了對於藝文的評判標準。《樂記》認為「聲」只是人心的一種反應，雖可用以表現情感，但非藝術；「聲」必須符合「文采節奏」，合乎一定的方式、規律才能形成「音」，形成「樂」，此時才可稱為藝術。〔註28〕

由於，《樂記》將「聲」作為音樂的基本元素，認為「聲」由人心感物而動所產生，由此，也就順理成章地說明人心、人倫與音、樂的連結，並認為甚至可以藉此以區別禽獸、庶民與君子的區別，說到：

> 是故先王慎所以感之者。故禮以道其志，樂以和其聲，政以一其行，刑以防其姦。禮樂刑政，其極一也，所以同民心而出治道也。凡音者，生於人心者也；樂者，通倫理者也。是故，知聲而不知音者，禽獸是也；知音而不知樂者，眾庶是也。唯君子為能知樂。〔註29〕

《樂記》認為「知聲而不知音」的是禽獸、「知音而不知樂」的是庶民，而唯有君子可以「知樂」。此一推論的根據，在於《樂記》將「人心」作為音、樂的根源，據此音樂與倫理相關的推論，也就有了理據。君子較庶民受到更多的教育，因而對於「樂」的認識多於一般的平民。

由此可說《樂記》依循著先秦儒家以來的觀點，認為「倫理」表明人與人之間的社會關係。《樂記》通過建構「人心」與「樂」的必然關係，進而推出禮樂對於「人心」教化的可能性，提出：「是故，審聲以知音，審音以知樂，審樂以知政，而治道備矣。是故，不知聲者不可與言音，不知音者不可與言樂。知樂，則幾於禮矣。禮樂皆得，謂之有德。德者得也。」〔註30〕就是根據聲、音、樂不同的意含，《樂記》藉由建立人心與音樂的必然關係，從而建構一套由「聲→音→樂→政」的治世之道，以「禮樂」教化人民成為有德之

本源也不是外界生活，而是『天之性』，是人心。」參看：蔡仲德，《中國音樂美學史》，（2003），頁335～336。

〔註28〕因而李澤厚認為《樂記》對於藝術表現情感的第一本質的規定，即是「情感要表現在一種美的形式中，才能成為藝術」。參考：李澤厚、劉綱紀，《中國美學史》第一卷（下冊），（1987），頁400。

〔註29〕《樂記》《十三學注疏》，（1999），頁1080～1081。

〔註30〕《樂記》《十三學注疏》（1999），頁1081。

人。因此，《樂記》中分別對於音樂的分判與音樂本源的探索，乃是為了替音樂作為社會教化的功能，建立形上的依據。關於《樂記》提出由「聲→音→樂→政」的經世之法，說到：「治世之音安以樂，其政和。…聲音之道，與政通矣。」〔註31〕又如：「禮節民心，樂和民聲，政以行之，刑以防之。禮樂刑政，四達而不悖，則王道備矣。」〔註32〕以及：「禮義立，則貴賤等矣；樂文同，則上下和矣。」〔註33〕

《樂記》由說明音樂與治國之道相通，進而認為禮樂的教化可以達到「政和」、「上下和矣」的功效。這也就是《樂記》對於禮、樂之功能的說明為「仁近於樂，義近於禮」〔註34〕，意指「樂」可以影響、引發人的內在情緒，「禮」則是作為約束人的外在行為，如引文：

> 故樂也者，動於內者也；禮也者，動於外者也。樂極和，禮極順。
> 內和而外順，則民瞻其顏色而弗與爭也，望其容貌而民不生易慢焉。
> 故德煇動於內，而民莫不承聽，理發諸外，而民莫不承順。故曰：
> 致禮樂之道，舉而錯之，天下無難矣。樂也者，動於內者也；禮也
> 者，動於外者也。〔註35〕

《樂記》認為音樂可以通過影響人心，使得人心獲得內在的和諧，而達到不與人爭、「承聽」、「承順」等表現於外的和順行為。因此，當禮樂之道暢達天下時，也就沒有甚麼難以教化之事了。《樂記》以為如果人人皆能做到「內和而外順」，那麼爭鬥便不再產生，也就距離建立一個和諧社會的目標不遠了，如此說到：「大樂與天地同和，大禮與天地同節。和故百物不失，節故祀天祭地，明則有禮樂，幽則有鬼神。如此，則四海之內，合敬同愛矣。禮者殊事合敬者也，樂者異文合愛者也。禮樂之情同，故明王以相也。故事與時並，名與功偕。」〔註36〕

《樂記》確實推崇安定平和的社會，不過，如果僅將以天地之和而成的樂之和，解釋為「和諧」，可能會限定《樂記》之「和」的意含，〔註37〕依照

〔註31〕《樂記》，（1999），頁1077。

〔註32〕《樂記》《十三學注琉》，（1999），頁1085。

〔註33〕《樂記》（1999），頁1085。

〔註34〕《樂記》（1999），頁1093。

〔註35〕《樂記》《十三學注琉》，（1999），頁1141。

〔註36〕《樂記》《十三學注琉》，（1999），頁1087。

〔註37〕這個問題可以說是回應朱良志先生對於《樂記》之「和」的解釋，朱先生認為《樂記》之「和」必然落實在「社會的和諧」上，其中包含三個方面：「上

《樂記》所說：「故樂者，天地之命，中和之紀，人情之所不能免也。」〔註38〕這意指「樂」是和於天地之教命，協中和之綱紀，而感動人心。《樂記》所言的「和」不只是限定於現實社會中之和諧，並同時為此一和諧的社會尋找立論的基礎，也就是「天地之和」（「樂者，天地之和也。禮者，天地之序也。和故百物皆化，序故群物皆別。樂由天作，禮以地制」〔註39〕），《樂記》進而說到：

> 天尊地卑，君臣定矣。卑高已陳，貴賤位矣。動靜有常，小大殊矣。
> 方以類聚，物以群分，則性命不同矣。在天成象，在地成形，如此，
> 則禮者天地之別也。地氣上齊，天氣下降，陰陽相摩，天地相蕩，
> 鼓之以雷霆，奮之以風雨，動之以四時，暖之以日月，而百化興焉。
> 如此，則樂者天地之和也。〔註40〕

由此來說，《樂記》可說是受到《易傳》的影響，從探尋音樂的形上根源，進而為樂之和尋找形上的根據。在此，「和」不僅僅只是「和諧」，乃是貫通天地之間，表現萬物變化所依循的天地規律。

二、「心之與聲，明為二物」——鬆動音樂與人之感知的必然關係

嵇康雖然同意《樂記》中將音樂分為「聲」、「音」、「樂」的區分，不過，嵇康卻沒有接受《樂記》認為能以音樂感動人心，進而以音樂教化人民的思維。嵇康如何逐步地推翻《樂記》的觀點，可以根據嵇康在〈聲論〉的論述進行說明。

首先，〈聲論〉中提到「言比成詩，聲比成音」〔註41〕、「口之激氣為聲」〔註42〕。嵇康以「言」與「詩」的關係，比喻「聲」與「音」的關係，將「聲」作為一切樂音的基本元素。〈聲論〉說到：

則人與天地的和諧，中則人與他人的和諧，下則人與自身的和諧。」然而，《樂記》確實推崇安定平和的社會，由此，朱先生的論點確實有所依據。不過，依順「天地之和」而成的樂之和，若僅解釋為「和諧」似乎限定了《樂記》之「和」的意含。參考：朱良志編著，《中國美學名著導讀》，（北京：北京大學出版社，2004），頁 19。

〔註38〕 《樂記》《十三學注疏》，（1999），頁 1145～1146。
〔註39〕 《樂記》：《十三學注疏》整理委員全整理，《十三學注疏》，（1999），頁 1090。
〔註40〕 《樂記》：《十三學注疏》整理委員全整理，《十三學注疏》，（1999），頁 1094～1096。
〔註41〕 《嵇康集校注》，（1962），頁 199。
〔註42〕 《嵇康集校注》，（1962），頁 211。

> 且夫咸池、六莖、大章、韶、夏，此先王之至樂，所以動天地感鬼
> 神者。今必云聲音，莫不象其體，而傳其心；此必爲至樂，不可託
> 之於瞽史，必須聖人理其管絃，爾乃雅音得全也。舜命夔擊石拊石，
> 八音克諧，神人以和。以此言之，至樂雖待聖人而作，不必聖人自
> 執也。何者？音聲有自然之和，而無係於人情，克諧之音，成於金
> 石；至和之聲，得於管絃也。〔註43〕

嵇康在此將「樂」與音聲作了區隔，以已經傳頌於世的「至樂」爲例，說明
樂不同於聲音。依此段文脈來說，難以論證音與聲的區隔，「克諧之音」與「至
和之聲」都是從樂器發出來的聲響。若勉強要以「成」與「得」進行分析，
亦或在「金石」與「管絃」著墨，則有可能造成過度詮釋。此段的重點是透
過音聲的「自然之和」，反證「至樂」雖待聖人創作，卻不需要一定由聖人自
己來演奏，以說明至樂至美、和諧的樂曲皆有被反覆演奏的可能。

　　由此看來，嵇康將聲、音、樂進行區別，不是爲了繼承《樂記》對於音
樂的看法，而是爲了運用「聲」作爲音、樂的基礎，來說明「聲」不具有哀
樂的本質。嵇康設計「東野主人」與「秦客」的八次對答之間，以「秦客」
表示儒家重視禮樂教化的觀點；以「東野主人」表達相對於儒家的「聲無哀
樂」的主張，嵇康論述的重點，在於反省音樂教化人心的可能性，因此嵇康
並沒有完全依照《樂記》對於「聲、音、樂」的定義。〔註44〕

　　在此引用吳冠宏的考察，說到：「嵇康所謂『聲無哀樂』之『聲』，其實
正是以音樂組合的基本要素材料來涵蓋音樂的，故每試圖擺落外加於聲音的
其他因素（詩、舞、禮），以顯現一種對音樂本身的自體性觀照，由是其『音』
與『樂』自可分解成『聲』乃統貫聲——音——樂而加以純粹之，遂形成『樂
→音→聲』探本尋源的進路，因此嵇康將聲音的產生推源至天地陰陽之氣的
匯合交感，而大不同於《樂記》的『心物交感』。」〔註45〕如依吳先生之所見，
嵇康這種論述方式爲道家「越名教而任自然」〔註46〕之精神的展現，探索的

〔註43〕　《嵇康集校注》，（1962），頁207～208。
〔註44〕　如吳冠宏先生論述：「〈聲〉文與《樂記》之間本即存在著「超越人爲、復返
　　　　自然」與「重視人文、禮樂教化」的差別，在此脈絡下，〈聲〉文使用『聲、
　　　　音、樂』諸字詞自不必依循《樂記》『聲、音、樂』的參考架構。」參看：吳
　　　　冠宏〈當代〈聲無哀樂論〉研究的三種觀點商榷〉《東華漢學》第3期，花
　　　　蓮：東華大學中國語文學系，2005），頁93。
〔註45〕　吳冠宏〈當代〈聲無哀樂論〉研究的三種觀點商榷〉（2005），頁94。
〔註46〕　《嵇康集校注》，（1962），頁221～223。

是聲、音產生的根源，而與天地陰陽之氣有所聯繫。

再者，曾春海的觀點來說，曾春海先生沒有通過「聲、音、樂」的分判，來說明音樂的構成，曾先生是以「旋律」、「節奏」與「和聲」來說明，曾先生認為嵇康承認音樂會對人的情緒造成某些影響，不過，這些影響都是在有形的世界，也就是現象界來說的。〔註47〕曾春海先生認為要理解嵇康所要論述的「聲無哀樂」，需要從嵇康將音樂與玄學本體論進行連結，曾先生說到：

> 「和聲無象，而哀心有主」若以玄學本體論的「有」、「無」範疇言，
> 則體現至和之道體的「和聲」為一形上、客觀獨立的存有，屬於形
> 上的「無」之範疇，哀心為人在經驗世界的情感生活，屬於現象界
> 「有」之範疇。〔註48〕

曾春海先生是根據湯用彤先生提出，以「有、無」問題作為理解魏晉玄學的脈絡，因此，曾先生嘗試以「有、無」的範疇分析嵇康的音樂思想。曾先生認為嵇康的音樂觀與「越名教而任自然」的立論呼應，所以，「和聲無象，而哀心有主」，意指「哀心」是人在現象界、經驗界中的情感經驗，屬於「有」的範疇；而「和聲」卻是在形上「無」的範疇。既然「和聲」屬於形上範疇，「哀心」屬於形下範疇，就不是在同一個層次上的論述。由此，曾先生認為嵇康的音樂觀是純音樂的取向，不涉及工具價值，側重純音樂的美感與理據，以道家哲學為基礎，將音樂由教化的依附地位中解放，企求建立「人與道冥合的音樂美學以及至人達此境而至樂的見解」〔註49〕。

根據這兩個研究成果，由《樂記》的思考進路，還是由「有、無」範疇進行的探討，筆者進一步思考，哪一個詮釋〈聲論〉的脈絡較為合理？

筆者認為要釐清〈聲論〉的脈絡，首先由〈聲論〉分判「聲、音、樂」的論點開始考察。在〈聲論〉中關於「聲、音、樂」的區別，確實具有探源

〔註47〕曾春海說到：「嵇康在〈聲〉文中提到不同的樂器可產生聽者不同的情緒反應，例如：箏、笛、琵琶之音域較高，使人易感到浮躁而意氣飛揚。琴瑟之音，則音域較低，所以讓人感到安靜閒適。……由嵇康的論證可推導出，由調自身的差異，宛如音域與音色的差別，對人的心情能產生不同的反應、影響，因此，嵇康並不否認音樂會影響聽者的情感反應，所謂『聲音自當以善惡為主，則無關於哀樂。哀樂自當以情感而後發，則無繫於聲音。』」曾春海，〈阮籍與嵇康的樂論〉《哲學與文化》第 37 卷 10 期，台北市：輔仁大學哲學系，2010），頁 155。

〔註48〕曾春海，〈阮籍與嵇康的樂論〉（2010），頁 155。

〔註49〕曾春海，〈阮籍與嵇康的樂論〉（2010），頁 137。

尋本的脈絡，即「樂→音→聲」，說到：

> 夫聲之於音，猶形之於心也。有形同而情乖，貌殊而心均者。何以
> 明之？聖人齊心等德，而形狀不同也。苟心同而形異，則何言乎觀
> 形而知心哉？且口之激氣爲聲，何異於籟簫納氣而鳴耶？〔註50〕

這即是說，嵇康將「聲」作爲音樂最基本的素材，它是最基礎的、最基本的，無論是由口吹動空氣而造成的聲響，或是從笛、簫發出的聲響，都是一樣的性質、客觀的存在之物。

接著，〈聲論〉引用《莊子》的「吹萬不同」來形容聲音，說到：「其音無變於昔，而歡慼並用，斯非吹萬不同耶？」〔註51〕如果由《莊子》以爲音樂的最高表現「天籟」，乃是「吹萬不同，而使其自己也」，這就是說，《莊子》將天地間所有的聲音皆視爲客觀的存在，如藉由孔竅而發聲、人借由樂器而發聲，一切聲音皆是自然而然、客觀的存在。從而，〈聲論〉將「聲」作爲最基本的素材，如天籟的「吹萬不同」，這種向根源探索的意境，可以是曾春海先生所說一種「人與道冥合的音樂美學」。然而，〈聲論〉不僅繼承莊學的音樂思想，更藉著區分「聲、音」與「樂」的不同，鬆動儒家以「樂」教化人心的必然性。

依循上述的推論，嵇康致力於反省儒家樂論在社會教化的功效。〈聲論〉嘗試著論證音樂與人的情緒之間不是必然的關係，嵇康以眼淚作爲比喻，說到：

> 夫食辛之與甚噱，熏目之與哀泣，同用出淚，使狄牙嘗之，必不言
> 樂淚甜而哀淚苦。斯可知矣。何者？肌液肉汁，踧笮便出，無主於
> 哀樂，猶𥱻酒之囊漉，雖笮具不同，而酒味不變也。聲俱一體之所
> 出，何獨當含哀樂之理耶？〔註52〕

嵇康將「聲」比喻爲「眼淚」，認爲人對於「聲」的認識，就像人對於「眼淚」的認識。客觀來說，人們無法單從「眼淚」，分辨「快樂的眼淚」與「悲哀的眼淚」的不同；類比來說，人們同樣無法單從客觀存在的「聲」，分辨「快樂的聲」與「悲哀的聲」的不同。由此，嵇康認爲既然無法直接分辨「快樂的聲」與「悲哀的聲」的不同，那麼「聲」作爲客觀的存在，要如何說明其中

〔註50〕　《嵇康集校注》，（1962），頁213。
〔註51〕　《嵇康集校注》，（1962），頁216～217。
〔註52〕　《嵇康集校注》，（1962），頁207～208。

一定有哀樂的性質。

〈聲無哀樂論〉以一連串的比喻，說明「聲」的客觀性，說到：「啼聲之善惡，不由兒口吉凶，猶琴瑟之清濁，不在操者之工拙也。心能辨理善談，而不能令內籥調利，猶聾者能善其曲度，而不能令器必清和也。器不假妙瞽而良，籥不因惠心而調。」〔註53〕小孩的哭聲、琴瑟的琴音，發出聲響的音質雖然有差異，但聽者不一定可以由這些聲響，完全掌握其背後的心思。例如我們不一定能由小孩的哭聲，知道小孩究竟是因為肚子餓了所以哭，還是因為身體不舒服而哭；一般以為母親可以理解小孩的哭聲，那不是因為哭聲之中包含了哀樂，而是因為這個母親對他的小孩的理解。又例如我們聽到一段古琴的音樂，我們不一定可以由這段音樂完全理解彈琴者內心的心情，因為彈琴者可能心情很差，但卻彈奏一段輕快的音樂；彈琴者也可能因為心情很好，彈奏一段平和的音樂；聽者只能聽出琴音的節奏、琴音的清濁，卻不一定可以由琴音猜出彈琴者目前的心情。

由此，嵇康推論得出「心」與「聲」為兩物，說到：「然則心之與聲，明為二物。二物誠然，則求情者不留觀於形貌，揆心者不借聽於聲音也。察者欲因聲以知心，不亦外乎？」〔註54〕嵇康根據「聲」存在的客觀性，推論出「心」與「聲」是不同的兩物。因為，嵇康認為要去探求人的情性，就不能只觀察他的外部形貌；從而，要探查人的內心，也不能只借助他發出的聲響。因此，想從聲音就知道他人心中所想，正如想單從外在行為、形貌，去探查他的內心一樣，這都是沒有辦法完全正確的認識。

由於，嵇康認為無法從客觀的「聲」，直接探查內在「心」中的想法。緊接著論證人的哀樂等情緒，不是必然會受到聲音的影響，說到：

> 然人情不同，各師所解，則發其所懷。若言平和哀樂正等，則無所先發，故終得躁靜。若有所發，則是有主於內，不為平和也。以此言之，躁靜者，聲之功也；哀樂者，情之主也；不可見聲有躁靜之應，因謂哀樂皆由聲音也。且聲音雖有猛靜，猛靜各有一和，和之所感，莫不自發。何以明之？夫會賓盈堂，酒酣奏琴，或忻然而歡，或慘爾而泣，非進哀於彼，導樂於此也。其音無變於昔，而歡感並用，斯非吹萬不同耶？夫唯無主於喜怒，無主於哀樂，故歡感俱見。

〔註53〕《嵇康集校注》，（1962），頁 211。
〔註54〕《嵇康集校注》，（1962），頁 211。

> 若資偏固之音，含一致之聲，其所發明，各當其分，則焉能兼御群
> 理，總發眾情耶？由是言之，聲音以平和為體，而感物無常；心志
> 以所俟為主，應感而發。然則聲之與心，殊塗異軌，不相經緯，焉
> 得染太和於歡感，綴虛名於哀樂哉？〔註55〕

嵇康以為每個人的情感表達各有不同，都是因著自己的理解，抒發各自的情懷。無論平和或哀樂，都是在人的心中已經形成的情感。因此，躁動或安靜，是聲音的功能；悲哀和歡樂，則由人的情緒來主導。也就是說，無論或強、或弱的音樂，卻因為感受者的不同，而可能出現不同的情緒反應。

　　嵇康反駁「秦客」認為音樂可以感動人心的主要理由，在於嵇康認為「聲」只是客觀的存在，與人的內在心情沒有必然的聯繫。例如不同人對同一個節奏可能有不同的感受，A 先生可能因為這一段節奏，而感到心情愉快、輕鬆；B 先生可能會認為同一段節奏太快速，而感到有壓迫感、不舒服。因此，嵇康認為人的內在心情，早已聚積於心中，是由於人的心志主導而有快樂、哀傷的區別，只是碰巧遇到某些音樂，而將這些情緒表現在外在行為、抒發出來而已（「心志以所俟為主，應感而發」）。

　　嵇康在鬆動了「聲」與「心」之間的必然關係後，進而反省儒家以音樂移風易俗的問題。這就是〈聲無哀樂論〉中，嵇康雖然是傾慕先王治理天下時的安樂之境，但同時他又提出「風俗移易，本不在此」的說法，說到：

> 夫音聲和比，人情所不能已者也。是以古人知情不可放，故抑其所
> 遁；知欲不可絕，故因其所自。故為可奉之禮，制可導之樂。口不
> 盡味，樂不極音；揆終始之宜，度賢愚之中，為之檢，則使遠近同
> 風，用而不竭，亦所以結忠信，著不遷也。〔註56〕

嵇康指出古人不是絕滅情慾，而是抑制與導順情欲的自然的需求，使它不至於氾濫。而以「口不盡味」，指出人的口味沒有一定的標準，來比喻「樂不極音」，說明所謂的禮樂教化只是「為可奉之禮，制可導之樂」，也就是說，無法確定音樂必然可以將人民導向和善。

　　筆者認為此處嵇康對於「情」、「欲」的定義，可連結嵇康在養生觀裡論述「情」、「欲」的觀點來思考。嵇康認為「情」、「欲」不可放縱，卻也不可能完全的根絕。這是因為嵇康將人的「情」、「欲」進行區分，正如嵇康在養

〔註55〕《嵇康集校注》，（1962），頁 216～217。
〔註56〕《嵇康集校注》，（1962），頁 223。

生觀討論的，人的「情」、「欲」可以分為源自於自然本性的「情」、「欲」，以
及不合於自然本性的「情」、「欲」。源於自然本性的「情」、「欲」，當然不可
能，也沒有必要完全去除、根絕。例如每個人的口味各有不同，我們不能說
喜歡喝茶，優於喜歡喝咖啡，所以要求大家都喜歡喝茶，不要喝咖啡；又例
如每個人的專長不同，我們不能說古琴的音聲，優於琵琶，所以要求大家都
聽古琴，不要聽琵琶。嵇康認為每個人喜歡聽什麼音樂、喜歡吃什麼口味各
有不同，沒有所謂的對錯，只要不要超過自然本性的「情」、「欲」，不要沈溺
於外在「情」、「欲」的追求，都是可以被接受的。

　　由於，嵇康同意每個人都可以發展合於自然本性的「情」、「欲」，所以我
的喜好，未必會與另一個人相同；同一段音樂對於不同人來說，大多會引發
不同的情感、情緒。所以，嵇康認為既然無法確定音樂會引發不同人，產生
同一種情緒，那麼，又如何確定音樂對不同個體，能產生相同的功效。

　　筆者認為嵇康立論的基礎，在於認為雖然可以找到人們之間存在個某些
共通點，如人們都會有哀傷、快樂的情緒，人們都會有覺得熱、覺得冷的感
受，可是這些共通點包含著每個個體的差異，例如有人覺得天氣 26 度很熱，
有些人卻覺得天氣 26 度很剛好。嵇康認為存在人們身上些微差異的感受，來
自於每個人不同的自然本性，不見得是通過教化就能改變的，或者說，這些
合於自然本性的差異，根本不需要被教化而改變。這也就是嵇康繼承《莊子》
思想強調的部分，嵇康認為尊重每個個體的自然本性，包含順任合於自然本
性之「情」、「欲」的發展，所以，有些人喜歡節奏快的音樂、有些人喜歡節
奏和緩的音樂，皆是因為每個自然本性各有殊異。因此，嵇康認為單純只依
賴音樂，是不可能達到「移風易俗」的效果。

　　嵇康為了更清楚的論證音樂不具有移風易俗的功效，整理「秦客」提出
先王用樂的兩種功效：其一，適用於朝廷與家庭，讓人從小學習，使得人們
長大了一樣維持恭敬的態度（「君臣用之於朝，庶士用之於家，少而習之，長
而不怠，心安志固，從善日遷。然後臨之以敬，持之以久而不變，然後化成。」
〔註 57〕）其二，史官蒐集風俗的興衰，交由樂工演奏，使得進言以無罪，聽
到衰敗而作為懲戒（「故朝宴聘享，嘉樂必存；是以國史採風俗之盛衰，寄之
樂工，宣之管絃，使言之者無罪，聞之者足以誡。」〔註 58〕）嵇康指出音樂

〔註 57〕《嵇康集校注》，（1962），頁 223。
〔註 58〕《嵇康集校注》，（1962），頁 224。

在這兩個功效中，其實與教育、禮制緊密相連。因此，嵇康反思能夠讓人們長大後，行為端正的主要原因究竟是音樂的教化功能？還是，教育才是教化的重要因素？

由此，嵇康以「鄭聲」作為反例，說明音樂不能作為移風易俗的工具：

> 若夫鄭聲，是音聲之至妙。妙音感人，猶美色惑志，耽槃荒酒，易以喪業。自非至人，孰能禦之！先王恐天下流而不反，故具其八音，不瀆其聲，絕其大和，不窮其變。捐窈窕之聲，使樂而不淫。猶大羹不和，不極勺藥之味也。若流俗淺近，則聲不足悅，又非所歡也。若上失其道，國喪其紀，男女奔隨，淫荒無度，則風以此變，俗以好成。尚其所志，則群能肆之；樂其所習，則何以誅之？託於和聲，配而長之，誠動而言，心感於和，風俗一成，因而名之。然所名之聲，無中於淫邪也。淫之與正同乎心，雅鄭之體，亦足以觀矣。〔註59〕

嵇康說古時候「鄭聲」，這些美妙樂曲被當作淫邪之音，不能作為移風易俗的音樂，主要在於古人認為「鄭聲」說的「窈窕之聲」，指的是小情小愛的男女之情；如果用「鄭聲」來教化人民，只會讓人民沈溺於男女之情的追求，喪失了追求國家和平的風氣。所以，「鄭聲」不適合用來教化百姓。但是，嵇康指出不可否認的是「鄭聲」同樣出自古人的創作，如果一般人皆同意所謂的風俗，其實是從人心而發、約定俗成而來（「心感於和，風俗一成，因而名之」），那麼就不應該輕易地評定什麼是「雅樂」、什麼是邪聲。嵇康指出認定「雅樂」或「鄭聲」，所謂的「雅」、「淫邪」，都是從人心的判別而來；鄭國不是一開始就亡國，鄭國也有富強的時候；可是我們無法由目前流傳的「鄭聲」，分辨哪些是在富強的時候完成的「鄭聲」、哪些是在快要亡國的時候完成的「鄭聲」，所以，我們如何斷定所有的「鄭聲」都是就一定是淫邪的？而且根據「淫之與正同乎心」，根據人心來說，所謂的風俗不應該被主觀的斷定優劣。

這也就是說，嵇康的〈聲無哀樂論〉以「聲」、「心」二軌為立論，說明了「樂」與人心之間沒有必然的聯繫，進而認為由「樂」教化人心不是必然有效的。〈聲無哀樂論〉以「和聲無象」，表達了音樂不在附屬於工具價值之下，表現出對於純音樂的追求。嵇康在〈聲無哀樂論〉中，透過秦客與東野主人八次的問答，層層除去附加於音樂之上的諸多功能，他借由論證聲音、音樂的客觀性，排除了以音樂作為教化人心的功用，間接地還原音樂、藝術

〔註59〕《嵇康集校注》，（1962），頁225。

的獨立性。

　　嵇康將音樂從政治教化的功能中排除，給予音樂獨立發展的空間，受到當代學者的關注。湯用彤先生認爲嵇康的音樂觀與他徹底反對名教的態度有主要的關聯性，而且也是莊學精神的展現，說到：「（嵇康）思想比較顯著浪漫的色彩，完全表現一種《莊子》學的精神。」〔註60〕

　　張法先生相當肯定〈聲無哀樂論〉的貢獻，甚至認爲嵇康的論述可說是藝術理論的獨立宣言〔註61〕，說到：

> 因爲音樂理論，從遠古到漢代一直是在政治──社會──宇宙的總體結構中政治教化的一個重要組成部分。而阮籍《樂論》和嵇康《聲無哀樂論》直接打擊了古代樂論。把音樂從政治──社會──宇宙的嚴密整體中拉了出來，對中國美學理論的轉折產生了重要的意義。〔註62〕

張法先生所說的音樂理論，約略是以儒家的理論爲核心，強調自孔子以來崇尚音樂之善的教化功能〔註63〕。這與當代學者普遍認同〈聲無哀樂論〉中，「秦客」所代表的立場是一致的。因此，張先生相當肯定〈聲無哀樂論〉的貢獻，認爲嵇康的論述，有助於讓音樂跳脫「政治──社會──宇宙」的框架，對於中國美學理論具有很大的貢獻。

　　值得注意的是，嵇康宣稱「聲無哀樂論」的主要對象，或許不僅僅只是爲了推翻古代樂論，筆者認爲基於嵇康「越名教而任自然」的時代精神，嵇康反對所有被當權者作爲工具的名教，因此，嵇康對於音樂進行的反思，很可能是想重新思考在名教制度下，被當作教化工具的音樂，是否只能陷溺在教化功能之中。

　　筆者認爲嵇康以「聲」、「心」爲二軌的論證，就是想證明音樂與人心之間，沒有必然的聯繫性，嵇康接著提出「音聲有自然之和，而無係於人情」，更具有企圖讓音樂從禮教教化的包袱中解放的意味。因爲，嵇康認爲人們對於音樂的感受各自不同，不可能做到讓大家都喜歡同一種音樂、厭惡某一種音樂；所以，嵇康也認爲不可能用音樂來教化人民，因爲要求人民因爲聽到

〔註60〕湯用彤，《魏晉玄學論稿》（2001），頁117。
〔註61〕張法，《中國美學史》（成都：四川人民出版社，2006），頁89。
〔註62〕張法，《中國美學史》（2006），頁89
〔註63〕參見宗白華〈中國古代的音樂寓言與音樂思想〉，收錄宗白華《美學散步》（上海：上海人民出版社（重印版），2007），頁193～201。

某種音樂，就會受到一樣的感化，這也是難以論證。由此，音樂就只是音樂，音樂成為無目的的客觀存在，如同三籟〔註 64〕在天地之間自然而然地環繞一般，嵇康認為對聲音的要求，只是以和諧為本質（「聲音以平和為體」），此時音樂不再以牽動人們的情緒為目的（「而無係於人情」），人們通過欣賞聲音平順和諧的律動，體會天籟的「吹萬不同而使其自己」，由內在心靈感受天地的律動，從而進入與天地遨遊的境界（「感天地以致和」〈琴賦〉）。

　　〈聲無哀樂論〉的出現，賦予了個體精神獨立、不受干預的可能，因為「人情」是人內在的心理活動，任何外在事物都可能影響個體部分情緒、情感的波動，但並不是絕對的；每個個體皆是獨立、獨特的，個體受到外在事物影響後，可能會產生的反應皆不相同；而且個體具有選擇權，個體可以選擇是不是接受某些外在事物的影響，因此，音樂只能構成個體表達部分情緒的效果，而無法能為保證影響每一個個體都成為某一個樣態的工具。由於，嵇康讓音樂脫離教化的工具價值，讓音樂創作不再受教條的制約，所以，可說〈聲無哀樂論〉表現了嵇康對於追求精神自由自然的嚮往，音樂的自由發展，展現出跳脫名教束縛、放任自適的人生態度，因為作樂者可以不用在乎雅樂或是淫聲，只要在乎聲音是不是合乎天地的律動；談樂者也不用在乎雅樂或是淫聲，只要在乎是不是彈奏能抒發自己情感的音樂。如此，〈聲無哀樂論〉確保了個體跳脫現實困境的可能性。在音樂的獨立性確立了之後，從而提供文學、繪畫、書法…等藝文創作，客觀且獨立發展的可能性。由此來說，可以了解張法為何認為〈聲無哀樂論〉是藝術理論的獨立宣言，同樣可以瞭解湯用彤指出嵇康這種徹底反名教的態度具有浪漫的《莊子》學精神。

第三節　「感天地以致和」——音樂、藝術欣賞的境界

　　嵇康致力於讓音樂跳脫教化的工具，很可能是因為嵇康非常喜愛音樂，例如在〈琴賦〉中直接表明：「餘少好音聲，長而習之，以為物有盛衰而此無變。滋味有厭，而此不倦。」〔註 65〕嵇康不僅喜愛音樂，而且對傳統和他當時的琴曲都非常熟悉，他長期學習音樂、彈奏音樂，對其他事情的愛好可能

〔註64〕〈齊物論〉所言天籟乃是「吹萬不同，而使其自己也」，認為天地間所有的聲音皆為客觀的存在，地借由孔竅而發聲、人借由樂器而發聲，一切聲音皆是自然而然地發出，不具有任何特殊的目的。

〔註65〕戴明揚（校注），嵇康（魏）撰，《嵇康集校注》（1962），頁83。

有態度上的不同，對於音樂嵇康卻未曾感覺厭惡或疲倦。由嵇康對於純音樂的追求，可以進一步地討論嵇康對於音樂、藝術欣賞的看法。

本節展開討論嵇康對於音樂、藝術欣賞的看法，主要在於嵇康追求音樂的自由發展，與其時代背景的對照思考。根據歷史記載，嵇康所處的正始年間，正處於曹氏家族與司馬氏家族權力爭鬥的關鍵時期，當司馬氏借助高平陵政變取得政治主導權後，對知識份子採取先籠絡、後壓迫的策略，也就是對籠絡不成的名士加以迫害，如山濤接受籠絡便出任官職，嵇康不接受籠絡，則徇私將嵇康殺害。

嵇康面對現實困境，追求精神自由的藝術精神，可說是莊學精神的宣揚。在此，通過蕭振邦先生以「突現美學」重構《莊子》美學觀的論點，來檢證嵇康的思想。蕭先生運用「突現美學」重構《莊子》美學觀的基本架構：「(1)基本層次——戰國時代整個人事物的實際境況；(2)突現層次——時代境況突現了美的闕如；(3)凸顯層次——在美的闕如這種突現背景下，人興起了特定的脫困祈嚮，進而追求體現相應的優位／最優價值。」〔註66〕依照此一架構來分析嵇康的藝術思想，可將「基本層次」的部分，改動為「魏晉時代整個人事物的實際境況」，成為：(1)基本層次——魏晉時代整個人事物的實際境況；(2)突現層次——時代境況突現了美的闕如、不良狀況（ill-being）；(3)凸顯層次——在美的闕如這種突現背景下，人興起了特定的脫困祈嚮，進而追求體現相應的優位／最優價值。將架構圖示如下：

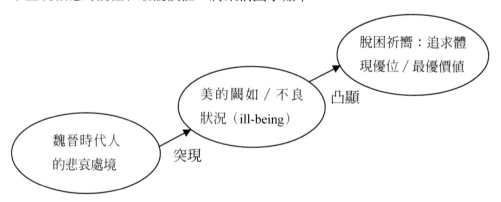

由蕭先生所提「突現美學」的方法，可以說明嵇康因為魏晉時代人的悲哀處境，突現出一種「美的闕如／不良狀況（ill-being）」的狀況；並進而由「美的

〔註66〕蕭振邦，《深層自然主義：《莊子》思想的現代詮釋》（2009），頁 129～130。

關如的狀況」凸顯出「脫困祈嚮：追求體現優位／最優價值」。這也就是說，嵇康具有追求精神境界超脫的價值取向，不僅在於他對於《莊子》思想的繼承，還有他因為當時人們之悲哀處境，觸動他企求精神脫困的祈嚮。

　　根據這個架構，可以有助於說明嵇康對於《莊子》美學觀的繼承以及轉化。由嵇康思想與《莊子》思想，整個架構的相似性，可以說明嵇康對於《莊子》思想的繼承；而嵇康對於《莊子》思想的轉化，主要也是基於嵇康對於《莊子》思想的繼承，因為《莊子》相當關懷個體的實存處境，嵇康也是如此。嵇康作為魏晉時期的名士，表面上嵇康在高平陵政變後，遠離政治隱居竹林，可是嵇康依然十分關注人們的實存現況，正如嵇康提出「越名教而任自然」，並對於音樂進行的反思，展現了他對於當時「名教」的批判，以及追求順任「自然」，對精神自由的嚮往。由這樣的對比思考，較能夠突出嵇康既批判時局、又嚮往天下太平的思維。如〈聲論〉中，嵇康對於太平天下的描繪：

> 六合之內，沐浴鴻流，蕩滌塵垢；群生安逸，自求多福，默然從道，懷忠抱義，而不覺其所以然也。和心足於內，和氣見於外。故歌以敘志，儛以宣情。……大道之隆，莫盛於茲，太平之業，莫顯於此。故曰「移風易俗，莫善於樂。」樂之為體，以心為主，故無聲之樂，民之父母也。至八音會協，人知所悅，亦總謂之樂。然風俗移易，本不在此也。〔註67〕

在這整段文字，表面上用以反駁「秦客」堅持音樂具有「移風易俗」的功能；而描繪的太平盛世，更像是以譏諷的口吻，以訴說對於太平天下的嚮往。為何具有諷刺的涵義？嵇康認為提出「移風易俗」的人，必然承接於「衰弊」之後，所以，此段文末道出「風俗移易，本不在此」。

　　筆者以為嵇康嚮往先王「無為而治」的太平世界，詳細地描述「六合之內，沐浴鴻流」、「群生安逸，自求多福」的安逸世代，藉由先王當時人與人之間，秉持道義、誠信的關係，說明在太平盛世毋須特別強調任何的社會價值。歌、舞、文皆順應著人的情性而發展，以達到「萬國同風」的美境，此時國與國之間是「不期而信，不謀而誠」。嵇康由一個沒有爭鬥與戰亂的美好世界（而言「大道之隆，莫盛於茲，太平之業，莫顯於此」），嵇康認為在如此美好境域之中，才有可能如孔子所說的「移風易俗，莫善於樂」，正如「至

八音會協，人知所悅，亦總謂之樂」，意指嵇康認為「秦客」以為「樂」可以教化人心，但其實真正情況卻是相反，正確的狀況是當天下太平之時（「八音會協」），人們的內心皆是和平、安樂的，所以人們覺得聽到的樂都是善的。

　　由此來說，嵇康的音樂思想與「越名教而任自然」（〈釋私論〉）的立論呼應，為純音樂的取向，不涉及工具價值，側重純音樂的美感與理據，以莊子哲學為基礎，將音樂由教化的依附地位中解放，企求建立人與道冥合的音樂美學。〔註68〕嵇康追求精神與「道」合冥的審美意境，同時表現在多處的詩文裡，如〈遊仙〉：「王喬棄我去，乘雲駕六龍。飄颻戲玄圃，黃老路相逢。授我自然道，曠若發童蒙。」〔註69〕意喻自己受黃帝、老子的啟發，遙想跳脫世俗的心境。又如〈兄秀才入軍詩十九首〉其中之一首詩：「目送歸鴻，手揮五絃。俯仰自得，遊新太玄。嘉彼釣叟，得魚忘筌。」〔註70〕〈兄秀才入軍詩十九首〉另一首詩：「流俗難悟。逐物不還。至人遠鑒。歸之自然。萬物為一。四海同宅。與彼共之。予何所惜。生若浮寄。暫見忽終。世故紛紜。棄之八戎。澤雉雖饑。不願園林。安能服藥。勞形苦心。身貴名賤。榮辱何在。貴得肆志。縱心無悔。」〔註71〕以及〈答二郭三首〉：「詳觀淩世務，屯險多憂虞。施報更相市，大道匿不舒。夷路值枳棘，安步將焉如？權智相傾奪，名位不可居。鸞鳳避罻羅，遠託崑崙墟。莊周悼靈龜，越稷嗟王輿。至人存諸己，隱樸樂玄虛。功名何足殉，乃欲列簡書。所好亮若茲，楊氏歎交衢。去去從所志，敢謝道不俱。」〔註72〕倘若嵇康嚮往精神與道合冥的境界，那麼，是否會於他提出音樂不具有移風易俗的功效，而論證音樂與人之感知沒必然關係的看法相矛盾呢？

　　筆者認為要回答這個問題，可以回到嵇康對於聲、音、樂的區別來說。

〔註68〕曾春海於〈阮籍與嵇康的樂論〉中，分別根據阮籍的〈樂論〉與嵇康的〈琴賦〉、〈聲無哀樂論〉，論述阮籍與嵇康音樂思想的差異，得出結論：阮籍以「道體儒用」的理論架構，強調儒家樂教於道德修身，以及移風易俗的德治教化功能的目的論；嵇康的音樂思想則與「越名教而任自然」（〈釋私論〉）的立論呼應，為純音樂的取向，不涉及工具價值，側重純音樂的美感與理據，以道家哲學為基礎，將音樂由教化的依附地位中解放，企求建立「人與冥合的音樂美學以及至人達此境而至樂的見解」參考：曾春海，〈阮籍與嵇康的樂論〉（2010），頁137。

〔註69〕戴明揚（校注），嵇康（魏）撰，《嵇康集校注》（1962），頁38～39。
〔註70〕戴明揚（校注），嵇康（魏）撰，《嵇康集校注》（1962），頁15～16。
〔註71〕戴明揚（校注），嵇康（魏）撰，《嵇康集校注》（1962），頁19～20。
〔註72〕戴明揚（校注），嵇康（魏）撰，《嵇康集校注》（1962），頁63～64。

嵇康將「聲」作爲音樂最基本的素材,「聲」指的是任何最基礎的、最基本的聲響,可能是空氣在孔竅中流動而造成的聲響,或是,口吹動笛、簫發出的聲響,而無論是什麼樣的聲響都是一樣的性質且客觀的存在,因此嵇康稱聲音的本質爲「平和」、「和比」和「太和」,如〈聲無哀樂論〉說:「聲音和比,感人之最深者也。」接著說到:「聲音以平和爲體,而感物無常;心志以所俟爲主,應感而發。」又說到:「和心足於內,和氣見於外,故歌以敘志,儛以宣情;然後文之以采章,照之以風雅,播之以八音,感之以太和;導其神氣,養而就之;迎其情性,致而明之,使心與理相順,氣與聲相應,合乎會通,以濟其美。」〔註73〕筆者以爲嵇康提出「聲無哀樂」說明聲音與人之哀樂沒有必然的關係,就是說在一般的狀況下,音樂只是觸動人心中的哀或樂,而不能使人心出現一定的哀或樂;進而,通過對於聲音的溯源,聲音的本質應該是依循著自然之道,以「和」作爲聲音的本質,由此,我們可以將「平和」、「和比」和「太和」詮釋爲「和諧」,這個和諧之意在於聲音合於自然之道的律動。

　　正如本文在論述嵇康的養生觀時,討論到嵇康對於自然之道的理解,受到漢代元氣論的影響,在此,也可以看到嵇康使用元氣論的痕跡。嵇康使用「和氣」作爲一切外在世界的統稱(「和氣見於外」),所以「氣與聲相應」說明萬物皆會受到「氣」的影響,因此,「聲」當然也不例外,萬物有相應適合於自然之道的。再者,依循著嵇康提出「越名教而任自然」、「審貴賤而通物情」的論點,嵇康認爲在人皆有合於自然的本性,個體可以跳脫名教約束,回到最素樸的自然的本性,即是「和心足於內」;因此,順任「自然」的「和心」,當然可以與合於「自然」的外在「和氣」相感應,也就是「和心」與「和氣」可以「合乎會通」。

　　通過「和心」、「和氣」的分析,將有助於理解嵇康提出「感之以太和」、「感天地之和」(〈琴賦〉)的審美境界。嵇康對於「和」的理解,承繼莊子對

〔註73〕蕭振邦老師認爲嵇康的「感知太和——以濟其美」這一段說法,可以說是牟宗三先生所說「純美的和聲當身之樂論」;並認爲這種見解與「秦客式(所謂的儒家樂論)」的「先王用樂之意」其實相通,因爲就移風易俗的脈絡,嵇康所重視的「音樂的功能」與儒家樂論所重視的音樂功能其實是相通的。在此,本文沒有針對音樂的功能進行說明,而是延伸蕭老師說提到的「和比說」的觀點,深究嵇康如何在鬆動音樂與人心的必然關係之後,進而提出「感天地以致和」的觀點。參看:蕭振邦〈嵇康〈聲無哀樂論〉探究——兼解牟宗三疏〉(2003),頁50～51。

於「道」的理解，也結合了元氣說的看法。嵇康沒有直接以「道」論述他的理論，而以「越名教而任自然」、「審貴賤而通物情」，以任「自然」、通「物情」，說明合於「道」的境界，由此可以，嵇康所要所說的境界，不是遠離有形萬物的形上追求，而是追求精神自由的境界。嵇康對於這種境界呈現在音樂、藝文的欣賞，就成為「感之以太和」、「感天地之和」（〈琴賦〉）。因為，嵇康追求的是在實存現況中的精神自由，這種精神自由包含一個實踐的主體；也就是說，對嵇康來說，所謂對於音樂、藝術的欣賞、審美，是由一個個體的感受出發，所以由「感」開始；而音樂、藝文的優劣判斷，僅在於合不合「自然」的律動，可以包容不同個體的不同感受，正如莊子說的「天籟」是「使其吹萬不同」。這也就合乎嵇康以「和」來表示他對於最好的審美境界，因為嵇康既贊同包容不同個體的感受，又認同這世間有一個美好的境界值得追求。

由此，可以說明嵇康對於「和」的看法，並沒有違背「聲無哀樂」的論點，而且正是因為嵇康強調音樂與人心之哀樂，沒有必然的關係而得以說明。嵇康肯定音樂與人心有部分的聯繫，但絕不是絕對的。如嵇康的養生觀中，認為彈奏樂器可以宣洩情感一樣，〈琴賦〉說到：「導養神氣，宣和情至，處獨窮而不悶者，莫近於音聲也。」〔註74〕人們可以通過彈奏、哼唱音樂宣洩情感，但卻不是通過同一種形式來表達。這意指某些人可以通過吟唱、彈奏快節奏的音樂，來表示他內心的快樂；可是某些人卻是通過吟唱、彈奏慢節奏的音樂，來表示他內心的快樂。所以，音樂確實可以表達內在的情感，但卻不是固定的形式。嵇康認為當人們可以包容所有不同的聲音、不同的表達形式時，這就是已經提升了內在的精神境界，達到合於「自然」之道的狀態。在此，可以看到嵇康讓音樂由工具價值中解放的重要性，只有當音樂就是音樂，包容所有不同的聲音的「和聲」，才會是合於「自然」的音樂；所以，包容所有不同的感受的「和心」，也就是合於「自然」的境界。

小結

嵇康從現世的悲哀感中，援用《莊子》探求精神提升與超越的思想，從人與外物緊張的關係中提升，提出以與道契合的精神境界開展的音樂觀。在

〔註74〕戴明揚（校注），嵇康（魏）撰，《嵇康集校注》（1962），頁83。

此一音樂觀中，嵇康透過「聲、音、樂」的分判，進行一種由「樂→音→聲」的探源，說明聲與心二軌的立場。最後，在聲、心二物的基礎上，說明聲不是引起人之情緒的主因，解構了音樂與人心之間的必然關係。當音樂不再能夠確定必然將所有百姓都導向和善的狀態，那麼，音樂便由教化臣民的工具價值中解放，促成了純音樂發展的可能性。然而，嵇康並不是全然否定所有音樂與人心的聯繫，嵇康由「和心」、「和氣」的概念，開展出通過精神提升「合乎會通」的音樂觀。

由此，可以歸結出嵇康音樂觀的特色：第一，嵇康提出的「聲無哀樂論」，繼承《莊子》音樂觀，以對個體實存現況的關懷為基礎，突出對於精神自由的追求，表達了脫離名教約束，對於平靜自由的太平盛世的嚮往；第二，嵇康以魏晉時期名士習慣的論辯方式，將他繼承《莊子》音樂觀的精神，置於魏晉玄學的思潮之中，藉由反思音樂的功效，讓音樂由教化的工具價值中解放，進而促成了魏晉時期，對於音樂、藝術欣賞的開放態度。

結　論

　　本論文的主要研究的目標為，處理嵇康對於《莊子》思想的繼承，以及嵇康思想與魏晉莊學興起的關係。關於嵇康繼承《莊子》思想，可說是學界的共識，當代已有許多學者從不同的研究角度，來說明嵇康思想和《莊子》思想的關係，使得嵇康成為魏晉莊學思潮中的一員。不過，筆者認為前人的研究成果，不易突顯嵇康對於魏晉時期莊子學興起的貢獻，因此試圖開闢一個新的研究進路來進行說明。筆者認為通過「對個體實存的關懷」，作為嵇康繼承《莊子》思想的研究，可以更清楚的說明嵇康四個重要的論點與《莊子》思想的緊密聯繫，如「越名教而任自然」、「每非湯武而薄周孔」、「形恃神以立，神須形以存」和「聲無哀樂」；通過此一研究進路的展開，也有助於說明嵇康四個重要論點，對於魏晉時期莊子學的興起具有的重要貢獻。

　　首先，本論文第一章討論嵇康提出的「越名教而任自然」的時代意義：嵇康於〈釋私論〉中，以顯情為「公」、匿情為「私」，重新定義「公私之理」；並通過「公私之理」與「是非之理」的區別，將「自然」與「名教」之矛盾的議題顯題化。此一論題的貢獻在於，嵇康繼承《莊子》認為人性中具有合於「自然」的自然本性，反思當時已經扭曲、變質的「名教」，說明當時需要跳脫「名教」、追求「自然」的重要性。由這一章的分析，論證嵇康具有對於個體實存現況的強烈關懷，而且由嵇康對於順任「自然」的追求，皆可以證明嵇康對於《莊子》思想的繼承關係。

　　在第二章中，由嵇康特殊的思維模式——善於辨名析理、「每非湯武而薄周孔」的批判性格和「剛腸忌惡」的正義感，分別進行論述。本章通過引用當代邏輯思想的檢驗，佐證嵇康善於論理的論述風格，此一論述風格的說明，有助於說明嵇康對於人之實存現況的關懷。筆者認為嵇康在〈管蔡論〉中，

反思傳統對於管、蔡的評價，提出重新評判管、蔡的論點，點出嵇康認為不應該流於人云亦云的態度，進而建構嵇康具有「釋私任心」的人生觀。「釋私任心」之人生觀，繼承了《莊子》以思索個體生命如何安頓的問題為軸心，以「越名任心」為修養進程：「越名」是要求超越當時已然扭曲、變調的名教，「任心」是要回歸「大樸未虧」的自然之心，追求精神的自由。這一論題的貢獻，一方面在於可以突顯嵇康的名士性格；另一方面，可以說明嵇康如何因為名士性格，而有助於《莊子》思想在魏晉時期的發展。魏晉時期玄學，已經發展出清談、清議特有的論辯形式，嵇康特殊的思維模式正是魏晉名士的重要特色；嵇康繼承《莊子》之「自然」的思想，表現在他們人生態度上，就形成了他特出「釋私任心」的人生觀。這個人生觀通過嵇康文章的傳播，在魏晉時期受到許多關注，甚至連當權者也都無法忽視，雖然間接造成嵇康的死亡，卻也說明嵇康繼承於《莊子》的觀點，在魏晉時期的影響力。接續著這一個聯繫，筆者接著以養生觀、音樂觀進行佐證。

第三章，由整理《莊子》養生觀開始，接著論述嵇康養生觀對於《莊子》養生觀的繼承與轉化。本章由「保身」、「全身」與庖丁解牛的寓言，說明《莊子》關懷生命如何安頓的問題，而形成的養生觀。再者，在嵇康的養生觀中，可以發現嵇康綜合《莊子》養生觀、道教服食丹藥、草藥與神仙思想等元素，發展而成的養生觀。嵇康是以漢代元氣論，作為食物、丹藥和草藥，能夠對於人體產生影響的主要因素。可是，嵇康沒有繼續發展元氣論的宇宙論或形上理論，而是以發展《莊子》的養生觀為主軸，將養生中處理「欲」的問題與「情」的問題一起討論，分析人性中有合於「自然」的「情」、「欲」，以及不合於「自然」的「情」、「欲」，提出養生就是通過「情」的引導、抒發，遠離或避免不合於「自然」之「情」、「欲」的擴張，而這種結合魏晉時期盛行的養生方法，十分符合嵇康對於個體實況的關懷。特別的是，嵇康因為養生觀與向秀的展開論辯，這樣論辯養生的問題，很可能促成了養生的議題，受到魏晉名士們的關注，進而成為魏晉名士論談的重要議題之一。由於，嵇康養生觀包含了許多《莊子》的養生觀，因此嵇康養生觀的傳播，再次佐證嵇康對於魏晉莊學興起的貢獻。

第四章，由嵇康繼承《莊子》有由悲涼感而發的音樂觀，結合他對於儒家樂論的反省，提出他「聲無哀樂」的音樂思想。這再次證明了嵇康著重於個體實存現況的關懷，重視思考生命如何安頓的問題。特別的是，嵇康的〈聲

無哀樂論〉即使沒有論敵，嵇康仍然以論辯的方式撰寫，文中嵇康將主張音樂具有教化功能的傳統音樂觀當作論敵；嵇康結合《莊子》音樂觀，對當時對於音樂的看法加以反思，反駁音樂具有教化人心的功能，主張讓音樂跳脫「名教」的功能，認為音樂應該以追求「平和」為主體。嵇康以《莊子》「天籟」的思想，將追求精神自由的審美境界，解釋為包容所有聲音、所有感受的「和」；由此，「聲無哀樂」的論點，不僅讓音樂在教化的工具價值中解放，也讓個體的不同感受，獲得更大的開放與包容。嵇康的音樂觀繼承許多莊子的音樂觀，因為嵇康音樂觀受到魏晉名士的許多關注，又再次佐證嵇康對於魏晉時期莊學思潮興起的貢獻。

　　本文分為四個章節，來論述嵇康對於魏晉時期莊子學興起的可能貢獻，主要是《世說新語》記載，說到：「舊云：王丞相過江左，止道聲無哀樂、養生、言盡意，三理而已。」這段記載說明嵇康對於魏晉時期，名士所討論議題的重要影響，「聲無哀樂」、「養生」的議題是很明顯的證明。嵇康雖然沒有討論「言盡意」的問題，不過由於嵇康有許多論述性的文章，表示嵇康是非常熟悉魏晉名士習慣的論談方式。因此，筆者由嵇康論辯的形式，探討嵇康的人生觀，並在其中找到許多繼承《莊子》思想的觀點，尤其是由嵇康的批判性，可以更為突出嵇康與莊子同樣關懷個體的實存現況；進而通過養生觀、音樂觀的探討，說明嵇康對於《莊子》思想的繼承關係，並根據嵇康思想在魏晉時期的傳播，說明嵇康具有引發魏晉名士關注《莊子》思想的重要貢獻。因此，筆者認為嵇康即使不是觸動魏晉莊學風潮興起的第一個人，嵇康也可說是讓魏晉莊學風潮更加興盛的名士。

參考文獻

一、古代典籍（按朝代排列）

1. 朱謙之（釋），任繼愈（譯），1985，《老子釋譯——附馬王堆帛書老子》，臺北：里仁書局。

2. 孔子（魯），吳宏一（著），2017，《論語新譯》，台北市：遠流出版社。

3. 莊周（周）撰，郭慶藩（輯），1997，《莊子集釋》，臺北：華正書局。

4. 集著（戰國），黎翔鳳撰，梁運華整理，2004，《管子校注》（上、中、下，全三冊），北京：中華書局。

5. 荀子（趙），王先謙（作），國立臺灣師範大學出版中心編輯，2012，《荀子集解》，台北市：師大出版中心。

6. 呂不韋主編（戰國），張雙棣等注譯，2000，《呂氏春秋譯注》，北京：北京大學出版社。

7. 王弼（魏），韓康伯（晉）（注），孔穎達（正義）（唐），1993，《十三經注疏·周易正義》，臺北：藝文印書館。

8. 何晏（魏）（等注）；邢昺疏（宋），1993，《十三經注疏·論語注疏》，臺北：藝文印書館。

9. 許嘉璐主編，《晉書（二十四史全譯）》（共四冊），2004，上海：漢語大辭典出版社。

10. 王弼（魏）撰，樓宇烈（校釋），1980，《王弼集校釋》（上、下冊），北京：中華書局。

11. 劉邵（魏）撰，《人物志》，1966，臺北：藝文印書館。

12. 阮籍（魏）撰，陳伯君（校注），2004，《阮籍集校注》，北京：中華書局。

13. 嵇康（魏）撰，戴明揚（校注），1962，《嵇康集校注》，北京：人民文學出版社。

14. 劉勰（梁）著，王更生（注譯），1995，《文心雕龍讀本》，台北：文史哲出版社。

15. 劉義慶（南朝宋）撰，楊勇，1999，《世說新語校箋》（上、下冊），台北：正文書局。

二、近人論著（編排說明：依作者姓氏筆劃數由少至多排列，若姓氏筆劃相同者，則以出版日期由近至遠；同一作者之多本著作，同樣依出版日期由近至遠排列。）

（一）中文著作

1. 牛貴琥，2004，《廣陵餘響》，北京：學苑出版社。

2. 王曉毅，2003，《儒釋道與魏晉玄學形成》，北京：中華書局。

3. ———，1997，《嵇康評傳——漢魏風骨盡、竹林遺恨長》，南寧：廣西教育出版社，（第 3 刷）。

4. ———，1991，《中國文化的清流》北京：中國社會科學出版社。

5. ———，1990，《放達不羈的士族》，臺北：文津出版社。

6. 王葆玹，1997《王弼評傳》，南寧：廣西教育出版社。

7. ———，1996，《玄學通論》，台北：五南圖書公司。

8. 王叔岷，1978，《莊學管窺》，臺北：藝文印書館，初版。

9. 孔繁，1991，《魏晉玄學》，瀋陽：遼寧教育出版社。

10. 方克立主編，1991，《中國哲學大辭典》（上冊、下冊），北京：中國社會科學院出版。

11. 朱良志，2006，《中國美學十五講》，北京：北京大學。

12. ———，2004，《中國美學名著導讀》，北京：北京大學出版社。

13. 朱伯崑，1991，《易學哲學史》第二卷，臺北：藍燈文化。

14. 朱榮智，1998，《莊子的美學與文學》，臺北：明文書局，初版。

15. 牟宗三，2002，《中國哲學十九講》臺北：臺灣學生書局。

16. ———，1993，《才性與玄理》，台北：學生書局。

17. ———，1987，《智的直覺與中國哲學》，台北：台灣商務印書館。

18. 江建俊，1991，《竹林七賢探微》臺北：華正書局。

19. 任繼愈主編，1998，《中國哲學發展史（魏晉南北朝）》，北京：人民出版社，（第 2 刷）。

20. 何善蒙，2007，《魏晉情論》，北京：光明日報出版社。

21. 吳冠宏，2006，《魏晉玄義與聲論新探》臺北：里仁書局。

22. 余英時，2004，《士與中國文化》上海：上海人民出版社。

23. ———，2002，《中國歷史轉型時期的知識份子》臺北：聯經出版事業公司。

24. 余敦康，2004，《魏晉玄學史》北京：北京大學出版社。

25. ———，1991，《何晏王弼玄學新探》，濟南：齊魯書社。

26. 李美燕，2002，《琴道與美學：琴道之思想基礎與美學價值之研究（自先秦兩漢迄魏晉南北朝）》，北京：社會科學文獻出版社。

27. 李豐楙，1996，《憂與遊：六朝隋唐遊仙詩論集》，台北：學生書局。

28. 李澤厚，1996，《美的歷程》，台北：三民書局。

29. ———，1989，《美學‧哲思‧人》，台北：風雲時代出版公司。

30. 李澤厚、劉綱紀主編，1987，《中國美學史》第二卷，台北：谷風出版社。

31. 辛旗，1996，《阮籍》，台北：三民出版社。

32. 朱伯崑，1991，《易學哲學史》臺北：藍燈文化事業股份有限公司。

33. 何啟民，1990，《魏晉思想與談風》，臺北：臺灣學生書局。

34. ———，1966，《竹林七賢研究》，臺北：臺灣學生書局。

35. 吳康，1987，《老莊哲學》，臺北：臺灣商務印書館，臺九版。

36. 吳怡，1986，《逍遙的莊子》，臺北：東大圖書有限公司，再版。

37. 宗白華，2007，《美學散步》，上海：上海人民出版社（重印版）。

38. 林明照，2007，《先秦道家的禮樂觀》，台北：五南圖書出版公司。

39. 林麗眞主編、紀志昌等編輯，2005，《魏晉玄學研究論著目錄》，台北：漢學研究中心，初版。書已絕版，成立網站版。

40. 林麗眞，2004，《義理易學鉤玄》，台北：大安出版社。

41. ———，1988，《王弼》，台北：東大圖書公司。

42. 林正弘，1994，《邏輯》，台北：三民書局，第 8 版。

43. ———，1988，《伽利略，波柏，科學說明》，台北市：東大出版。

44. 周大興，2004，《自然‧名教‧因果：東晉玄學論集》，台北：中央研究院中國文哲研究所。

45. 周滿江，2002，《玄思風流：清談名流與魏晉興亡》濟南：濟南出版社。

46. 周紹賢、劉貴傑合著，1996，《魏晉哲學》台北：五南圖書出版有限公司。

47. 周紹賢，1987，《魏晉清談述論》，台北：台灣商務印書館。

48. 胡適，1966，《中國古代哲學史》，台北：台灣商務印書館（二版）。

49. 賀昌群，2011，《魏晉清談思想初論》，北京：商務印書館。

50. 徐復觀，2005，《中國思想史論集》，上海：上海書店出版社。

51. ———，1983，《中國藝術精神》，臺北：臺灣學生書局，八版。

52. 孫以楷主編，陸建華、沈順福、程宇宏、夏當英著，2004，《道家與中國哲學（魏晉南北朝卷）》，北京：人民出版社。

53. 許建良，2003，《魏晉玄學倫理思想研究》北京：人民出版社。

54. 唐翼明，2002，《魏晉清談》，北京：人民出版社出版。

55. 容肇祖，1999，《魏晉的自然主義》臺北：臺灣商務印書館。

56. 高柏園，1992，《莊子內七篇思想研究》，臺北：文津出版社，初版。

57. 高華平，1992，《魏晉玄學人格美研究》，台北：桂冠圖書出版。

58. 許抗生，1992，《魏晉思想史》，台北：桂冠圖書出版。

59. 孫叔平，1980，《中國哲學史稿》，上海：人民出版社出版。

60. 賀昌群，2011，《魏晉清談思想初論》，北京：商務印出館。

61. 張法，2006，《中國美學史》，成都：四川人民出版社。

62. 張蓓蓓，2001，《魏晉學術人物新研》，台北：大安出版社。

63. 章啟群，2000，《論魏晉自然觀——中國藝術自覺的哲學思考》，北京：北京大學出版社。

64. 郭梨華，1995，《王弼之自然與名教》，台北：文津出版。

65. 崔大華，1992，《莊學研究》，北京：新華書店。

66. 莊萬壽，1981，《嵇康研究及年譜》，台北：三民書局。

67. 國立成功大學中文系編，1991，《魏晉南北朝文學與思想學術研討會論文集》，臺北：文史哲出版社，

68. 賀昌群，2011，《魏晉清談思想初論》，北京：商務印書館。

69. 湯用彤，2001，《魏晉玄學論稿》，上海：上海古籍出版社。

70. ———，1991，《理學‧佛學‧玄學》，北京：北京大學出版社。

71. 陳寅恪，2002，《陳寅恪集‧講義及雜稿》北京：三聯書店。

72. ———，2001，《陳寅恪集‧金明館叢稿初編》北京：三聯書店。

73. ———，2001，《陳寅恪集‧金明館叢稿二編》北京：三聯書店。

74. ———，萬繩楠整理，2000，《陳寅恪魏晉南北朝史講演錄》，合肥：黃山書社。

75. 馮友蘭，2001，《三松堂全集（共十五冊）》，鄭州：河南人民出版社。

76. ———，2001，《三松堂全集（第九卷）》，鄭州：河南人民出版社。

77. 馮友蘭、李澤厚等著，2009，《魏晉風度二十講》，北京：華夏出版社。

78. 湯一介，2006，《魏晉玄學論講義》，廈門：鷺江出版社。

79. ———，2000，《郭象與魏晉玄學》，北京：北京大學出版社。

80. ———，1999，《郭象》臺北：東大圖書股份有限公司。

81. 陳鼓應，2006，《莊子今注今譯》，北京：中華書局。

82. ———，2003，《老子今注今譯》，北京：商務印書館。

83. ———，1993，《老莊新論》，台北：五南圖書出版公司。

84. ———，1989，《莊子哲學》，臺北：臺灣商務印書館，（增訂十八版）。

85. 曾春海，2008，《兩漢魏晉哲學史》，台北：五南圖書書版。

86. ———，2000，《嵇康》，台北：萬卷樓圖書。

87. 黃明誠，2005，《才性風流的藝術精神——才性、情感與玄心》，台北：國立歷史博物館。

88. 童強，2006，《嵇康評傳》，南京：南京大學出版社。

89. 逯耀東，2000，《魏晉史學的思想與社會基礎》臺北：東大圖書公司。

90. ———，1998，《魏晉史學及其他》臺北：東大圖書股份有限公司。

91. 馮達文、郭齊勇主編，2005，《新編中國哲學史》（上、下兩冊），北京：人民出版社。

92. 陳榮捷，1993，《中國哲學文獻選編》，台北市：巨流出版。

93. 傅大爲，1992，《異時空裡的知識追逐：科學史與科學哲學論文》，台北市：東大出版。

94. 勞思光，2005，《新編中國哲學史‧第二卷》，廣西：廣西師範大學出版社。

95. 勞榦，1971，《魏晉南北朝史》，台北：華岡書局。

96. 姜聲調，1999，《蘇軾的莊子學》，臺北：文津出版社有限公司，初版。

97. 葉朗，1996，《中國美學史》，台北：文津出版社。

98. ———，1999，《中國美學史大綱》，上海：人民出版社。

99. 葉海煙，1999，《老莊哲學新論》，北市：文津出版（第 2 版）。

100. ———，1990，《莊子的生命哲學》，台北：東大出版。

101. 楊儒賓，1991，《莊周風貌》，臺北：黎明文化事業股份有限公司，初版。

102. 趙敦華著，2001，《現代西方哲學新編》（Essentials of Western Contemporary Philosophy），北京：北京大學出版。

103. 蒙培元，2004，《人與自然——中國哲學生態觀》，北京：人民出版社。

104. 劉昌元，2005，《西方美學導論》，台北：聯經出版（二版）。

105. 劉笑敢，2005，《老子》，臺北市：東大圖書出版（修訂 2 版）。

106. ———，1995，《兩種自由的追求：莊子與沙特》，臺北：正中書局，初版。

107. ————，1988，《莊子哲學及其演變》，北京：中國社會科學出版社，初版。

108. 劉述先，2004，《儒家思想之現代闡釋論集》，台北：中研院文哲所，修訂版。

109. 魯迅，2000，《魏晉風度及其他》，上海：上海古籍出版社。

110. 蔡忠道，2007，《魏晉處世思想研究》，台北：文津出版社。

111. ————，2000，《魏晉儒道互補之研究》，台北：文津出版社有限公司。

112. 蔡振豐，1997，《魏晉名士與玄學清談》，台北：黎明文化事業公司。

113. 蔣錫昌，1980，《莊子哲學》，臺北：鳴宇出版社。

114. 錢穆，2000，《中國學術思想論叢（三）》，台北：蘭臺出版社。

115. 蕭振邦，2009，《深層自然主義：《莊子》思想的現代詮釋》，臺北：東方人文學術研究基金會，修訂版。

116. 關永中，2008，《知識論（二）——近代思潮》，台北：五南出版社。

117. 戴璉璋，2002，《玄智、玄理與文化發展》，台北：中研院文哲所。

118. 謝大寧，1997，《歷史的嵇康與玄學的嵇康——從玄學史看嵇康思想的兩個側面》，台北：文史哲出版社。

119. 羅宗強，1992，《玄學與魏晉士人心態》，台北市：文史哲出版社。

（二）外文著作

1. Angus C. Graham, 1993, *Disputers of the Tao：Philosophical Argument In Ancient China.* La Salle, Illinois：Open Court Publishing Company.

2. Edited by Imre Lakatos, Alan Musgrave, 1970, *Criticism and the Growth of Knowledge.* New York: Cambridge University.

3. R. H. Van Gulik, 1941, *Hsi K'ang and His Poetical Essay on the Lute.* Tokyo: Sophia University.

4. R. H. Van Gulik, 1969, *The Lore of the Chinese Lute.* Tokyo: Sophia University.

5. Thomas S. Kuhn, 1970, *The structure of Scientific Revolutions.* Chicago: The University of Chicago Press.

（三）參考譯著

1. 艾彥譯，Anne Sheppard，1998，《美學——藝術哲學引論》（*An Introduction to the Philosophy of Art*），瀋陽：遼寧教育出版社。

2. 周寄中譯，拉卡托斯（Imre Lakatos）與馬斯格雷夫（Alan Musgrave）編著，2001，《批判與知識的增長》，台北：桂冠圖書，第二版。

3. 段德智、尹大貽、金常政譯，安傑利斯（Peter A. Angeles）著，1999，《哲學辭典》（*The Harper Collins dictionary of Philosophy*），台北：貓頭鷹出版。

4. 陳芳郁譯，尼采，1995，《道德譜系學》，台北：水牛出版。

5. 張易譯，羅素著，1958，《世界之新希望》，台北：國立編譯館出版。

6. 張海宴譯，Angus C Graham，2003，《論道者──中國古代哲學論辨》北京，中國社會科學出版。

7. 張易譯，羅素著，1958，《世界之新希望》，台北：國立編譯館出版。

8. 韓東暉譯，安東尼肯尼（Anthony Kenny）編，2006，《牛津西方哲學史》（The Oxford History of Western Philosophy），北京：中國人民出版社。

三、期刊論文（按姓氏筆畫順序排列）

1. 王玉貞，2010，〈由〈家誡〉析論嵇紹之生命情志〉，《新竹教育大學人文社會學報》第 3 卷 1 期，新竹市：新竹教育大學人文社會學院，頁 1～28。

2. 朱曉海，2012，〈趙至〈與嵇茂齊書〉疑雲辨析〉，《東華中文學報》第 4 期，花蓮市：東華大學中文系，頁 1～24。

3. ──────，1999，〈嵇康仄窺〉，《臺大中文學報》，第 11 卷，台北市：台灣大學中文系，頁 59～103。

4. 李美燕，2010，〈嵇康的音樂養生觀與道教之關係〉，《哲學與文化》第 37 卷 6 期，台北市：輔仁大學哲學系，頁 5～21。

5. ──────，2000，〈老、莊養生哲學的流變與影響──以嵇康與葛洪的「養生論」為主〉，《屏東師院學報》第 13 卷，屏東市：屏東教育大學，頁 317～334。

6. ──────，2001，〈從「聲無哀樂論」探析嵇康的「和聲」義〉，《鵝湖月刊》第 9 期，台北市：鵝湖出版社，頁 40～50。

7. 李玲珠，2010，〈阮籍、嵇康生死意識的底蘊與轉折〉，《哲學與文化》第 37 卷 6 期，台北市：輔仁大學哲學系，頁 41～59。

8. 李鴻玟，2010，〈妙在象外──論嵇康詩「目送歸鴻，手揮五絃」之審美意蘊〉，《興大人文學報》第 44 期，台中市：中興大學文學院，頁 67～90。

9. 李凱恩，2008，〈莊子死亡觀評論〉，《新竹教育大學人文社會學報》，第 2 期，新竹：新竹教育大學人文學院，頁 3～14。

10. 何乏筆，2010，〈平淡的勇氣:嵇康與文人美學的批判性〉，《哲學與文化》第 37 卷 9 期，台北市：輔仁大學哲學系，頁 141～154。

11. 李耀南，2004，〈「任自然」的「逍遙」──嵇康人生美學試析〉，《華中科技大學學報（社會科學版）》2004 第 1 期，湖北省：華中科技大學學報──社會科學版編輯部，頁 66～70。

12. 吳冠宏，2003，〈嵇康「明膽論」之明膽關係試探〉，《東華漢學》第 1 卷，

花蓮縣：東華大學文學院，頁 261～282。

13. ──，2005，〈當代〈聲無哀樂論〉研究的三種觀點商榷〉，《東華漢學》第 3 期，花蓮：東華大學中國語文學系，頁 89～112。

14. 吳佳璇，2002，〈嵇康的自然觀〉，《中國學術年刊》第 23 卷，台北市：國立師範大學國文系，頁 211～228。

15. 吳德育，2002，〈析論嵇康的儒道思想〉，《輔大中研所學刊》第 12 卷，新北市：輔仁大學中國文學系，頁 1～21。

16. 何修仁，2001，〈嵇康生命情調中之美學風格〉，《聯合學報》第 18 卷，苗栗市：國立聯合大學，頁 185～198。

17. 余敦康，1987，〈阮籍、嵇康玄學思想的演變〉，《文史哲》，山東：山東大學，頁 5～13。

18. 岑溢成，1992，〈嵇康的思維方式與魏晉玄學〉，《鵝湖學誌》第九期，頁 27～54。

19. 周大興，2008，〈平行或異軌：嵇康〈聲無哀樂論〉的心聲關係〉，《鵝湖學誌》第 41 期，台北市：鵝湖出版社，頁 25～62。

20. 周芳敏，2001，〈嵇康「越名教而任自然」析義〉，臺北市，《孔孟月刊》第 39 卷，台北市：孔孟月刊社，頁 23～31。

21. 林宴寬，1999，〈阮籍「自然與名教」思想析論〉，《國立臺灣師範大學國文研究所集刊》第 43 卷，台北市：國立臺灣師範大學國文系，頁 185～288。

22. 洪華穗，1997，〈從「聲無哀樂論」試探嵇康對儒道家的傳承──以「和」為範圍〉，臺北市：《中國文化月刊》第 210 卷，台中市：中國文化月刊雜誌社，頁 96～113。

23. 許銘全，2010，〈試析嵇康〈聲無哀樂論〉中玄學與美學之會通〉，《東華漢學》第 11 期，花蓮縣：東華大學中文系，頁 1～27。

24. 張玉安，2010，〈試析嵇康《聲無哀樂論》的理論動機〉，《鵝湖月刊》第 35 卷 11 期，台北市：鵝湖出版社，頁 45～49。

25. 高柏園，1989，〈論莊子與嵇康的養生論〉，《鵝湖月刊》第 15 卷 4 期，台北市：鵝湖出版社，頁 11～18。

26. 張靜茹，2001，〈貴在肆志，縱心無悔──嵇康「與山巨源絕交書」的政治立場與主題思想析論〉，臺北市，《中國學術年刊》第 22 期，台北市：國立臺灣師範大學國文系，頁 329～349＋490～491。

27. 張展源，1997，〈音樂與情感──嵇康音樂美學的比較研究〉，臺北市，《哲學雜誌》第 20 卷，新北市：業強出版社，頁 186～196。

28. 崔末順，1997，〈嵇康四言詩及其詩的評價──與阮籍詩評價的比較為主〉，《人文學報》第 21 卷，中壢市：中央大學人文學報出版社，頁 39

～51。

29. 葉朗，2009，〈美在意象——美學基本問題提要〉，《北京大學學報（哲學社會科學版）》第 46 卷第 3 期，北京：北京大學，頁 11～19。

30. 曾春海，2012，〈從儒家的宗教性論魏晉儒學與道教之互動交涉〉，《哲學與文化》第 39 卷第 5 期，台北市：輔仁大學哲學系，頁 21～38。

31. ———，2010，〈竹林七賢的交遊及其友誼觀〉，《哲學與文化》第 37 卷 6 期，台北市：輔仁大學哲學系，頁 23～40。

32. ———，2010，〈阮籍與嵇康的樂論〉，《哲學與文化》第 37 卷 10 期，台北市：輔仁大學哲學系，頁 137～158。

33. ———，2009，〈阮籍、嵇康對經學的繼承和批判〉，《哲學與文化》第 36 卷 9 期，台北市：輔仁大學哲學系，頁 141～160。

34. ———，2001，〈嵇康的審美表現及生命美學〉，《哲學與文化》第 28 卷第 8 期，台北市：輔仁大學哲學系，頁 681～773。

35. 黃潔莉，2010，〈論嵇康之藝術化生命〉，《藝術評論》，臺北市：國立台北藝術大學，第 18 期，頁 1～27。

36. ———，2010 年，〈高羅佩《嵇康及其〈琴賦〉》探析〉，《藝術評論》，臺北市：國立台北藝術大學，第 20 期，頁 123～166。

37. 陳鼓應，2010，〈莊子論人性的真與美〉，《哲學研究》第 12 期，北京：中國社會科學院哲學研究所，頁 31～43。

38. ———，2009，〈三玄四典的學脈關係——論三玄思想的內在聯繫之一〉，《諸子學刊》第二期，上海：上海古籍出版社，頁 55～77。

39. ———，2009，〈老、莊及《易傳》的重要哲學議題——論三玄思想的內在聯繫之二〉《諸子學刊》第三期，上海：上海古籍出版社，頁 1～17。

40. ———，2009，〈《莊子》內篇的心學（上）——開放的心靈與審美的心境〉，《哲學研究》第 2 期，北京：中國社會科學院哲學研究所，頁 25～35。

41. ———，2009，〈《莊子》內篇的心學（下）——開放的心靈與審美的心境〉，《哲學研究》第 3 期，北京：中國社會科學院哲學研究所，頁 51～59。

42. ———，2009，〈從「得意忘言」的詮釋方法到譜系學方法的運用〉，劉笑敢主編《中國哲學與文化》第 5 輯，桂林：廣西師範大學出版社出版社，頁 3～27。

43. ———，2005，〈論道與物關係問題：中國哲學史上的一條主線〉，《台大文史哲學報》第六十二期，台北：台大文史哲學報編輯委員會主編，頁 89～118。

44. ———，2004〈王弼體用論新詮〉，《漢學研究》，第二十二卷第一期，新

加坡：新加坡國立大學出版，頁 1～20。

45. 陳司直，2003，〈論嵇康内心之衝突〉，《吳鳳學報》第 11 卷，嘉義縣：吳鳳科技大學，頁 17～25。

46. 陳瓊玉，2003，〈從嵇康「釋私論」談其君子形象之詮釋與落實〉，《雲漢學刊》第 10 卷，台南市：成功大學中文系，頁 125～142。

47. 陳靜，2001，〈吾喪我——《莊子・齊物論》解讀〉，《哲學研究》第五期，北京：中國社會科學院哲學研究所，頁 49～53。

48. 黃明喜，2001，〈略論嵇康的「越名教而任自然」〉，《哲學與文化》第 28 卷第 3 期，台北市：輔仁大學哲學系，頁 260～287。

49. 黃應全，2000，〈嵇阮派玄學的「越名任心」論〉，《中國哲學史》2000 年第 1 期，北京市：中國哲學史學會，頁 64～69。

50. 黃靖芠，1997，〈理想與現實結合的養生論——試探嵇康「養生論」〉，《雲漢學刊》第 4 卷，台南市：成功大學中文系，頁 163～178。

51. 楊儒賓，2009，〈「山水」是怎麼發現的——「玄化山水」析論〉，《臺大中文學報》第 30 期，台北市：台灣大學中文系，頁 209～254。

52. 楊自平，2005，〈嵇康「養生論」之養生主張與思惟表現〉，《鵝湖月刊》第 31 卷第 6 期，台北市：鵝湖出版社，頁 21～33。

53. 葉守桓，2004，〈戴明揚《嵇康集校注》〈附錄〉考證一例之商榷與討論〉，《興大中文學報》第 16 卷，台中市：中興大學文學院，頁 311～322。

54. 蔡忠道，2010，〈越名教而任自然——嵇康倫理價值的追求〉，《哲學與文化》第 37 卷 6 期，台北市：輔仁大學哲學系，頁 83～99。

55. ———，1999，〈時代的悲歌——讀嵇康的兩封絕交信〉，《南師語教學報（原語文教育通訊）》第 17 卷，臺南市：國立臺南師範學院，頁 12～20。

56. 蔡振豐，2009，〈魏晉玄學中的「自然」義〉，《成大中文學報》第 26 期，台南：成功大學中文系，頁 1～34。

57. 盧桂珍，2010，〈嵇志内蘊解析——兼論嵇康之矛盾與統合〉，《成大中文學報》第 30 期，台南市：成功大學中文系，頁 37～70。

58. 蔣振華、馮美霞，2009，〈玄學對魏晉名士人生態度的影響——以嵇康、阮籍爲例〉，《中州學刊》第 4 期總第 172 期，河南省：中州學刊雜誌社，頁 191～193。

59. 劉笑敢主編，2007，《中國哲學與文化（第一輯）——反向格義與全球哲學》，桂林：廣西師範大學出版社。

60. ———，2007《中國哲學與文化（第二輯）——注釋，詮釋，還是創構？》，桂林：廣西師範大學出版社。

61. 劉笑敢，2005，〈經點詮釋中的兩種定向之接轉初探——以《老子》之自然的新詮釋爲例〉，《清華學報》第三十五卷第一期，新竹：國立清華大

學清大出版社,頁 193。

62. 謝君直,2005,〈王弼思想型態再分判〉,《揭諦》第九期,嘉義:南華大學哲學與生命教育學系出版,頁 125～152。

63. 賴錫三,2004,〈神話、《老子》、《莊子》之「同」「異」研究——朝向「當代新道家」的可能性〉,《臺大文史哲學報》第六十一期,台北:台灣大學文學院,頁 139～178。

64. 蔡翔任,2002,〈從魏晉「士」自覺看嵇康「越名教而任自然」〉,《中正大學中國文學研究所研究生論文集刊》第 4 卷,嘉義縣:中正大學中國文學系,頁 197～212。

65. 蕭雁菁,2011,〈論形神觀與養生思想——以老子想爾注、與嵇康和葛洪爲研究對象〉,《雲漢學刊》第 22 期,臺南市國立成功大學中國文學研究所,頁 35～58。

66. 蕭馳,2007,〈嵇康與莊子超越境界在抒情傳統中的開啓〉,《漢學研究》第 25 卷第 1 期,臺北:漢學研究中心,頁 95～129。

67. 蕭裕民,2009,〈〈聲無哀樂論〉繼承傳統之下的轉變及其在思想史上的意義〉,《國文學報》第 45 期,臺北:台灣師範大學國文系,頁 57～80。

68. ———,2005,〈《莊子》論「樂」——兼論與「逍遙」之關係〉,《漢學研究》第 23 卷第 2 期,臺北:漢學研究中心,頁 1～33。

69. 蕭振邦,〈《老子道德經》思想的文化衝浪〉《宗教哲學》季刊,第 65～66 期,2013,頁 11～30。

70. ———,2003,〈嵇康〈聲無哀樂論〉探究——兼解牟宗三疏〉,《鵝湖學誌》第 31 期,臺北:鵝湖雜誌社,頁 1～62。

71. ———,1998,〈道家美學思想基型:《莊子》的美學觀〉,《鵝湖學誌》第 20 期,臺北:鵝湖雜誌社,頁 1～70。

72. 羅永吉,2012,〈苦悶的曠達者——老莊思想與《世說新語》中的竹林七賢〉,《弘光學報》第 66 期,臺中市:弘光學報出版,頁 78～95。

四、博士學位論文（依年分遞減）

1. 沈雅惠,2010,《莊子與阮籍、嵇康人生哲學比較研究》,中國文化大學哲學系博士論文。

2. 沈素因,2009,《重探山水詩畫之思想來源——以嵇康思想爲核心考察》,國立中正大學中國文學所博士論文。

3. 何美諭,2008,《魏晉樂論與樂賦音樂審美研究》,臺南市:成功大學文學系研究所博士論文。

4. 洪景譚,2008,《魏晉玄學「以無爲本」的再詮釋:以王弼、嵇康、郭象爲中心》,台南市:成功大學國文系研究所博士論文。

5. 黃潔莉，2008，《魏晉樂律、樂理、樂境抉微》，台南市：成功大學文學系研究所博士論文。

6. 施穗鈺，2007，《公與私——魏晉士群的角色定位與自我追尋》，台南市：成功大學文學系研究所博士論文。

7. 李建興，2006，《嵇康與郭象「名教與自然」思想之比較研究》，台北市：中國文化大學哲學研究所博士論文。

8. 方碧玉，2006，《東晉南北朝世族家庭教育研究》，台北市：中國文化大學史學研究所博士論文。

9. 王岫林，2005，《魏晉士人之身體觀》，高雄市：國立中山大學中國文學系研究所博士論文。

10. 蕭裕民，2005，《遊心於「道」和「世」之間——以「樂」爲起點之《莊子》思想研究》，新竹：國立清華大學中文研究所博士論文。

11. 李建興，2005，《嵇康與郭象「名教與自然」思想之比較研究》，台北：中國文化大學哲學研究所博士論文。

12. 蔣麗梅，2004，《綿綿若存，用之不勤——《老子》個體生命思想探究》，北京：北京師範大學。

13. 黃雅淳，2001，《魏晉士人之悲情意識研究》，高雄市：高雄師範大學國研所博士論文。

14. 林朝成，1992，《魏晉玄學的自然觀與自然美學研究》，台北市：台灣大學哲學所博士論文。

15. 蕭振邦，1990，《從後設美學論先秦至魏晉儒道美學規模》，台北市：中國文化大學哲學研究所博士論文。

16. 李宣侚，1989，《莊子的生命理境及其藝術精神》，台北市：中國文化大學中國文學研究所博士論文。

17. 孫良水，1998，《阮籍審美思想研究》，高雄市：高雄師範大學國文學系研究所博士論文。

18. 江建俊，1987，《魏晉玄理與玄風之研究》，台北市：文化大學中文研究所博士論文。

19. 顏崑陽，1985，《莊子藝術精神之研究》，台北市：國立臺灣師範大學國文研究所博士論文。

20. 林麗眞，1978，《魏晉清談主題之研究》，台北市：台灣大學中文研究所博士論文。

附錄一：嵇康年表 〔註1〕

公元	年號	嵇康的生活與作品	重大時事
223	魏文帝曹丕黃初四年	嵇康生。	蜀照列帝（劉備）崩，後主禪立。
224	黃初五年	嵇康二歲。	魏在洛陽設立太學，恢復了北方以經學爲主的傳統教育。
225	黃初六年	嵇康三歲。	蜀丞相亮平南中。
226	黃初七年	嵇康四歲。	魏文帝曹丕病逝於洛陽，兒子曹叡繼位。王弼生。
227	魏明帝曹叡太和元年	嵇康五歲。	蜀丞相亮率均北駐漢中，臨行上〈出師表〉。
228	太和二年	嵇康六歲。	蜀丞相亮攻祈山，魏右將軍張郃在街亭打敗蜀軍。

〔註1〕 A.目前學者考定嵇康的出生時間多爲公元 223 年，如：(1)魯迅，〈魏晉風度及文章與藥及酒之關係〉，收錄《魏晉風度二十講》，（北京：華夏出版社，2009），頁 177〜199。(2)侯外廬，《中國思想通史——第三卷魏晉南北朝思想》，（北京：人民出版社，1980），頁 123。(3)余英時，〈名教思想與魏晉士風的演變〉，收錄《魏晉風度二十講》，（北京：華夏出版社，2009），頁 12〜54。(4)顧農，〈七賢林下之遊的時間與方式〉，收錄《魏晉風度二十講》，（北京：華夏出版社，2009），頁 55〜83。(5)何啓民，《竹林七賢研究》（臺北：臺灣學生書局，1966），附錄「竹林七賢年譜」，頁 194〜195。(6)王曉毅，《嵇康評傳》，（南寧：廣西教育出版社，第 3 刷，1997），頁 1。(7)童強，《嵇康評傳》，（南京：南京大學出版社，2006），頁 62〜82。B.莊萬壽考證認爲嵇康生於公元 224 年。莊萬壽《嵇康研究及年譜》（台北：三民書局，1981），頁 63〜223。C.在此取多數學者考定的年代爲主。D.嵇康作品的著作時間，主要參考：(1)莊萬壽《嵇康研究及年譜》（1981）。(2)曾春海，《嵇康》（台北：萬卷樓圖書，2000），「附錄一」，頁 271〜278。E.嵇康生前的重大時事則同時參考：(1)何啓民，《竹林七賢研究》（1966），附錄「竹林七賢年譜」，頁 182〜300。(2)莊萬壽《嵇康研究及年譜》（1981）。(3)曾春海，《嵇康》（2000），「附錄一」，頁 271〜278。

229	太和三年	嵇康七歲。	孫權在建業稱帝，年號黃龍。
230	太和四年	嵇康八歲。	吳衛溫、諸葛直帶兵向海外（夷洲、亶洲）擴張無功而歸，這是漢族對東南外海的第一次探險性的活動。
231	太和五年	嵇康九歲。	蜀漢諸葛亮出師圍祈山，魏司馬懿、張郃帶兵擊退蜀軍，張郃陣亡。
232	太和六年	嵇康十歲。	吳改元爲嘉禾。
233	青龍元年	嵇康十一歲。	魏明帝曹叡改年號爲青龍。
234	青龍二年	嵇康十二歲。	東漢獻帝劉協病終，年五十四。蜀諸葛亮由斜谷攻魏，屯兵渭南，與司馬懿相峙。八月亮病死軍中，年五十四。
235	青龍三年	嵇康十三歲。	洛陽流行傳染病。魏明帝曹叡在洛陽宮中大興土木，七月洛陽崇華殿火災；八月，重修崇華殿，改爲九龍殿。
236	青龍四年	嵇康十四歲。	
237	景初元年	嵇康十五歲。	魏使毋丘儉攻遼東，水漲，戰不利而還。 魏明帝改年號爲景初。
238	景初二年	嵇康十六歲。	魏使司馬懿率兵平定在遼東稱燕王的公孫淵，八月班師。這是對毋丘儉。 魏帝寢疾。
239	景初三年	嵇康十七歲。	魏明帝崩。
240	魏明帝曹芳正始元年	嵇康十八歲。	太子芳即位。曹芳是曹叡的養子。 曹爽、司馬懿共同輔政，自是何晏、鄧颺、丁謐諸人用事。
241	正始二年	嵇康十九歲。	司馬懿率兵打退吳將，可見司馬懿仍握有兵權。
242	正始三年	嵇康二十歲。	魏蔣濟任太尉，約在此年、或稍後，他徵辟阮籍。阮籍作〈詣蔣公奏記〉拒絕。
243	正始四年	嵇康二十一歲。	
244	正始五年	嵇康二十二歲。	曹爽與夏侯玄率兵攻打蜀漢，無功而返。

			莊萬壽認為阮籍或在此時作〈樂論〉。 嵇兄嵇喜之子嵇蕃出生。
245	正始六年	嵇康二十三歲。	
246	正始七年	嵇康二十四歲。 莊萬壽認為本年前後嵇康著〈聲無哀樂論〉、〈琴賦並序〉。〔註2〕	幽州刺史毋丘儉討高句驪，平定數十個部落。
247	正始八年	嵇康二十五歲。 曾春海以為嵇康當在此年或前一年娶長樂亭主，並拜中散大夫。〔註3〕	魏曹爽與司馬懿有隙，五月司馬懿假託生病，不與政事且暗中布置，製造「何、鄧、丁，亂京城」的謠言。 曹爽召阮籍為參軍，阮籍以生病推辭。山濤舉孝廉，為河南從事，亦以病辭職。
248	正始九年	嵇康二十六歲。 莊萬壽則認為嵇康可能於本年娶宗室沛穆王曹林的孫女長樂亭主。〔註4〕	魏以王凌為司空。 王弼由何晏推薦補為尚書郎，但不受曹爽重用，後辭職。 曹爽用李勝刺探司馬懿，卻誤信司馬懿已年邁昏顛。
249	嘉平元年	嵇康二十七歲。 嵇康兄嵇喜年約三十，本為秀才，此時可能受司馬懿徵召，出任軍職。 莊萬壽認為嵇康作〈兄秀才公穆入軍贈詩〉。〔註5〕	高平凌政變，改元嘉平。 司馬懿誅曹爽、何晏、丁謐、鄧颺、畢軌、李勝、桓範、張當等八族，並禍延三族。秋天，王弼遇癘疾病亡。
250	嘉平二年	嵇康二十八歲。嵇康女兒出生。	
251	嘉平三年	嵇康二十九歲。 仍住河內山陽。據莊萬壽考察，河內是一個政治相當敏感的地方。〔註6〕	太尉王凌欲舉兵反司馬懿，但計畫未開始即被人告密。司馬懿親率大軍伐凌，凌被俘後自殺。司馬懿又行「夷三族」割癌法，並

〔註2〕莊萬壽《嵇康研究及年譜》（1981），頁96～102。

〔註3〕曾春海，《嵇康》（2000），頁275。

〔註4〕莊萬壽《嵇康研究及年譜》（1981），頁103。

〔註5〕莊萬壽《嵇康研究及年譜》（1981），頁106～108。

〔註6〕莊萬壽先生考察「河內」是一個政治相當敏感的地方。莊先生書中指出王凌事件後，司馬家為便於控制，將外地曹氏諸王全都集中到「鄴」管理，後來被廢的齊王曹芳，也抓到這裡軟禁。他也考察「鄴」應該為當時的「河內重門」，僅與山陽距離五十里。參看：莊萬壽《嵇康研究及年譜》（1981），頁112～116。

		莊萬壽認爲此時嵇康的相關作品爲〈酒會詩〉七首。〔註7〕	賜死曹彪。 同年八月，司馬懿病死，以司馬師爲大將軍。
252	嘉平四年	嵇康三十歲。 莊萬壽認爲此時嵇康的相關作品爲〈太師箴〉，以及〈兄秀才公穆入軍贈詩〉其後的十二首。〔註8〕	吳孫權崩，太子亮即位。 阮籍仍爲從事郎中。山濤被司馬師舉爲秀才，任郎中。
253	嘉平五年	嵇康三十一歲。 莊萬壽認爲嵇康約是此年到洛陽與向秀打鐵謀生，遇鍾會，之後離家避禍與孫登學道。作〈養生論〉、〈答難養生論〉、〈雜詩〉、〈釋私論〉。〔註9〕	蜀攻魏隴西、吳太傅諸葛恪帶兵攻淮南，魏司馬師、司馬孚率軍退之。是年，吳孫峻殺太傅諸葛恪。
254	高貴鄉公曹髦正元元年	嵇康三十二歲。 莊萬壽分析此年作品約有〈遊仙詩〉、〈雜詩〉四言四首、〈雜詩〉五言三首、〈重作四言詩〉七首（〈秋胡行〉）。〔註10〕	李豐、張緝（曹芳的岳父）預謀以夏侯玄代司馬師，事敗。司馬師逮捕所有人員，並「夷三族」。 九月，司馬師廢曹芳，立高貴鄉公曹髦。高貴鄉公紀年還有「正元」、「甘露」。
255	高貴鄉公曹髦正元二年	嵇康三十三歲。其子嵇紹出生，女兒六歲。 毋丘儉起兵，嵇康欲應之，以問山濤，因濤諫之而止。 莊萬壽指出此年作品可能有〈卜疑〉、〈明膽〉、〈難自然好學論〉。〔註11〕	毋丘儉、文欽假太后詔討司馬師，兵敗。文欽投奔吳國，毋丘儉被殺，都「夷三族」。 同年，司馬師病死，司馬昭進位大將軍。 鍾會大力拉攏士人，推薦王戎、裴楷給司馬昭。 阮籍年初辭散騎常侍，因拒與司馬昭結成姻親，故要求出任爲東平相（太守），司馬昭見其吃酒玩樂十多天，又將任他回到大將軍府的從事中郎。山濤任驃騎將軍王昶的從事中郎。

〔註7〕 莊萬壽《嵇康研究及年譜》（1981），頁116～118。
〔註8〕 莊萬壽《嵇康研究及年譜》（1981），頁122～123。
〔註9〕 莊萬壽《嵇康研究及年譜》（1981），頁127～133。
〔註10〕 莊萬壽《嵇康研究及年譜》（1981），頁147～149。
〔註11〕 莊萬壽《嵇康研究及年譜》（1981），頁153～159。

256	高貴鄉公曹髦 甘露元年	嵇康三十四歲。其女七歲，子嵇紹二歲。 據曾春海、莊萬壽考察，此年嵇康作〈管蔡論〉，表面上針對歷史事件加以評論，同時隱含了替毋、文申辯的意義。〔註12〕 莊萬壽認為同年嵇康編〈高士傳〉、六言詩十首（「惟上古堯舜…」）。〔註13〕	司馬昭加大都督。 經學家王肅死。 魏帝宴請群臣於太極東堂，與諸儒論易、書與禮，懷疑聖哲、周公，涉及周公與管蔡的歷史事件。 五月，鄴及上洛一帶，甘露降，改正元三年為甘露元年。 阮籍為步兵校尉。
257	甘露二年	嵇康三十五歲。其女八歲，子嵇紹三歲。 莊萬壽考嵇康此時前往河東，作《春秋左氏傳音》、〈難宅毋吉凶攝生論〉、〈答難宅毋吉凶攝生論〉、〈述志詩〉、〈答二郭詩〉三首。〔註14〕	諸葛誕起兵謀反，屯糧固守壽春城，司馬昭動員二十多萬大軍圍城。
258	甘露三年	嵇康三十六歲。其女九歲，子嵇紹四歲。 隱居在河東。	司馬昭二月破壽春城，諸葛誕被殺，又「夷三族」。從此反思馬家的軍事力量完全消失。
259	甘露四年	嵇康三十七歲。其女十歲，子嵇紹五歲。 莊萬壽認為嵇康回山陽很可能是奔母喪，或是因為母親病重。作〈與阮德如詩〉一首。〔註15〕 曾春海以為此年嵇康大約的作品有：〈答二郭〉三首、〈五言古詩〉一首、〈遊仙詩〉一首、〈琴賦〉一首並序。〔註16〕	經學家鄭小同被司馬昭所殺。太學生趙至，十六歲，到洛陽找不到嵇康，發現洛陽太學發生一些事情，之後到鄴，才遇到剛從河東回來的嵇康。
260	陳劉王曹奐 景元完年	嵇康三十八歲。其女十一歲，子嵇紹六歲。 莊萬壽考察嵇康之母也可能於此年辭世，因作〈思親詩〉。〔註17〕	魏以司馬昭為相國，封晉公，加九錫。 同年，曹髦帶幾百民衛兵、奴僕企圖衝出洛陽宮，中護軍賈充帶

〔註12〕 參看：(1)莊萬壽《嵇康研究及年譜》（1981），頁 164～166。(2)曾春海，《嵇康》（2000），頁 277。

〔註13〕 莊萬壽《嵇康研究及年譜》（1981），頁 164～169。

〔註14〕 莊萬壽《嵇康研究及年譜》（1981），頁 173～180。

〔註15〕 莊萬壽《嵇康研究及年譜》（1981），頁 181～183。

〔註16〕 曾春海，《嵇康》（2000），頁 277。

〔註17〕 莊萬壽《嵇康研究及年譜》（1981），頁 185～187。

		曾春海考察發現嵇康「與呂巽絕交書作於景元二年，則調解呂巽兄弟之事當於此年」，又〈與阮德如詩〉當作於此年。〔註18〕	兵包圍，太子舍人成濟持刀殺害曹髦，擔下了弒君的罪名，被判夷三族。司馬昭改隸陳劉王常道公曹奐為帝，即位改元。
261	景元二年	嵇康三十九歲。其女十二歲，子嵇紹七歲。 莊萬壽認為嵇康此年作〈與山巨源絕交書〉，表明自己與司馬昭劃清界線。〔註19〕 曾春海考察呂安在流放時，遺書給康，有「李叟入秦，及關而歎」之語，追收下入獄。〔註20〕	司空鄭沖要求阮籍代寫勸進表給司馬昭。 呂巽反告呂安不孝，呂安獲罪流放邊疆。
262	景元三年	嵇康四十歲。其女十三歲，子嵇紹八歲。 嵇康因呂安案入獄。鍾會慫恿下，被誅。〔註21〕 曾春海考察以為此年嵇康作〈思親詩〉、〈與山巨源絕交書〉，又〈述志詩〉、〈幽憤詩〉一首、〈家誡〉均於入獄後所作。〔註22〕	魏司馬昭命鍾會、鄧艾治冰，鍾會兼鎮西將軍。

〔註18〕曾春海，《嵇康》（2000），頁277～278。

〔註19〕莊萬壽《嵇康研究及年譜》（1981），頁185～187。

〔註20〕曾春海，《嵇康》（2000），頁278。

〔註21〕多數學者認為嵇康於這一年被殺，不過，莊萬壽則認為嵇康死於景元四年（公元263年）。其中的差異主要在於莊萬壽認為嵇康出生的年份應於公元224年。本文從多數學者考察的時間。參見：莊萬壽《嵇康研究及年譜》（1981），頁198。

〔註22〕曾春海，《嵇康》（2000），頁278。

附錄二：莊子思想相關研究

論文一：論《莊子》如何從「棄知去己」建構「至人無己」的論述

摘要

　　《莊子》裡有許多以對話的形式展開的寓言或論述，並由《莊子》對於辯者與名家的了解，引發本文的研究動機，《莊子》是否可能是因為批評「歷物」或「指物」，而產生了「齊物」的思想，如「天地一指也、萬物一馬也」（〈齊物論〉）。本文以這樣的情境構作思考《莊子》的論述，從「有真人而後有真知」的線索，將研究的焦點回到認知主體進行探究，進而以「去己」與「無己」的研究進路展開：第一，由《莊子》與辯者對於認知能力的分析，以及對於「棄知去己」的反思，說明《莊子》為什麼認為知識不能成為永恆的認知目的；第二，由於《莊子》認為知識的追求是永無止盡的，因而將認知理論討論的焦點，回到人作為認知主體的問題上，由此將有助於說明《莊子》為何要建立「至人無己」的觀點，這不僅可以作為「齊物」感通模式的基礎，更可說明《莊子》思想中具有認知目的的轉折；第三，透過《莊子》關於認知主體、認知目的的解析，可以逐步說明《莊子》為何以認為「真知」、「天鈞」才是人要追求的真理。本文以此結構處理《莊子》關於「真人」與「真知」的論述，特色在於突顯《莊子》「齊物」的認知觀，具有一種認識萬物與自我認識的歷程，而不需要涉及《莊子》的工夫理論。

　　關鍵字：去己、無己、至人、真人、真知

前言

　　《莊子》裡有許多以對話的形式展開的寓言或論述，《莊子》設計的對話人物有真實存在的歷史人物如孔子、顏回、惠施…等，也有比喻的人物如支離疏、齧缺、蒲衣子…等；且《莊子·天下》中，紀載惠施以「歷物」與辯者的觀點相應，而辯者具有「指不至，至不絕」的觀點，意指辯者認為人可以以不同的角度不斷的認識事物，對事物有逐步的認識，但卻難以窮盡對事物本質的了解。〔註1〕由《莊子》對於辯者與名家的了解，引發本文的研究動機，嘗試著重新思考《莊子》提出「齊物」的觀點是不是有對話的對象？也就是說，《莊子》可不可能就是因為批評「歷物」或「指物」，而產生了「齊物」的思想？這一個提問在〈齊物論〉中，《莊子》直接以「指」與「馬」的概念進行的論述，進而提出「天地一指也、萬物一馬也」。由於當時公孫龍以指物論與白馬論最為著名，因此可以佐證《莊子》應該是知道當時辯者的論述。〔註2〕

〔註 1〕　本文引用《莊子》原文主要參考：(1)郭慶藩（清），《莊子集釋》。(2)王叔岷（1982），《莊子校詮》。(3)陳鼓應注譯（2009），《莊子今註今譯及評介》。以下引用《莊子》原文，為便於論述僅標示引文篇章名，如引用不同原文的注解解釋，將會標註注解者的書名與頁數。

〔註 2〕　當代已有學者關注到《莊子》中許多論點的產生，可能由當時莊子批判名家、辯者的諸多觀點，因此以惠施或辯者為參照展開莊學的研究，相關的研究成果：(1)王孝魚在《莊子內篇新解》直接指出「《莊子》一書，惠施在其中，的確佔據一個極重要的位置」。王孝魚由王船山《莊子解》中「或因惠施而有內七篇之作」的線索，逐步的考察莊子與惠施的論辯。參看：王孝魚（1983：4）。(2)賴錫三在〈論惠施與莊子兩種思維差異的自然觀〉中，由「自然觀」的角度切入，探討惠莊論辯語式背後所涉及的兩種對比思維。賴錫三首先提出惠施的思維方式近於表象思考、邏輯推論，而莊子則近於直覺感通、詩性隱喻；第二，論者指出惠施處於主客對立（我與它），人類中心主義式的實用功利之技術立場（以我觀之），莊子則是進入主客交融（我與你），超人類中心的無用之大用之藝術立場（以道觀之）；第三，論者以海德格的概念，來區分兩者反映在自然觀的對比差異，提出惠施將自然視為客體對象物和能源資源物，莊子則視自然為天地人神共同棲居的神聖家園；最後，論者由惠施和莊周這兩種不同的語言觀、思維觀、自然觀，說明惠、莊導向兩種面對自己、面對萬物的不同倫理態度，惠施導向（以我）用物的權力倫理，莊子走向（喪我）愛物的原始倫理。參看：賴錫三（2011：129～176）。(3)劉滄龍在〈身體、隱喻與轉化的力量——論莊子的兩種身體、兩種思維〉，藉由論者探討莊子對於惠施的批評，說明莊子具有兩種身體觀，即「生命身體」（即「氣化身體」）與「個體身體」。此文中劉滄龍並且整理近年來台灣學者如楊儒賓、賴錫三等學者，由氣、身體與隱喻等新的進路，開啟莊子思想研究的新視野。在這些研究成果上，論者首先由尼采（Nietzsche, 1844-1900）對「生命身體」（leib）

　　倘若以這樣的情境構作思考《莊子》的論述，形成的研究動機爲：其一，「指物」與「齊物」的認知目的爲何？其二，可不可能因爲《莊子》與辯者有不同的認知目的，而影響《莊子》對於認知主體或認知結果的判斷？其三，爲什麼《莊子》認爲「有眞人而後有眞知」？其四，《莊子》根據「齊物」的觀點，如何說明人對於萬物的認識？其五，人作爲認知的主體，認知主體與認知目的的關聯性爲何？

　　通過這些提問，筆者認爲從「有眞人而後有眞知」的線索，可以將研究的焦點回到認知主體來說，因此，本文嘗試以「去己」與「無己」的研究進路展開：第一，由《莊子》與辯者對於認知能力的分析，以及對於「棄知去

與「個體身體」（körper）的區別，說明隱喻思維與概念思維兩種不同的思考與生活方式；第二，論者藉此區分探討莊子對於惠施的批評，反映出莊子具有兩種身體觀——「生命身體」（即「氣化身體」）與「個體身體」；第三，論者藉由分析莊子與惠施思維的不同，說明惠子的概念思維意在以辯析事物的方式說服人，莊子則在意識到概念思維之後，成爲他轉化爲隱喻思維的資源；最後，論者以隱喻思維論述莊子如何接納死亡力量，由批判性說明莊子由「個體身體」通向「生命身體」的自我轉化與修養進程。參看：劉滄龍（2014：185～213）。(4)趙炎峰的〈論莊子與惠施哲學思想的差異〉，則由道與物、知與樂、齊物與合同，分別論述莊子與惠施哲學思想的差異。趙炎峰從「道與物——存在觀的差異」、「知與樂——認知觀的差異」、「齊物與合同——哲學方法的差異」與「逍遙與泛愛——人生哲學的差異」等四個面向，說明莊子與惠施思想的不同，認爲莊子逍遙的精神，在存在的問題、人生的境界上超越了惠施；而惠施重視實用的「求眞」的精神，開啓對於現實之物的對比與分析，同樣具有研究的價值。參看：趙炎峰（2011：166～168）。(5)莊錦章在〈莊子與惠施論「情」〉中，由《莊子‧德充符》展開莊子與惠施關於「情」的論述，認爲莊子是在天人之間思考「情」的問題，而惠施則從現實的層面思考。因此，針對「有情」、「無情」的辯論上，莊錦章認爲莊子暗示在人爲的結構與關係中，某些虛假或錯誤的信念，將可能讓我們脫離自身的自然之情，例如悲痛的情緒和死亡的哀弔連結，這是就是在人爲的結構中可能產生的錯誤信念（beliefs），所以莊子與惠施不同，莊子是從跳脫現實的層面思考人的自然之情。參看：莊錦章（2010：21～45）。(6)張曉芒分析莊子與惠施在〈逍遙遊〉關於有用與無用的辯論，指出莊子採用「援例推類法」，意即舉出反證的實例反駁對方的觀點。參看：張曉芒（2011：143～144）。(7) Ernst-Joachim Vierheller, "Language and Logic in the Zhuangzi: Traces of the Gongsun Longzi". Vierheller 由語言分析的角度，探討〈齊物論〉中莊子與公孫龍子的思想主張。綜合來說，Vierheller 讚賞公孫龍子是一位跨時代的邏輯學家；而〈齊物論〉作者針對公孫龍子所提出的論點，不僅是合乎邏輯的討論，更具有本體論的地位，因此，〈齊物論〉的核心可說是「結構良好」（well-structured）、「圓融」（coherent）和「精確條列」（precise train）的思想。參看：Ernst-Joachim Vierheller, 2011：〈http://oriens-extremus.org/wp-content/uploads/2014/08/OE-50-04.pdf〉

己」的反思，說明《莊子》爲什麼認爲知識不能成爲永恆的認知目的；第二，由於《莊子》認爲知識的追求是永無止盡的，因而將認知理論討論的焦點，回到人作爲認知主體的問題上，由此將有助於說明《莊子》爲何要建立「至人無己」的觀點，這不僅可以作爲「齊物」感通模式的基礎，更可說明《莊子》思想中具有認知目的的轉折；第三，透過《莊子》關於認知主體、認知目的的解析，可以逐步說明《莊子》爲何以認爲「眞知」、「天鈞」才是人要追求的眞理。本文以此結構處理《莊子》關於「眞人」與「眞知」的論述，特色在於突顯《莊子》「齊物」的認知觀，具有一種認識萬物與自我認識的歷程，而不需要涉及《莊子》的工夫理論。

一、「棄知去己」：認知能力的反思

《莊子》批判辯者的思維，經常會造成主客二元或主客對立的狀況，因爲當人們站在自己的立場，指責別人的錯誤時，雙方立場在彼此對辯的狀況下，對立的狀況便會越來越嚴重，〈齊物論〉說到：「物無非彼，物無非是。自彼則不見，自知則知之。故曰：彼出於是，是亦因彼。彼是，方生之說也。雖然，方生方死，方死方生；方可方不可，方不可方可；因是因非，因非因是。……彼是莫得其偶，謂之道樞。樞始得其環中，以應無窮。是亦一無窮，非亦一無窮也。故曰『莫若以明』。」〔註3〕《莊子》指出「彼」或「此」的立場，並不是絕對的，可是人們往往站在那一方的立場（「彼」）就看不見這一方（「此」）；而自己（「此」）知道的一面，總認爲是眞的一面。所以，彼方是相對於此方而來，此方也是相對於彼方而有的。《莊子》認爲這是以明靜的心去觀照事物的實況，再因爲「彼」「此」、事態的對立所產生無窮的是非判斷，稱爲「以明」。

《莊子》進而認爲是、非的價值判斷，常常因爲彼或此的立場不同，而有不一樣的判斷，所以，是、非並不是絕對不變的判斷。《莊子》指出聖人之

〔註3〕〈齊物論〉說到：「物無非彼，物無非是。自彼則不見，自知則知之。故曰：彼出於是，是亦因彼。彼是，方生之說也。雖然，方生方死，方死方生；方可方不可，方不可方可；因是因非，因非因是。是以聖人不由，而照之于天，亦因是也。是亦彼也，彼亦是也。彼亦一是非，此亦一是非。果且有彼是乎哉？果且無彼是乎哉？彼是莫得其偶，謂之道樞。樞始得其環中，以應無窮。是亦一無窮，非亦一無窮也。故曰『莫若以明』。」本文《莊子》原文主要參考：郭慶藩（清），《莊子集釋》，（臺北：頂淵，2005）。以下引用《莊子》皆據此注本，爲便於論述僅標示篇章。

所以成爲聖人，就是可以不受立場的侷限，看清楚現實狀況中「彼」與「此」的動態流變，以明靜的心跳脫成見、立場的限制。正因爲《莊子》認爲是與非、彼與此的判斷與立場，都是相對而生且會流動、變化的，因此提到：「以指喻指之非指，不若以非指喻指之非指；以馬喻馬之非馬，不若以非馬喻馬之非馬也。天地，一指也；萬物，一馬也。」（〈齊物論〉）《莊子》認爲辯者強化了萬物的相異之處，將可能形成割裂主客、主客二元的困境，但如果從萬物相同的觀點去思考如「一指」、「一馬」，則天地萬物都可找到他們的共同性。因爲《莊子》認爲名家過於強調由萬物相異之處進行比較、劃分，分化的概念可能會導致主客二元、人我二分的困境。〔註4〕

　　由此，可以說明《莊子》對於認知能力的反思，在於提醒人們，人的認知能力是有侷限性的；《莊子》認爲在尚未跳脫立場的侷限之前，人們往往會由自己的角度或立場，判斷事情的是非、彼此，然而這些判斷可能都是片面的、單一的，無法囊廓整體的判斷。正如《莊子》後學在評判愼到時，說到：

> 公而不當，易而無私，決然無主，趣物而不兩，不顧於慮，不謀於知，於物無擇，與之俱往，古之道術有在於是者。彭蒙、田駢、愼到聞其風而說之。齊萬物以爲首，曰：「天能覆之而不能載之，地能載之而不能覆之，大道能包之而不能辯之。」知萬物皆有所可，有所不可，故曰：「選則不遍，教則不至，道則無遺者矣。」是故愼到，棄知去己，而緣不得已，泠汰於物以爲道理，曰：「知不知，將薄知而後鄰傷之者也。」……夫無知之物，無建己之患，無用知之累，動靜不離於理，是以終身無譽。故曰：「至於若無知之物而已，無用賢聖，夫塊不失道。」豪桀相與笑之曰：「愼到之道，非生人之行而至死人之理，適得怪焉。」田駢亦然，學於彭蒙，得不教焉。彭蒙之師曰：「古之道人，至於莫之是、莫之非而已矣。其風窢然，惡可而言？」常反人，不見觀，而不免於魭斷。其所謂道非道，而所言之韙不免於非。彭蒙、田駢、愼到不知道。雖然，概乎皆嘗有聞者也。（〈天下〉）

　　〈天下〉篇作者，評判彭蒙、田駢、愼到等人的學說，指出他們認爲公正不

〔註4〕李賢中在〈「指物」與「齊物」的認知觀點比較〉由「指」與「齊」具有不同的認知目的，因而形成不同的認知模式：莊子「道通爲一」的「齊物」感通模式，以及「指物」主客二元的認知模式。李教授指出這兩種認知觀點各有優點、具有互補的可能。本文則從他們相異之處，來說明《莊子》如何藉由反思「指物」的觀點，以建構「齊物」的思維模式。參看：李賢中（2012：45～64）。

阿、平易無偏私、依理斷決，就是所謂法者；而且依理用法、不顧前後、斷決正直、無所懼慮，亦不運知、法外謀謨、守法而往、酷而無擇，這是自五帝已來，以法爲政術者，統整出的發展脈絡。接著說到彭蒙、田駢、慎到因爲「齊萬物以爲首」，也就是了解天覆地載、各有所能，大道包容，所以知萬物有「可」、「不可」，乃是隨萬物的性而區分，當然也就有不周遍的可能。因此慎到息慮棄知、忘身去己，瞭解人有所限制，據法斷決、堅守此道理；並說到知力淺時不知任其自然，知則有所不知，故薄淺其知，雖復薄知而未能都忘，故猶近傷於理。

　　〈天下〉篇作者雖然將彭蒙、田駢、慎到視爲廣義的道家，如「齊萬物以爲首」、「棄知去己而緣不得已」、「泠汰於物」、「動靜不離於理」等觀點，皆與《莊子》「依乎天理」（〈養生主〉）可以相通理解；不過，〈天下〉篇作者分析田駢、慎到與老、莊的思想，認爲兩種學說有很大的差異，主要的不同在於田駢、慎到將「道」的觀點運用在「法」之上。〔註5〕慎到試圖建立的「法」是客觀的，不受個人或個別事物影響的「法」（「夫無知之物，無建己之患，無用知之累，動靜不離於理，是以終身無譽」），並且指出落實客觀「法」（「至於若無知之物而已」）的功效爲「無用賢聖，夫塊不失道」，因爲天下依法而治，所以無需聖賢。這也就是〈天下〉批評慎到的學說是「非生人之行而至死人之理」，「死人之理」就是客觀的「法」；老、莊的道家學說重視「生人之行」，強調從萬物的動態變化中，體悟「道通唯一」的境界。所以，「棄知去己」的重點在於了解人之認知能力的侷限性，以摒棄智知、忘身去己；不過，不要將客觀「法」作爲永恆的認知目的，客觀的「法」不過是「死人之理」，不是眞正的道理。

二、「無己」與「眞知」：認知主體、認知結果與目的的反思〔註6〕

　　如果說慎到的「去己」是想要去除個人主觀的意志，進而追求客觀法治

〔註5〕參看：劉榮賢（2004：474～475）。

〔註6〕陳政揚在〈以「知」與「眞知」的分析爲核心：論莊子由「忘」達「道」的境界工夫〉中，認爲以西方知識論的研究進路，可能無法獲得關於《莊子》「眞知」或認知活動令人滿意的答案，因此，認爲不能從主、客二元對列的格局理解「眞知」，而且「眞知」也不是對於道體的全部認是，進而提出要獲得「眞知」需要從「忘」的工夫著手。根據此文作者的研究脈絡，獲得「眞知」的方法還是要涉及《莊子》的工夫論，然而，筆者認爲如果「忘」是可以由主體來進行分析，而體道也是關於主體的一種內在的反思，因此，筆者嘗試跳脫以境界工夫的研究進路，以《莊子》「無己」與「眞知」的概念，說明《莊子》的認知理論具有特殊的主體反思的歷程。參看：陳政揚（2013：33～51）。

的落實。由此，慎到的「棄知去己」是認同人作爲的認知主體。不過，倘若從《莊子》提出「至人無己」（〈逍遙遊〉）的觀點，則可以發現《莊子》對於人作爲認知主體的疑慮與反思。如〈逍遙遊〉說到：

> 夫列子御風而行，泠然善也，旬有五日而後反。彼於致福者，未數數然也。此雖免乎行，猶有所待者也。若夫乘天地之正，而御六氣之辯，以遊無窮者，彼且惡乎待哉！故曰：至人無己，神人無功，聖人無名。

《莊子》從「列子御風」的寓言，說明列子雖然可以輕巧的乘風而行，可是他還是沒有汲汲營營地去追尋，因爲列子知道，他雖然可以免於行走，卻還是有所依待。如能順著自然的規律、把握六氣的變化，以遊於無窮的境域，那還有什麼依待。所以至人是沒有偏執的我見，神人是沒有功利之心，聖人是不會追求名聲的。

對於「無己」的觀點，從《莊子》「列子御風」的寓言來說，《莊子》明瞭人作爲認知主體的事實，可以說是「有所待」的狀態；不過，《莊子》不願意只是在「有所待」的狀態，《莊子》追求的是「無所待」的狀態，以「無所待」來理解「無己」，不僅要人們拋下個人的主觀執念，更要人們跳脫作爲認知主體的限制，才可能到達「無所待」的狀態。又如〈在宥〉說到：

> 大人之教，若形之於影，聲之於響。有問而應之，盡其所懷，爲天下配。處乎無響，行乎無方。挈汝適復之撓撓，以遊無端，出入無旁，與日無始，頌論形軀，合乎大同，大同而無己。無己，惡乎得有有！睹有者，昔之君子；睹無者，天地之友。

《莊子》指出大人（「至人」）的教導，就像形對影、聲對響，有問就會有答，而且盡其所能，爲大家對答。當至人處身於沒有聲響、往來沒有痕跡的境界。引導紛雜的人群，遊於無始無終的境域，獨來獨往、與日俱新，容貌形骸合於大同，大同則不侷限於個我。不侷限於個我，又怎麼會執著於形相！執著於形相是從前的君子；不執著於形相，則與天地爲朋友。

從「至人無己」與「無己惡乎得有有」的相通之處，可以說明《莊子》認爲的「無己」不僅是要拋棄主觀地執念，更是要跳脫形體的束縛，追求「無所待」的狀態。既然已經要拋棄形體的束縛，那麼對於人是否作爲認知主體的堅持，當然也是可以拋棄的。不過，《莊子》雖然拋棄人作爲認知主體的堅持，卻不是否定人作爲人之認知主體的事實，因爲作爲事實的存在，是一種

必然的約束關係；然而，《莊子》想要改變的不是事實的現狀，而是人的內在心靈。因爲《莊子》了解也知道人作爲認知主體的事實，但是《莊子》認爲作爲認知主體的人，卻有選擇如何認識外在的能力。《莊子》認爲認知主體具有內在心境轉化的可能性，從一開始存在著主觀的觀點去看待外物；在逐漸拋下執著之後，可以客觀地了解萬物；並且在拋棄形體與主客的限制之後，逐漸地能以「道」的觀點看待萬物，以達到「無所待」的境界。〔註7〕

　　《莊子》對於人的認知能力保持懷疑，〔註8〕認爲認知主體對於萬物的認識可能有所侷限或不足，進而將知識區分了層級，如「小知」、「大知」與「眞知」，分別說到：「大知閑閑，小知閒閒」（〈齊物論〉）、「小知不及大知」（〈逍遙遊〉）、「眞知」（〈大宗師〉）。〔註9〕在「大知」與「小知」的區別上，《莊子》以「閑閑」形容「大知」，「閑閑」意指廣博的意思，可以說是對客觀世界廣博的認識；以「閒閒」形容「小知」，「閒閒」具有細別之意，可以說是個體對於外物主觀的細別認識；依此討論「小知不及大知」，即可以解釋爲主觀細別的認識，不如對客觀世界廣博的認識全面。進而再討論「眞知」與「小知」、

〔註7〕筆者認爲《莊子》在關於「至人」、「眞人」，皆是在形容當人可以跳脫執念、成心束縛的心境狀態，或者是傳統所說可以體道的人，有時候《莊子》也以「聖人」來形容。由於，以體道說明「眞人」，可能需要涉及工夫論或境界論，本文則嘗試以不同的研究進路，思考《莊子》所描述的「至人」、「眞人」的內涵，嘗試以認知主體的反思、消解的歷程，來說明「至人」、「眞人」的心境狀態。

〔註8〕《莊子》對於人的認知能力保持懷疑的態度，但不代表《莊子》是懷疑論者，《莊子》對於認知能力的懷疑，來自於對辯者「指不至，指不絕」的反省，所以提出「天地一指也；萬物一馬也」，乃是要人們放棄對於「小知」、「大知」無窮盡的追求，進而認爲放下成心、執念，才有可能獲得「眞知」。正如鄭凱元在"Self and the Dream of the Butterfly in the Zhuangzi"，提出過去由知識的可能性、語言的本質或認知的觀點，作爲討論莊子〈齊物論〉的核心，將可能造成如 Hansen 以爲莊子具有懷疑論、相對主義的觀點；因此，論者指出目前已有一些學者主張莊子可能不具有如此激進的思想，如 Paul Kjellberg。參看：鄭凱元（2014：563～597）。

〔註9〕吳怡從莊子對於「知」的區別，說明莊子如何「從知以入逍遙之境」。吳怡針對中國哲學所說的「知」概念進行分析，認爲莊子的「知」可以區別爲上一層的「智慧」與下一層的「知識」：上一層屬於「智慧」的知，如大知、眞知；而下一層的「知識」可以分爲「外物的知」與「人事的知」。吳怡認爲莊子對於「外物的知」所論的不多，主要偏重於「人事的知」的闡述。筆者認爲由於莊子本來就重視人如何在人世間安生立命、安頓心靈的問題，所以對於外在知識的闡述可以不必如此細分爲「外物的知」與「人事的知」，本文主要以「小知」、「大知」與「眞知」進行論述。參看：吳怡（1973：60～88）。

「大知」的不同，可以從《莊子》主張先有「真人」才有「真知」來進行說明，〈大宗師〉說到：

> 知天之所為，知人之所為者，至矣。知天之所為者，天而生也；知人之所為者，以其知之所知，以養其知之所不知，終其天年而不中道夭者，是知之盛也。雖然，有患。夫知有所待而後當，其所待者特未定也。庸詎知吾所謂天之非人乎？所謂人之非天乎？且有真人而後有真知。

《莊子》認為知識有高低的差異，《莊子》認為的「真人」是認知主體從認清自己「有待」的侷限，了解人與天的差異，逐步地修養提升；所以「真人」不會因為微小就拒絕、不會自恃成功、不會謀謨人心，也不會因為錯過了時機而悔恨、不會順利得當就自恃、登高處不會害怕、入水不怕濕、入火不怕熱；由此，「真人」獲得辨別「小知」、「大知」和「真知」的辨識能力，達到與道相合的境界。

　　據此可以說明《莊子》正視人作為認知主體的事實之前，先要討論「小知」、「大知」和「真知」的區別，則須從認知結果與目的來進行分析。首先，由於認知的結果可能會獲得「小知」或「大知」的區別，不過，即使「大知」較「小知」是對外在事物有更全面的了解，但無論如何向外追求，人都會因為自身認知能力的侷限性，而無法窮盡對於萬物的認知與理解，這也就是「大知」仍然不是「真知」的原因。再者，倘若《莊子》以「真知」作為認知的目的，那麼〈大宗師〉中，《莊子》為何強調在有「真知」之前，應該先有「真人」？如果以〈大宗師〉的脈絡來說，《莊子》明確的表示認識「真知」之前，認知主體需要先成為「真人」才能認識或理解「真知」；而成為「真人」的方法，就是認知主體認清了自己「有待」的事實與限制，才能超越主客的割裂或對立，以達「真人」的境界，然後體認或理解「真知」。這也就是說，《莊子》認為唯有認知主體的提升，才有可能認識「真知」。〔註10〕如此則引起下

〔註10〕正如馮耀明先生在「內在或自我認識的問題」上，提出一個兩難的問題：「那認知內在自我的能知是否內在自我本身呢？如不是，這能知又是什麼？它可否被知？如不可，這便成為神秘者；如可，那知它的另一認知機能又是什麼呢？那就不免引出無窮後退的問題來。」馮先生在回答這個問題時，即指出「內在自我認識的內容是可被認知的，那就不只是就內在自我作為對象而認知，亦必涉及萬物所據之各個理相以為認知的內容。此種『與天地萬物為一體』或『體物而不可遺』的內容如果可真被當作一種知識看待，勢必使儒家思想帶往神秘主義的道路上去，而構成極嚴重的誤解與歪曲。」這也就是筆者著

一個提問：倘若「眞知」爲認知的目的，而達成此認知目的的可能，在於認知主體的提升，那麼，如何確認認知主體已經達到「眞人」的境界呢？此一提問，即引起下一節的研究。

三、「無己」與「眞人」：體道與認知目的的轉折

倘若「眞知」爲認知所要追求的目的，則確保認知主體能夠獲得「眞知」，而不是「大知」或「小知」等認知結果的重要因素，在於認知主體的提升，或說是認知主體的修養，能達到「眞人」的境界。因爲要到獲得「眞知」，需要先成爲「眞人」，從而分析《莊子》對於「眞人」的定義。在〈大宗師〉中，《莊子》自問自答說：

> 何謂眞人？古之眞人，不逆寡，不雄成，不謨士。若然者，過而弗悔，當而不自得也。若然者，登高不慄，入水不濡，入火不熱。是知之能登假於道也若此。古之眞人，其寢不夢，其覺無憂，其食不甘，其息深深。眞人之息以踵，眾人之息以喉。屈服者，其嗌言若哇。其者欲深者，其天機淺。古之眞人，不知說生，不知惡死；其出不訢，其入不距；翛然而往，翛然而來而已矣。不忘其所始，不求其所終；受而喜之，忘而復之。是之謂不以心捐道，不以人助天。是之謂眞人。

《莊子》認爲所謂的「眞人」就是不拒絕微少、不自恃成功、不謀慮事情。如像是這樣：過了時機也不會後悔，順利得當而不自得。又像是這樣：登高不發抖、入水不覺得濕、入火不覺得熱。只有知識達到與道相合的境界才能這樣。古時候的眞人，睡覺時不作夢，醒來時不憂愁，飲食不求精美，呼吸深沉。因爲眞人的呼吸是從腳跟運氣，普通人的呼吸適用咽喉吐納。議論被人屈服時，言語吞吐喉頭好像受到阻礙。如嗜欲深的人，天然的根器就淺了。古時候的眞人，不知道悅生、不知道惡死；出生不欣喜，入死不拒絕，無拘無束地去，無拘無束地來。不忘記他自己的來源，也不追求他自己的歸宿；事情來了欣然接受，忘掉死生任期復返自然。這就是不用心智損害道，不用人的作爲去輔助天人。這就是眞人了。〔註11〕

重於主體的反思來進行論述，而不將自我認識當作一種知識來看。參看：馮耀明（1989：15～16）。

〔註11〕此段《莊子》引文的解釋，主要參考：陳鼓應（2009：194）。

根據《莊子》所描述的「眞人」，基本上還是與〈逍遙遊〉中追求「無己」、「無所待」的狀態一致，因爲「眞人」是不會計較名聲、成功，能隨順外物的變化，自在自得的自處，而不受到影響；而且能看破生死的束縛，不欣喜於生、不因爲死而失落，無拘無束地生活在天地之間。因爲，如果還在「有所待」的狀況時，人們基本上還是會受到外在事物的影響，尤其對於生死的問題，總是容易執著於生、厭惡死的到來。據此，可以統整出《莊子》對於「眞人」的定義，《莊子》認爲所謂的「眞人」是知識達到與道相合的境界，「眞人」追求的目標不再外在，而是個體內在生命的自適、自在。因此，在「眞人」的境界中，不再區分主客、不再具有彼此的差異，具有齊同萬物的思維。

由此可說，在《莊子》的觀念中，無論「大知」或「小知」都仍是在「有所待」的狀態，也就是主體向外認知、企圖了解外物的狀態；而「眞人」所理解的「眞知」，則進入「無己」的境界，意即認知主體不再汲汲營營於分析、認識外物，而是返求內在心靈的修養，探索與道相合的知識，所以是先成爲「眞人」才能了解或體悟「眞知」。如此來說，「眞知」雖然可以說是認知的主要目的，不過，對於「眞知」的探求卻不在認知主體之外，而在認知主體的內在。《莊子》認爲這種由內追求的「眞知」，可以成爲認知目的的重要依據，在於「道通爲一」的齊物觀點，如〈齊物論〉中，提到：

> 道行之而成，物謂之而然。……惡乎然？然於然。惡乎不然？不然於不然。物固有所然，物固有所可。無物不然，無物不可。故爲是舉莛與楹，厲與西施，恢詭憰怪，道通爲一。其分也，成也；其成也，毀也。凡物無成與毀，復通爲一。唯達者知通爲一，爲是不用而寓諸庸；庸也者，用也；用也者，通也；通也者，得也；適得而幾矣。因是已。已而不知其然，謂之道。曰狙公賦芧，曰：「朝三而暮四。」眾狙皆怒。曰：「然則朝四而莫三。」眾狙皆悦。名實未虧，而喜怒爲用，亦因是也。是以聖人和之以是非，而休乎天鈞，是之謂兩行。（〈齊物論〉）

《莊子》從道路是人走出來的，事物的名稱是約定俗成的。說明事物有它可以的原因，也有它不是的原因。爲何未如此？是因爲萬物自有它的道理。一切事物來就有它是的地方，一切事物來就有它可的地方，所以舉凡小草和大木、癩痢或美貌的西施，以及一切古怪的事物，從道的角度來看，都可通而

為一。所以一切事物，都有其成分，也都可能毀壞，所以一切事物無論完成
或毀壞，都復歸為一個整體。只有通達之事可以瞭解這個道理，因此他不會
固執自我的成見，這就是順因自然的道理。如以「朝三而暮四」的例子來說
明，主觀心理的作用，以突顯聖人不執著於是非的爭論，而能依順自然均衡
之理，稱為「兩行」。〔註12〕

　　正如上述曾經提過的，《莊子》認為人作為認知主體這個事實，是無法抹
滅或消除的。既然人作為認知的主體，那麼很可能會有主觀的觀點，甚至因
為執著於主觀的見解，而成為成心、執念；《莊子》認為要消除成心、成見的
方法，可以從主體的提升來進行轉變，《莊子》提出「道通為一」、「復通為一」
與「知通為一」來進行說明，因為當主體與各體不再是對立、割裂的狀態，
此時人雖然作為認知的主體，卻不會再執著於單一的立場，而能以道的視野
全面地看待自己與萬物。這也就是，個體不再執著於「所待」的狀態，而能
以「無所待」的態度，平衡主客、是非、彼此兩端。這可說是從認知主體的
提升，將認知的目的由外向內的轉變，此時關於「真知」的探求，也就在認
知主體達到「真人」的境界時體悟。由此，再回到《莊子》對於辯者的批評，
《莊子》認為辯者太執著於外在事物的分析，而形成彼此、是非的差異與對
立，不過，如果能以「以明」的視野，跳脫是非、生死的束縛，則可以明白
其實所有的對立、相對，不過是立場的不同；而且，從「道樞」的觀點來看，
萬物無論異同皆在大道之中。〔註13〕

　　統整來說，《莊子》從辯者對於外在事物汲汲營營的探求與分析中，發現
人作為認知的主體，如果認知的能力是有偏限的，那麼人辛苦探求的知識，
終究是無法窮盡、徒勞無功的。為了解決認知主體向外探知知識，可能遭遇
的困境，《莊子》認為認知目的不應該執著於外在事物的追求，而應該反求諸
己，從個體的內在心靈著手，從「無己」的內在反思中，逐步地洞察自己的
偏限性，不再執著於「大知」或「小知」的外在追求；逐漸從「無己」了解
「無所待」的狀態，以達到「真人」的境界，如此便能獲得「真知」。因此，

〔註12〕此段《莊子》引文的詮釋，主要參考：陳鼓應（2009：74）。
〔註13〕〈齊物論〉說到：「物無非彼，物無非是。自彼則不見，自知則知之。故曰：
　　　　彼出於是，是亦因彼。彼是，方生之說也。雖然，方生方死，方死方生；方
　　　　可方不可，方不可方可；因是因非，因非因是。是以聖人不由，而照之于天，
　　　　亦因是也。是亦彼也，彼亦是也。彼亦一是非，此亦一是非。果且有彼是乎
　　　　哉？果且無彼是乎哉？彼是莫得其偶，謂之道樞。樞始得其環中，以應無窮。
　　　　是亦一無窮，非亦一無窮也。故曰『莫若以明』。」

「眞知」的探求，可說是認知主體向內的體道過程，從「恢詭憰怪」、各種差異之中，依順著「道通爲一」、「復通爲一」與「知通爲一」，逐步地放下成心、執念，讓內在心靈與道相契合，而達到「齊物」的物、我感通模式，使得自我與外物不再具有隔閡。

四、結語

　　本文以「去己」與「無己」的概念展開，將研究的焦點由認知主體出發。首先，本文從《莊子》對於辯者認知能力的批評，說明《莊子》對於認知能力的反思，論述《莊子》主張外在的知識，不能成爲永恆的認知目的；第二，《莊子》從認知結果的差異，確認認知主體的侷限性，進而主張在追求「眞知」之前，認知主體需要提升到「眞人」的境界，才能獲得「眞知」；第三，接續對於認知主體提升到「眞人」的討論，論證「眞知」作爲認知目的的可能性，需將認知的目的，由認知主體對外在事物的追求，轉化到認知主體的內在提升，而提升的方法則依循「道通爲一」的思維模式，消除主客、彼此的對立與隔閡，而達到「齊物」的物我感通。統整來說，本文從《莊子》對於辯者認知理論的反思中，將有助於說明《莊子》的認知理論具有認知主體反思的歷程，以「去己」、「無己」來說明如何達到「齊物」中「無所待」的心境狀態，進而論證「眞知」、「天鈞」如何成爲認知目的的可能性。筆者認爲依此論述方式，將有助於理解《莊子》「無所待」的心境狀態，以及如何調整自己對於外在事物的追求。

（註：此文〈論《莊子》如何從「棄知去己」建構「至人無己」的論述〉原刊載在《道家文化研究》，第 31 輯，2017 年 12 月，頁 292～311。）

五、參考文獻

（一）期刊論文

1. 李賢中（2015）。〈從 Prof. Jana S. Rosker 的觀點檢視先秦認知思想〉，《揭諦》。28：1-38。

2. 趙炎峰（2011）。〈論莊子與惠施哲學思想的差異〉，《中州學刊》。183：166-168。

3. 莊錦章（2010）。〈莊子與惠施論「情」〉，《清華學報》。第 40 期：21-45。

4. 蔡景昌（2011）。〈知擇與致知——兩種中國古代的知識論〉，《哲學論集》。44：95-116。

5. 陳政揚（2013）。〈以「知」與「眞知」的分析爲核心：論莊子由「忘」達「道」的境界功夫〉，《人文與社會研究學報》。第 47 卷第 1 期：33～51。

6. 賴錫三（2011）。〈論惠施與莊子兩種思維差異的自然觀〉，《臺灣東亞文明研究學刊》。16：129～176。

7. 劉滄龍（2014）。〈身體、隱喻與轉化的力量——論莊子的兩種身體、兩種思維〉，《清華學報》。第 44 卷第 2 期：185-213。

8. Kai-Yuan Cheng（鄭凱元），2014. "Self and the Dream of the Butterfly in the Zhuangzi", Philosophy East and West, 64: 563-597.

9. Hsien-Chung Lee （李賢中）, 2012."A Comparison of the Cognitive Perspective Applied in 'Referring to Things'and 'Equality of Things'"（「指物」與「齊物」的認知觀點比較）, ASIAN AND AFRICAN STUDIES, 3 Volume 16: 45-64.

10. Ernst-Joachim Vierheller, 2011.〈http://oriens-extremus.org/wp-content/uploads/2014/08/OE-50-04.pdf〉

（二）專書

1. 王孝魚（1983）。《莊子內篇新解》。湖南：新華書店。

2. 王叔岷（1982）。《莊子校詮》。台北：里仁書局。

3. 吳怡（1973）。《逍遙的莊子》。台北：新天地書局。

4. 張曉芒（2011）。《先秦諸子的論辯思想與方法》。北京：人民出版社。

5. 陳鼓應（2005）。《老莊新論》。台北：五南圖書，第二版。

6. ———（2009）。《莊子今註今譯及評介》。北京：中華書局，重印版。

7. 馮耀明（1989）。《中國哲學的方法論問題》。台北：允晨文化。

8. 劉榮賢（2004）。《莊子外雜篇研究》。台北：聯經。

（三）古籍

1. 郭慶藩（清）。《莊子集釋》（臺北：頂淵，2005）。

論文二：論莊子、惠施的「知」與「用」
——以「齊物」、「歷物」爲例

摘要

　　根據《莊子》的紀載，惠施可說是莊子最主要的對話者。本文從「濠梁之辯」與《莊子・天下》惠施「歷物十事」，引發探究「歷物」與「齊物」之認知模式的動機。本文通過比較與分析「齊物」與「歷物」的認知模式，並以「用」的概念探討莊、惠的認知目的，以論述莊、惠認知觀的特色與差異。本文對於莊、惠認知模式的探討，其一，以惠施「歷物」的思想作爲參照，有助於突顯莊子的「齊物」觀，具有了解主體與客體的不同，進而主體可以感通客體，最後達到超越主客的認知模式；其二，以「用」的概念，有助於說明莊子與惠施因爲認知目的的不同，開展出不同的認知模式——惠施的認知觀受到實用性的侷限，而無法跳脫主客二元的問題，只能以主體的「愛」來達到「天地一體」的可能性；莊子則由反思有用與無用的判斷，將認知主體的內在修養當作認知的目的，因此認知主體的內在提升可以作爲「道通爲一」的感通模式的基礎。

　　關鍵字：莊子、惠施、齊物、歷物、用

前言

　　《莊子》中記載莊子與惠施許多精彩的辯論〔註14〕，其中最爲著名的莫過於〈秋水〉篇的「濠梁之辯」。「濠梁之辯」主要爭論的焦點，在於人作爲認知主體是否可以了解魚的感受：莊子主張「道通爲一」的原則，相信人作爲認知主體能夠感通到客體之魚的快樂，可說是物我感通的認知模式；惠施則堅持認知主體與客體之間存在著差異與隔閡，而且人作爲認知主體存在著和魚很大的區別，所以反駁莊子可能知道魚的心情。〔註15〕由「濠梁之辯」看來，惠施和莊子各自堅持不同的認知方式，惠施偏向主客二元、莊子則主張超越主客的認知模式。然而，〈天下〉篇中記載惠施「歷物」十事的認知觀，其中「歷物」的第十事爲「泛愛萬物，天地一體」。據此引發筆者的研究動機，因爲惠施在「濠梁之辯」中堅信主體對於客體無法全面的認識，以反駁莊子能夠知道魚的感受；可是，惠施在「歷物」十事卻提出「泛愛萬物，天地一體」，似乎具有融通主體與個體之隔閡的意向。而這是否意謂惠施放棄主、客二元的認知模式？或者是因爲惠施意識到主客二元的認知模式，可能具有無法解決的困境，所以提出「泛愛萬物，天地一體」的觀點？再者，惠施的「歷物」與莊子的「齊物」，這兩種認知觀有什麼不同？且惠施的「天地一體」，有與莊子的「道通爲一」有何區別？有沒有可能是惠施受到莊子思想的影響？

　　當代已有一些學者關注到莊子與惠施的思想交流，相關的研究成果：如王孝魚在《莊子內篇新解》〔註16〕直接指出「《莊子》一書，惠施在其中，的確佔據一個極重要的位置」；賴錫三在〈論惠施與莊子兩種思維差異的自然觀〉〔註17〕中，由「自然觀」的角度切入，探討惠莊論辯語式背後所涉及的兩種

〔註14〕《莊子》關於莊子與惠子對辯的記載，如〈逍遙遊〉關於有用與無用的辯論、〈德充符〉關於有情與無情的對辯、〈秋水〉的「濠梁之辯」……等。本文《莊子》原文主要參考：郭慶藩（清），《莊子集釋》，（臺北：頂淵，2005）。以下引用《莊子》皆據此注本，僅標示篇章與頁數，如〈逍遙遊〉，頁36～39；〈德充符〉，頁220～223；〈秋水〉，頁606～608。

〔註15〕〈秋水〉，頁606～608。

〔註16〕王孝魚由王船山《莊子解》中「或因惠施而有內七篇之作」的線索，逐步的考察莊子與惠施的論辯。參看：王孝魚，《莊子內篇新解》，（湖南：新華書店，1983），頁4。

〔註17〕賴錫三首先提出惠施的思維方式近於表象思考、邏輯推論，而莊子則近於直覺感通、詩性隱喻；第二，論者指出惠施處於主客對立（我與它），人類中心

對比思維；劉滄龍在〈身體、隱喻與轉化的力量──論莊子的兩種身體、兩種思維〉〔註18〕，藉由論者探討莊子對於惠施的批評，說明莊子具有兩種身體觀，即「生命身體」（即「氣化身體」）與「個體身體」；趙炎峰的〈論莊子與惠施哲學思想的差異〉〔註19〕，則由道與物、知與樂、齊物與合同，分別論述莊子與惠施哲學思想的差異；莊錦章的〈莊子與惠施論「情」〉〔註20〕，由《莊子・德充符》展開莊子與惠施關於「情」的論述，認爲莊子是在天人

主義式的實用功利之技術立場（以我觀之），莊子則是進入主客交融（我與你），超人類中心的無用之大用之藝術立場（以道觀之）；第三，論者以海德格的概念，來區分兩者反映在自然觀的對比差異，提出惠施將自然視爲客體對象物和能源資源物，莊子則視自然爲天地人神共同棲居的神聖家園；最後，論者由惠施和莊周這兩種不同的語言觀、思維觀、自然觀，說明惠、莊導向兩種面對自己、面對萬物的不同倫理態度，惠施導向（以我）用物的權力倫理，莊子走向（喪我）愛物的原始倫理。參看：賴錫三，〈論惠施與莊子兩種思維差異的自然觀〉，（《臺灣東亞文明研究學刊》第8卷第2期，2011），頁129～176。

〔註18〕 劉滄龍整理近年來台灣學者如楊儒賓、賴錫三等學者，由氣、身體與隱喻等新的進路，開啓莊子思想研究的新視野。在這些研究成果上，論者首先由尼采（Nietzsche, 1844-1900）對「生命身體」（leib）與「個體身體」（körper）的區別，說明隱喻思維與概念思維兩種不同的思考與生活方式；第二，論者藉此區分探討莊子對於惠施的批評，反映出莊子具有兩種身體觀──「生命身體」（即「氣化身體」）與「個體身體」；第三，論者藉由分析莊子與惠施思維的不同，說明惠子的概念思維意在以辯析事物的方式說服人，莊子則在意識到概念思維之後，成爲他轉化爲隱喻思維的資源；最後，論者以隱喻思維論述莊子如何接納死亡力量，由批判性說明莊子由「個體身體」通向「生命身體」的自我轉化與修養進程。參看：劉滄龍，〈身體、隱喻與轉化的力量──論莊子的兩種身體、兩種思維〉，（《清華學報》，第44卷第2期，2014），頁185～213。

〔註19〕 趙炎峰從「道與物──存在觀的差異」、「知與樂──認知觀的差異」、「齊物與合同──哲學方法的差異」與「逍遙與泛愛──人生哲學的差異」等四個面向，說明莊子與惠施思想的不同，認爲莊子逍遙的精神，在存在的問題、人生的境界上超越了惠施；而惠施重視實用的「求眞」的精神，開啓對於現實之物的對比與分析，同樣具有研究的價值。參看：趙炎峰，〈論莊子與惠施哲學思想的差異〉，（《中州學刊》，第3期，2011），頁166～168。

〔註20〕 莊錦章由《莊子・德充符》展開莊子與惠施關於「情」的論述，認爲莊子是在天人之間思考「情」的問題，而惠施則從現實的層面思考。因此，針對「有情」、「無情」的辯論上，莊錦章認爲莊子暗示在人爲的結構與關係中，某些虛假或錯誤的信念，將可能讓我們脫離自身的自然之情，例如悲痛的情緒和死亡的哀弔連結，這是就是在人爲的結構中可能產生的錯誤信念（beliefs），所以莊子與惠施不同，莊子是從跳脫現實的層面思考人的自然之情。參看：莊錦章，〈莊子與惠施論「情」〉，（《清華學報》，第40期，2010），頁21～45。

之間思考「情」的問題，而惠施則從現實的層面思考；張曉芒分析莊子與惠
施在〈逍遙遊〉關於有用與無用的辯論，指出莊子採用「援例推類法」，意即
舉出反證的實例反駁對方的觀點。〔註21〕由此，筆者認為〈逍遙遊〉中有用
與無用的辯論，有助於分析惠施所追求的認知目的，並可以突顯莊子與惠施
認知觀的差異：本文首先考察「歷物」與「齊物」認知模式的特色，說明莊
子與惠施認知模式的異同；第二，以「用」的概念，展開莊子與惠施在認知
目的上的探究。

一、「歷物」與「齊物」認知模式的比較

關於莊子與惠施認知觀點的分析，〈秋水〉篇記載的「濠梁之辯」中，惠
施傾向於人魚有別、主客二元的認知模式，莊子則是「道通為一」消解主客
二元的感通模式。不過，惠施的「歷物」十事中的第十事「泛愛萬物，天地
一體」，是否意味著惠施意識到主客二元的認知模式可能造成困境？在此，將
針對「歷物」、「齊物」分別進行分析，並進而比較兩者之認知模式的異同。

（一）惠施「歷物」認知模式的特色

關於惠施「歷物」的認知模式，主要根據《莊子・天下》的記載，惠施
主張「歷物」十事的內容為：

> 至大無外，謂之大一；至小無內，謂之小一。無厚不可積也，其大
> 千里。天與地卑，山與澤平。日方中方睨，物方生方死。大同而與
> 小同異，此之謂小同異；萬物畢同畢異，此之謂大同異。南方無窮
> 而有窮。今日適越而昔來。連環可解也。我知天下之中央，燕之北，
> 越之南是也。氾愛萬物，天地一體也。〔註22〕

惠施認為人可以由「觀察」獲得外物的初步資訊，如「至大無外」、「至小無
內」等關於大小的知識，以及從「無厚」到「千里」關於空間延伸的知識。
惠施接著認為人們可通過「比較」關於外物的知識，「歸納」出事物所具有屬
性與相對性，取得對於外物更進一步的瞭解：如比較事物屬性的異同，歸納
出「小同異」、「大同異」概念；從比較天地、山澤、「南方無窮而有窮」、「天
地之中央」，歸納出空間的相對性；從「日方中方睨」、「物方生方死」、「今日

〔註21〕 張曉芒：《先秦諸子的論辯思想與方法》（北京：人民出版社，2011），頁 143
　　　　～144。

〔註22〕 〈天下〉，頁 1102～1105。

適越而昔來」的命題，歸納出時間的相對性。惠施認爲明瞭天地萬物具有的相對性，有助於逐漸建立人對於外物主觀一致性的理解，最終將達到主體與客體將融通，「天地一體」的境界。

惠施在論述「歷物」的內容，主要可以分爲關於時間、空間、事物異同的討論。〔註 23〕統整惠施在「歷物」中所呈現的認知模式，筆者認爲可以爲分爲：「觀察」、「比較」、「歸納」、「統一」四類。這樣的詮解方式是在李賢中的研究基礎上進行的擴充，李賢中認爲惠施的認知觀相當重視「比較」這個環節，認知主體因爲「比較」而能夠對外物進行異同的歸類，進而以說明惠施認爲「名」都是在特定的觀點，或在一群人約定俗成的共識下成立，沒有

〔註 23〕 當代相關研究成果如：(1)西方漢學家葛瑞漢由芝諾悖論的啓發，提供對於歷物十事嘗試性的解釋。葛瑞漢將惠施的歷物十事，以悖論的方式進行解釋。這是一種特殊的理解方式，突顯惠施非常符合西方邏輯思維的思考模式。通過這些悖論，可以發現惠施對於時間、空間、名實問題，有非常細微的探討與分析。張海晏譯，葛瑞漢著：《論道者：中國古代哲學論辯》(Disputers of the Tao: Philosophical Argument in Ancient China)，(北京：中國社會科學出版社，2003)，頁 95。(2)李賢中統整章炳麟、嚴靈峰、丁原植的研究，依李教授書籍中的分述，依次：(一) 章炳麟在作國故的論衡「明見篇」將十事分爲三組：第一組 論一切空間的分割區別都非實有；第二組 論一切時間的分割區別都非實有；第三組 論一切同異都非絕對的。李賢中認爲章炳麟論述的第十事的「氾愛萬物，天地一體也」是上述三組的結論。章氏的分類，之後有胡適、渡邊秀方、虞愚、張其昀等人加以引申發揮，以自圓其說。(二) 嚴靈峰教授在「惠施等（辯）者歷物命題試解」中，參照儒、墨、道三家某些共通的觀點和採取綜合的方法，分條縷析地作有系統的解釋和說明，而將之分爲：「大、小（有限和無限）」、「動、靜（時間和空間）」、「同、異」、「名、實（是和非）」四類。(三) 丁原植教授的「惠施邏輯思想之形上基礎」，則將惠施的十個命題加以歸納性的整理，分爲七項：「邏輯表達範域的設定」、「現象存在基本性質與此性質在邏輯中所形成之兩極序列」、「借現象物個別差異性的取消而逼現邏輯序列的無限」、「說明序列極限之不可界定」、「要求對於現象物探討之『物論』可解」、「齊一性原理的提出」、「齊一性原理的根源與道德原理之提出」，丁原植認爲歷物十事極可能是惠施物論中十個具有結論性的命題，並嘗試重新建立其推演的系統架構。詳見：李賢中《名家思想研究》，(台北：花木蘭文化出版社，2012)，頁 49～50。(3)張曉芒將惠施「歷物十意」依照辯題分爲三類，如「關於時間問題的辯題」、「關於空間問題的辯題」與「關於事物的辯題」。張曉芒：《先秦諸子的論辯思想與方法》(2010)，頁 120～121。(4)溫公頤、崔清田主編的書中，將惠施「歷物十意」依照辯題分爲三類，如「關於時間問題的命題」、「關於空間問題的命題」與「關於事物之間聯繫的命題」。溫公頤、崔清田主編：《中國邏輯史教程》，(天津：南開大學出版社，2001)，頁 79～84。

必然性，只有相對性。〔註24〕李賢中突顯「比較」在惠施認知觀的重要性，是一個很重要的研究進路。

筆者認為根據這個思考進路，首先可以進一步分析認知主體在進行「比較」之前，需要先有對外物的知識線索，否則無法保證「比較」之後的結果是否正確。由此來說，惠施的「歷物」十事，對於認知主體對於外物的初步認識，可以統整為「觀察」，如「至大無外」、「至小無內」、「無厚」與「千里」等，都是對於外在現實環境的「觀察」，所獲取關於空間的大小、空間的延伸等知識；又如「日方中方睨」、「物方生方死」等，則是對於時間流動的「觀察」，獲得關於時間的知識。由此，認知主體有可以進行「比較」的知識線索的異同，進而將知識進行「歸納」，獲得「小同異」、「大同異」對於事物種類的異同；還有「南方無窮而有窮」、「天地之中央」等，對於空間相對性的瞭解；以及「今日適越而昔來」，時間也具相對性的觀點。惠施認為認知主體在經過「觀察」、「比較」到「歸納」，逐漸瞭解天地之間空間、時間具有的相對性，逐漸建立對於外物主觀一致性的理解，或者說是約定俗成的知識，而達到「統一」（「氾愛萬物、天地一體」）的認知觀。

再者，在惠施「歷物」的認知模式中，筆者認為關於「連環可解」的詮釋值得再進行探究。〔註25〕由郭慶藩的《莊子集釋》中引用成玄英《疏》說到：「夫環之相貫，貫於空處，不貫於環也。是以兩環貫空，不相涉入，各自

〔註24〕 這樣的詮解方式是在李賢中〈從 Prof. Jana S. Rosker 的觀點檢視先秦認知思想〉的研究基礎上所進行的擴充說明。李賢中在論述惠施的認知觀點時，說到：「（惠施）乃是在認知過程中，事物間的比較關係是無法窮盡的。他（惠施）強調人在認知過程中的重要環節——『比較』；人對於某一事物的認知是透過『比較』，比較以獲得同異，基於同異而進行歸類，有所類同而確立一『名』。」李教授接著指出：「然而，『比較』涉及認知主體的觀點設定，由於認知主體的主觀性的差異而有所不同。名或概念是比較同異而來，相同的一類就成立一名，但這些名都是在特定的觀點，或在一群人約定俗成的共識下成立，沒有必然性，只有相對性。因此，萬物之間以『名』為表徵的關係，在惠施看來是相對的。」參看：李賢中，〈從 Prof. Jana S. Rosker 的觀點檢視先秦認知思想〉，《揭諦》，第 28 期，2015），頁 9、19。

〔註25〕 筆者嘗試將「連環可解」詮釋為「觀察」、「比較」、「歸納」等方法的循環使用。不過，審查者的建議依照多數學者的詮釋較為合宜。筆者再次閱讀原文的脈絡之後，認為審查者的建議很有道理。因為，惠施本來就沒有堅持「觀察」、「比較」、「歸納」等方法，只能依照順序使用，或者只能單一次的使用；所以，筆者同意將「連環可解」從多數學者詮釋為「無窮的空間整體」、「無窮的時間整體」較合乎原典的意涵。

通轉，故可解也。」郭慶藩也引用陸德明《經典釋文》說到：「《連環可解也》司馬云：夫物盡於形，形盡之外，則非物也。連環所貫，非貫於環也，若兩環不相貫，則雖連環，故可解也。」〔註 26〕惠施認爲時間與空間是連續的整體，雖然我們對於時間的定義，可能是根據我們在某一個片段的時間、片段的空間，例如我們對於「昔」的界定，來自於「今日」，不過，這只是在我們思想界中進行的推斷，並非意指時間與空間會因此被切割成片段。〔註 27〕因此，在提出時間、空間是連續（「連環可解」）的基礎上，關於界定空間也只是思想中進行的推論（「我知天下之中央，燕之北，越之南是也」），也就可以獲得理解；因爲，如果將我們所處的位置，訂爲「中央」那麼相對於中央來說，我們可以界定出東、南、西、北等方位。惠施認爲即使我們定義出了方位，也絕不表示我們會損害了空間的連續性與整體性。由此可以進而理解惠施提出「天地一體」的根據。

　　綜合來說，惠施「歷物」的認知模式，雖然主張認知主體可以透過對於萬物的「觀察」、「比較」與「歸納」，獲得對於外物的了解；甚至在對外界進行多次的「觀察」、「比較」、「歸納」，才能對外物有「統一」的知識架構。不過筆者認爲惠施的「歷物」十事，雖然說明認知主體對於天地萬物進行精細的認識與分析，才達到「氾愛萬物，天地一體」的知識建構，可是似乎並沒有跨越主、客二元的認知模式。因爲，到達「天地一體」的境界，似乎需要建立在「氾愛萬物」，是否意味著惠施終將承認主、客二元可能造成認知的困境，而嘗試以「愛」來消解主、客二元的問題。〔註 28〕筆者以爲需要再根據惠施的認知目的進行分析，才能客觀的說明此問題的發展。

（二）莊子「齊物」認知模式

　　莊子意識到惠施的認知模式，經常會造成主客二元，甚至主客對立的狀

〔註 26〕 參看：〈天下〉，頁 1105。

〔註 27〕 相近的論述，如胡適說到：「一切空間的區別都不過是我們爲實際上的便利起的種種區別，其實都不是實有的區別，認眞說來，只有一個無窮無極不可斷分的『宇』那『連環可解也』一條也是此理。」參看：胡適，《中國古代哲學史》，（台北：台灣商務印書館，1986），「第二冊」，頁 87。

〔註 28〕 趙炎峰在關於莊子與惠施認知方法之差異的討論上，僅認爲惠施還是強調主、客二元的知，莊子則較能代表中國哲學「天人合一」的思維；趙炎峰將惠施「泛愛」的觀點，應用於人生哲學的面向進行討論，強調「氾愛萬物，天地一體」所具有的實用、社會的價值。參看：趙炎峰，〈論莊子與惠施哲學思想的差異〉（2011），頁 167～168。

況，因爲當人們站在自己的立場，指責別人的錯誤時，雙方立場在彼此對辯的狀況下，對立的狀況便會越來越嚴重，在〈齊物論〉說到：

> 物無非彼，物無非是。自彼則不見，自是則知之。故曰：彼出於是，是亦因彼。彼是，方生之說也。雖然，方生方死，方死方生；方可方不可，方不可方可；因是因非，因非因是。是以聖人不由，而照之于天，亦因是也。是亦彼也，彼亦是也。彼亦一是非，此亦一是非。果且有彼是乎哉？果且無彼是乎哉？彼是莫得其偶，謂之道樞。樞始得其環中，以應無窮。是亦一無窮，非亦一無窮也。故曰「莫若以明」。〔註29〕

莊子指出「彼」或「此」的立場，並不是絕對的，可是人們往往站在那一方的立場（「彼」）就看不見這一方（「此」）；而自己（「此」）知道的一面，總認爲是眞的一面。所以，彼方是相對於此方而來，此方也是相對於彼方而有的。「彼」和「此」是相對而有的，相對的觀點的轉換，造成價値判斷的無窮相對性，有認爲是的，就有因此認爲非的；有認爲非的，就有因此認爲是的。莊子認爲聖人不會照這樣的思維去思考，而會觀照事物的本然，了解任自然的道理。「此」亦是「彼」，「彼」亦是「此」；「彼」當中有它的是非，「此」當中也有它的是非。「彼」與「此」不再相互對立，就稱爲「道樞」；理解「道樞」的道理，就可以順應無窮的流變，而不再因爲「彼」「此」、事態的對立所產生無窮的是非判斷。莊子認爲這是以明靜的心去觀照事物的實況，稱爲「以明」。

　　根據此段引文，筆者認爲莊子因爲意識到是、非的價値判斷，常常因爲立場的不同而有不一樣的判斷，所以，是、非並不是絕對不變的判斷；而聖人之所以成爲聖人，就是可以不受立場的侷限，看清楚現實狀況中「彼」與「此」的動態流變，以明靜的心跳脫成見、立場的限制。正因爲莊子認爲是與非、彼與此的判斷與立場，都是相對而生且會流動、變化的，在〈齊物論〉

〔註29〕 郭慶藩版〈齊物論〉作「自知則知之」，陳鼓應認爲「自知則知之」應作「自是則知之」。陳鼓應認爲根據嚴靈峰的考察而改動的，嚴靈峰認爲「自彼則不見」的「彼」對「是」，在文法上更爲合理，因此改作「自是則知之」；陳啓天也引用嚴靈峰的說法進行改動。筆者原依照郭慶藩版未改動，不過依審查者提示，「自知則知之」的語法確實不好解釋，如改動爲「自是則知之」較能與「自彼則不見」對應說明。由此改動之。參看：(1)郭慶藩，《莊子集釋》，頁 66。(2)陳鼓應，《莊子今註今譯》，臺北：臺灣商務印書館，1999 年。頁 61～62。

說到：「以指喻指之非指，不若以非指喻指之非指也；以馬喻馬之非馬，不若以非馬喻馬之非馬也。天地，一指也；萬物，一馬也。」〔註30〕莊子以公孫龍的「指物」和「白馬論」作為例子，提醒人們如果強化了萬物的相異之處，將可能形成割裂主客、主客二元的困境；倘若由「一指」、「一馬」，即是從萬物相同的觀點去思考，則天地萬物都可找到他們的共同性。因為莊子認為名家過於強調由萬物相異之處進行比較、劃分，分化的概念可能會導致主客二元、人我二分的困境。而莊子「齊物」的認知觀點是要強調提升自己到達道的境界，跳脫既定的框架與約束來進行思考；由此，人的認知作用不再受限於原有的束縛，而能以不同的角度觀察事物，以此找到萬物的共同性，融通主體與客體的限制，達到「道通為一」的「感通模式」。

將莊子「齊物」的認知模式稱為「感通模式」〔註31〕，莊子是由「道通為一」的觀點來看萬物，而且認為「有真人而後有真知」（〈大宗師〉）；因為，莊子以為萬物是變化無常的現象，「道」是萬物有共通的本根，然現象來自本根、也歸屬於本根，所以面對不斷變化的萬物，只有所謂的「真人」才能有真知；而這種「真人」能超越人事上的成敗、不在意個人的得失，感官經驗的刺激也不會對他造成影響，他能超脫形骸的執著，不以心損道，而能有真知。由此，筆者認為莊子的「齊物」的認知模式，具有放下附加於知識的價值判斷或立場，才有可能看見真知，這也就是「莫若以明」的道理。

如此可以進一步的探討莊子對於知識的定義。莊子對於人的認知作用保持懷疑，認為認知主體對於萬物的認識可能有所侷限或不足，因此莊子將認知主體所獲得的知識區分了層級，如「小知」、「大知」與「真知」，說到：「大知閑閑，小知閒閒」（〈齊物論〉）、「小知不及大知」（〈逍遙遊〉）、「有真人而後有真知」（〈大宗師〉）。〔註32〕莊子認為應該對知識進行分類，區別知識的

〔註30〕〈齊物論〉，頁66。

〔註31〕「感通模式」，來自於李賢中的論述，李賢中在〈「指物」與「齊物」的認知觀點比較〉中，指出通過分析「指物」的「相對之知」與「真知」的關係，有助於說明莊子的「齊物」論，認為莊子在意識到「指物」主客對立的狀態，進而通過工夫境界的提升，轉變為主客融一的感通模式。參看：李賢中，〈「指物」與「齊物」的認知觀點比較〉（2011），頁56～57。

〔註32〕吳怡從莊子對於「知」的區別，說明莊子如何「從知以入逍遙之境」。吳怡針對中國哲學所說的「知」概念進行分析，認為莊子的「知」可以區別為上一層的「智慧」與下一層的「知識」：上一層屬於「智慧」的知，如大知、真知；而下一層的「知識」可以分為「外物的知」與「人事的知」。吳怡認為莊子對

高低差異，因此，莊子相信認知主體是具有這種辨識能力，而這種辨識的能力是可以從辨別「小知」、「大知」之中，逐漸的練習與修養來養成的，這也就是莊子主張先有「真人」才有「真知」的理由，如〈大宗師〉說到：

> 知天之所為，知人之所為者，至矣。知天之所為者，天而生也；知人之所為者，以其知之所知，以養其知之所不知，終其天年而不中道夭者，是知之盛也。雖然，有患。夫知有所待而後當，其所待者特未定也。庸詎知吾所謂天之非人乎？所謂人之非天乎？且有真人而後有真知。何謂真人？古之真人，不逆寡，不雄成，不謨士。若然者，過而弗悔，當而不自得也。若然者，登高不慄，入水不濡，入火不熱。是知之能登假於道也若此。〔註33〕

莊子認為認知主體從練習與修養提升為「真人」的過程，不一定是長時間的累積就一定可以達到，真正的「真人」是要能了解天地的運行、人事的變化，從累積所知的知識中，逐漸培養推理出不知的部份，才可以順應天地的變遷得享天年。雖然如此，還是可能會有問題，所以莊子認為人必須認清自己「有待」的侷限，了解人與天的差異，才可能成為「真人」。莊子認為的「真人」是不會因為微小就拒絕、不會自恃成功、不會謀謨人心，因此「真人」不會因為錯過了時機而悔恨、不會順利得當就自恃、登高處不會害怕、入水不怕濕、入火不怕熱，這就是知識達到與道相合的境界。

由此來說，莊子認為認知主體具有內在提升的可能性，通過自我的反思了解人之「有待」的現實，從而理解人與天的差異，進而放下自恃與執著，成為可以明辨小知、大知與真知之區別的「真人」。然而，莊子也注意到這種修養或累積不一定與時間長短成正比，有時候認知主體因為執著於「小知」的追求，不能達到「真人」的境界。這也就是莊子對於「指物」與「歷物」的批判，因為「指物」與「歷物」太過於強調認知主體獲得的知識，分類、比較或歸納這些知識固然重要，但是如果只是側重這一個層次的討論，就會限制自己的眼界，讓自己在是非、社會價值中徘徊而無法

於「外物的知」所論的不多，主要偏重於「人事的知」的闡述。筆者認為由於莊子本來就重視人如何在人世間安身立命、安頓心靈的問題，所以對於外在知識的闡述可以不必如此細分為「外物的知」與「人事的知」，本文主要以「小知」、「大知」與「真知」進行論述。參看：吳怡，《逍遙的莊子》，（台北：新天地書局，1973），頁 60～88。

〔註33〕 〈大宗師〉，頁 224～226。

跳脫。莊子「齊物」的認知模式，就是要說明認知主體具有內在提升的可能性，在瞭解差異的同時，讓自己逐漸提升到「道」的境界，由「道」境界去思考萬物齊同的可能性，因此「道通爲一」確實可以爲認知主體感通外在萬物的理論基礎。〔註34〕

（三）「齊物」與「歷物」的認知模式的異同

從相異之處來說：惠施對於知識的定義，主要來自於認知主體對於外在事物的了解，也就是說惠施是相信感官知覺對於萬物的「觀察」，所以才能對於「觀察」獲得的知識線索進行「比較」、「歸納」。〔註35〕在惠施「歷物」的觀點中，惠施是認同認知主體可以通過「比較」認識外在事物，並且根據異同進行「歸類」。莊子則始終對人的認知作用保持懷疑的態度，莊子認爲認知主體是有限制的（「有待」），進而將認知主體所獲得的知識區分爲「小知」、「大知」與「眞知」，莊子認爲「小知」多是因爲主客二元所帶來的爭端與對立，人對於認知所獲得的知識，常常是不足、偏頗或單一的，但人們卻常常執著於自己的立場，不願意放開心胸的看待萬物，因此提出「齊物」以消解主客二元的對立，藉由認知主體的內在提升成爲「眞人」，而能對「小知」、「大知」或「眞知」進行正確的判斷。

從相同之處來說：莊子與惠施皆意識到主客二元的認知模式，可能面臨主體無法窮盡地瞭解客體的困境。莊子雖然懷疑主體的認知作用，不過，莊子主張「齊物」認爲主體可以感通客體，主、客之間可以到達「道通爲一」的境界，如莊子相信人可以知道魚的感受；惠施提出「歷物」，在比較、分析、歸納知識之後，以「氾愛萬物」取得對於萬物統一的知識，所以以「氾愛萬物、天地一體」，意指認知主體以「愛」，可能具有企圖跨越主客二元、達到

〔註34〕賴錫三教授援用海德格的思維，來區分莊子、惠施反映在自然觀的對比差異，提出惠施將自然視爲客體對象物和能源資源物，莊子則視自然爲天地人神共同棲居的神聖家園；因而，惠施和莊周形成兩種不同的語言觀。筆者則是由認知主體的角度，討論莊子與惠施的認知模式。參看：賴錫三，〈論惠施與莊子兩種思維差異的自然觀〉，（2011），頁129～176。

〔註35〕筆者同意「歷物十事」不僅只是感官知覺的觀察。在此，筆者想要突顯的是惠施「歷物十事」思考的起點，在「本節之（一）」中，關於惠施對於大小、山澤、天地，以及大同異、小同異的論述，促使筆者進一步地思考，惠施如何對於萬物進行這些「比較」。要能夠「比較」，似乎必須有可比較的素材，所以，筆者才推論惠施是相信感官知覺的觀察的，所以才能根據觀察所得的素材進行「比較」。

「天地一體」的思維。〔註36〕由此來說，「齊物」與「歷物」的認知模式可說是在大處相同，而小處相異（如惠施「歷物」說的「小同異」）。當然，莊子「齊物」的認知觀，最後追求的是消解主、客二元，此外，對於惠施「氾愛萬物、天地一體」，是否成功的融通主客二元的困境，以及「天地一體」是否受到莊子的影響，還需要由「用」的概念作進一步地探究。

二、以「用」說明莊、惠認知目的的差異

根據上述的考察，可以進一步說明莊子與惠施的對辯中，對於認知主體的認知目的具有不同的觀點。首先，可以根據〈逍遙遊〉的論述進行說明：

> 惠子謂莊子曰：「吾有大樹，人謂之樗。其大本擁腫而不中繩墨，其小枝卷曲而不中規矩，立之塗，匠者不顧。今子之言，大而無用，眾所同去也。」莊子曰：「子獨不見狸狌乎？卑身而伏，以候敖者；東西跳梁，不避高下；中於機辟，死於罔罟。今夫斄牛，其大若垂天之雲。此能為大矣，而不能執鼠。今子有大樹，患其無用，何不樹之於無何有之鄉，廣莫之野，彷徨乎無為其側，逍遙乎寢臥其下？不夭斤斧，物無害者，無所可用，安所困苦哉！」〔註37〕

這是一段莊子與惠施關於何謂有用、何謂無用的辯論。惠施認為大樹樗木因為木瘤盤結曲折不直，小枝的部分也彎彎曲曲不合規矩，所以生長在路上，工匠都不會看它；可說是大而無用，被大家都拋棄。莊子卻持不同的看法，以貓和黃鼠狼為例，說明看似機智、好動的動物，卻往往踏中機關，死於捕

〔註36〕 惠施的認知模式仍然傾向於名家主客二元的看法，不過，由於歷物的第十事為「泛愛萬物，天地一體」，因此筆者推論惠施具有企圖跨越主客二元、達到「天地一體」之可能性。李賢中教授有相似的看法，不過，李教授認為惠施的「泛愛萬物，天地一體」，不是要從認識論的方法去處理認識論上主客二元的困境，說到：「從惠施看來，辯者的『指不至，至不絕』，或公孫龍的『物莫非指，而指非指』都是主客二元認知結構下所把握到的『實』，正是相對於人的主觀性所達到的認知結果。要如何才能夠確立主觀性因素？惠施提出的方法不再是認識論或邏輯上的要求，而是歷物十事的第十事『泛愛萬物，天地一體。』從倫理上的泛愛，以廣包的胸襟，透過『愛』聯繫起人與人之間的疏離，打消人與物的隔閡，通達人與己的迷障，經由泛愛才能認識，才能知道人所表達的觀點、預設、論域為何，也才能了解各式各樣『物論』的意義。這裡已透顯出一種要解決認識論上的困難，不能再使用認識論的方法。」參看：李賢中，〈從 Prof. Jana S. Rosker 的觀點檢視先秦認知思想〉，（2015），頁 20。

〔註37〕 〈逍遙遊〉，頁 39～40。

獸器；而樗木卻因爲它長的不平整、挺直，所以沒有被砍伐、侵害，所以無所可用，反而不會招致禍害。

由此來說，莊子認爲惠施和一般人所認爲「有用」是好的、「無用」是不好的評價，因此追求「有用」，貶抑「無用」；可是「有用」或「無用」，也會因爲思考角度的不同，而有不一樣的評價。站在工匠的角度，樹木長的聳直、高大，可以拿來製作傢俱、工藝品，所以是「有用」的；相反的，有很多樹瘤、長得彎彎曲曲的樹木，不方便用來製作器具，所以是「無用」的。可是站在樹木生命的角度，樗木因爲盤根錯節長得彎彎曲曲的，不利於工匠製作器具，所以沒有工匠想要將它砍下，樗木卻因此延續的生命，自在的生長。進而，筆者對比莊子與惠施的觀點，可以發現惠施習慣站在實用的角度，思考被認識的對象。也就是說，惠施在比較所認識的事物，較爲重視事物的實用性，「可用」或「無用」，並以此建立「可用」是較好的價值、「無用」則是較差的價值。〔註38〕再以〈逍遙遊〉中的例子來說：

> 惠子謂莊子曰：「魏王貽我大瓠之種，我樹之成而實五石，以盛水漿，其堅不能自舉也。剖之以爲瓢，則瓠落無所容。非不呺然大也，吾爲其無用而掊之。」莊子曰：「夫子固拙於用大矣。宋人有善爲不龜手之藥者，世世以洴澼絖爲事。客聞之，請買其方百金。聚族而謀曰：『我世世爲洴澼絖，不過數金；今一朝而鬻技百金，請與之。』客得之，以說吳王。越有難，吳王使之將。冬，與越人水戰，大敗越人，裂地而封之。能不龜手一也，或以封，或不免於洴澼絖，則所用之異也。今子有五石之瓠，何不慮以爲大樽而浮乎江湖，而憂其瓠落無所容？則夫子猶有蓬之心也。」〔註39〕

在這一段記載中，惠施依然根據實用的角度思考外在事物，認爲長得太大的大瓠，如果用來盛水是無法承受盛水的壓力，如果將大瓠割開來作爲瓢，也因爲瓢太大不方便使用，由此分析惠施認爲大瓠對他沒有用處，所以將大瓠打碎了。莊子在聽到大瓠的例子，即以不龜裂手的藥物作爲反例，說明一樣的藥物在不同的人身上，可以造成完全不同的效果。不龜裂手的藥物在漂洗絲絮的業者眼裡，只是有助於漂洗絲絮時保護工人的作用；可是聰明的客人

〔註38〕張曉芒分析莊子與惠施在〈逍遙遊〉關於有用與無用的辯論，指出莊子採用「援例推類法」，意即舉出反證的實例反駁對方的觀點。張曉芒：《先秦諸子的論辯思想與方法》，（2010），頁143～144。

〔註39〕〈逍遙遊〉，頁36～37。

卻懂得將不龜裂手的藥物，用在不同的時機，造就了一次戰爭的勝利，因此為自己爭取更大的利益。

由此，可以發現惠施的認知目的深受實用不實用的影響，因此，如果繼續依照認識論的思考模式，惠施還是跨越不了主體與客體的隔閡。莊子不僅對此加以批判，更進一步指出所謂的「實用」的質疑，因為立場或思考的角度而有所改變，尤其是當思考的視野有所不同時，「無用」或是不夠有價值之物，很可能會成為「有用」，甚至是價值連城之物。再由〈德充符〉關於莊子與惠施對話的記載來看：

> 惠子謂莊子曰：「人故無情乎？」莊子曰：「然。」惠子曰：「人而無情，何以謂之人？」莊子曰：「道與之貌，天與之形，惡得不謂之人？」惠子曰：「既謂之人，惡得無情？」莊子曰：「是非吾所謂情也。吾所謂無情者，言人之不以好惡內傷其身，常因自然而不益生也。」惠子曰：「不益生，何以有其身？」莊子曰：「道與之貌，天與之形，無以好惡內傷其身。今子外乎子之神，勞乎子之精，倚樹而吟，據槁梧而瞑。天選子之形，子以堅白鳴！」〔註40〕

這是關於「有情」、「無情」的討論，惠施以現實人生的觀察視角，認為人如果「無情」怎麼能夠成為一個人。然而，莊子的立論觀點卻不受限於現實的框架，而是站在道的視角，認為道已經給予人們的本性，只要順從自然的發展，而不需要特別去增益。所以，莊子所說的「無情」不是對待自己或對待他人的無情，更不是站在實用的角度去思考，而是要跳脫現實的框架，「回歸」或是「提升」至「道」的境界去思考，莊子認為只有如此才不會受到既定思維的約束。〔註41〕

由此來看，筆者認為惠施的認知觀點深受實用性的影響，惠施對於事物認識與理解，一直環繞在「是否有用」為目的，尤其是站在現實人生中的實用性來看，認為「無用」之物就是沒有價值的，「有用」之物才是有價值的。然而，莊子則由反思惠施的思路中，提出「無用」與「有用」是兩種相對性的概念，所以不是絕對可靠的判斷。正如莊子意識到現實中許多相對性概念

〔註40〕〈德充符〉，頁220～222。

〔註41〕關於這一段引文的討論，陳鼓應老師認為這是關於人情問題的討論，說到：「『不以好惡內傷其身』，莊子所批判的是縱情肆欲，勞神焦思以至於戕傷性命。莊子要人『常因自然』，遮撥俗情，以體悟天地之大美。」參看：陳鼓應注譯：《莊子今註今譯及評介》（北京：中華書局，重印版，2009），頁159。

的存在，如是與非、彼與我等，許多相對性的概念並非絕對的對立，因此，所謂的「有用」，也只是相對於「無用」而形成的概念。莊子認爲不應該陷溺於「無用」與「有用」爲對立的框架，而是要嘗試的跳脫框架、跳脫現實的束縛進行思考：其一，不再以單一化的角度去思考，盡量屏除自恃、偏見；其二，從認知主體的內在進行修養，提升自己的視野，嘗試由更高的境界去進行思考。

統整來說，莊子認爲人的認知雖然受到形體的限制，不過，通過內在心靈的提升，將可以融通主體與客體感通萬物。依此，再來看〈秋水〉篇中，關於莊子與惠施「濠梁之辯」的記載：

> 莊子與惠子遊於濠梁之上。莊子曰：「儵魚出遊從容，是魚之樂也。」惠子曰：「子非魚，安知魚之樂？」莊子曰：「子非我，安知我不知魚之樂？」惠子曰：「我非子，固不知子矣；子固非魚也，子之不知魚之樂，全矣。」莊子曰：「請循其本。子曰『汝安知魚樂』云者，既已知吾知之而問我，我知之濠上也。」〔註42〕

在這篇記載中，可以很明顯的發現莊子站在主體可以與客體感通的立場，欣賞儵魚的悠遊自在，甚至因爲儵魚的舒適而感到愉悅。惠施則站在主客二元的角度，認爲主體不可能知道客體，所以認爲莊子不可能知道魚是否快樂。

由此，筆者認爲加入關於惠施對於認知目的的考察，將有助於說明惠施因爲侷限於以實用性來思考主體認知的目的，因此，惠施認爲人這個認知主體對於魚的認識，並不會在乎魚是否快不快樂的問題。這也就是說，莊子對於魚之感受的關懷，對惠施來說卻不是一個值得討論的問題。反觀莊子認知的目的，莊子在乎的是認知主體的狀況，站在「道通爲一」的立場，莊子認爲認知主體不應該執著於知識的比較或分類，而是更著重於內在心靈的反思與提升。所以，莊子以「請循其本」駁斥惠施的質疑，認爲惠施是在莊子已經知道事情的緣由之後，才詢問莊子如何知道魚的快樂。進而從「齊物」的認知模式來詮解，莊子同意「道」作爲萬物的本根，萬物所呈現的現象皆由「道」而來：如果從現象來看，萬物呈現出許多不同、相異的現象；從「道」的視角來看，萬物具有「道通爲一」的通同之處。如此來說，莊子說「請循其本」，如果是以回到「道」的觀點來看，那麼萬物皆可以通同爲一，所以認知主體可以感通客體，而人可以感通魚的感受，瞭解魚的悠遊與快樂了。

〔註42〕〈秋水〉，頁606～607。

四、結語

　　當前以認知模式進行道家思想的研究，屬於較為少數的研究進路，因此本文著力於以認知模式比較莊子與惠施的觀點，將研究的焦點由「齊物」、「歷物」與「用」的概念進行開展。本文由「齊物」、「歷物」探討莊子、惠施認知模式的異同：在相異的部分，莊子對於認知作用存在著懷疑，因此認為人們不應該將知識的追求作為認知的目的；惠施則認為可以通過「觀察」、「比較」與「歸納」知識，獲得對於外在萬物統一的瞭解（「氾愛萬物、天地一體」）；在相同的部分，莊子與惠施皆意識到主客二元，可能造成認知上的困境，並嘗試以不同的方式消除主客二元的狀況：莊子以「道通為一」的感通模式，消除主、客二元的困境；惠施則從認知主體能夠以「愛」，達到「天地一體」的境界。由此，筆者以「用」的概念分析莊、惠的認知的目，歸結出惠施的認知目的深受實用、不實用的影響，而莊子的認知目的卻不受到是不是實用的影響。莊子的認知目在於認知主體的內在提升，並以此批評惠施的視野不夠廣闊。由認知目的的探究，一方面可以說明莊子因為將認知主體的內在修養當作認知的目的，因此認知主體的內在提升可以作為「道通為一」的感通模式的基礎；另一方面，針對惠施的認知目的的分析，可以論證「歷物」認知模式中，對於知識的比較與分析，然「歷物」最終的「氾愛萬物、天地一體」，可以說是惠施發現了執著於主客二元的認知模式，可能會有主體無法確實瞭解客體的困境，所以只能以認知主體的「愛」的方式，來融通主體與客體，達到「天地一體」的境界；而惠施嘗試由認知主體為起點，跨越主客二元的思維模式，似乎透露了莊子在〈秋水〉中，以主體感通客體，認為人可以了解魚之樂的論述。或許可以說，惠施也發覺就認識論的角度，難以跨越主客二元的困境，所以只能從主體的「愛」來包容主客。

（註：此文〈論莊子、惠施的「知」與「用」——以「齊物」、「歷物」為例〉原刊載在《鵝湖月刊》，第 43 卷第 12 期總號 516 期，2018 年 6 月，頁 41～54。）

五、參考書目

（一）古籍

1. 郭慶藩（清）：《莊子集釋》，臺北：頂淵，2005。

（二）專書

1. 王孝魚：《莊子內篇新解》，湖南：新華書店，1983。

2. 吳怡：《逍遙的莊子》，台北：新天地書局，1973。

3. 李賢中：《名家思想研究》，台北：花木蘭文化出版社，2012。

4. 胡適：《中國古代哲學史》，台北：台灣商務印書館，1986。

5. 張曉芒：《先秦諸子的論辯思想與方法》，北京：人民出版社，2010。

6. 陳鼓應注譯：《莊子今註今譯及評介》，北京：中華書局，重印版，2009。

7. 溫公頤、崔清田主編：《中國邏輯史教程》，天津：南開大學出版社，修訂本 2001。

8. 張海晏譯，葛瑞漢著：《論道者：中國古代哲學論辯》（Disputers of the Tao: Philosophical Argument in Ancient China），北京：中國社會科學出版社，2003。

（二）期刊論文

1. 李賢中：〈從 Prof. Jana S. Rosker 的觀點檢視先秦認知思想〉，《揭諦》，第 28 期，2015，頁 1～38。

2. 莊錦章：〈莊子與惠施論「情」〉，《清華學報》，第 40 期，2010 年 4 月，頁 21～45。

3. 趙炎峰：〈論莊子與惠施哲學思想的差異〉，《中州學刊》，第 3 期（總第 183 期），2011 年 5 月，頁 166～168。

4. 賴錫三：〈論惠施與莊子兩種思維差異的自然觀〉，《臺灣東亞文明研究學刊》第 8 卷第 2 期，（總第 16 期），2011 年 12 月，頁 129～176。

5. 劉滄龍：〈身體、隱喻與轉化的力量──論莊子的兩種身體、兩種思維〉，《清華學報》。第 44 卷第 2 期，2014 年，頁 185～213。

6. Lee Hsien-Chung （李賢中），'A Comparison of the Cognitive Perspective' Applied in 'Referring to Things'and 'Equality of Things'"（「指物」與「齊物」的認知觀點比較），ASIAN AND AFRICAN STUDIES, 3 Volume 16: 45-64,2012.